中等职业教育"十二五"规划教材

中职中专物流服务与管理专业系列教材

配送与流通加工作业实务

谭利其　何敏瑜　主　编

郑中华　邝　雨　副主编

科学出版社

北　京

内 容 简 介

本书结合现代物流发展的趋势,以理论全面系统为原则,以培养实用型技能人才为目标,结合当今社会物流企业的实际,全面论述了配送作业的基本原理,归纳了配送作业的主要流程及模式,分析了配送中心操作的难点并提出了相应的对策,主要内容包括物流配送、物流配送中心、配送的一般作业流程、配送中心的库存控制、流通加工作业、物流配送相关技术及配送运输、物流配送成本、物流配送绩效考核管理等。本书各单元开头以案例导入,末尾进行了小结并配了练习题,便于学生复习或参考。

本书可作为中等职业学校物流专业的教学用书,也可作为物流从业人员的参考书以及物流工程技术和管理人员的培训教材。

图书在版编目(CIP)数据

配送与流通加工作业实务 / 谭利其,何敏瑜主编. —北京:科学出版社,2011

(中等职业教育"十二五"规划教材·中职中专物流服务与管理专业规划教材)

ISBN 978-7-03-031286-0

Ⅰ.①配… Ⅱ.①谭…②何… Ⅲ.①物流配送中心－运营管理－中等专业学校－教材 Ⅳ.①F253

中国版本图书馆CIP数据核字(2011)第103856号

责任编辑:熊远超 / 责任校对:刘玉靖
责任印制:吕春珉 / 封面设计:艺和天下设计
版式设计:金舵手

科 学 出 版 社 出版

北京东黄城根北街16号
邮政编码:100717
http://www.sciencep.com

三河市骏杰印刷有限公司 印刷

科学出版社发行 各地新华书店经销

＊

2011年7月第 一 版 开本:787×1092 1/16
2021年3月第七次印刷 印张:12 1/2
字数:272 700

定价:39.00 元

(如有印装质量问题,我社负责调换〈骏杰〉)

销售部电话 010-62134988 编辑部电话 010-62135120-2021 (SF02)

中职中专物流服务与管理专业系列教材
编写指导委员会

序

《国家中长期教育改革和发展规划纲要（2010-2020年）》中明确指出，要"大力发展职业教育"，"把提高质量作为重点。以服务为宗旨，以就业为导向，推进教育教学改革"。可见，中等职业教育的改革势在必行，而且，改革应遵循自身的规律和特点。"以就业为导向，以能力为本位，以岗位需要和职业标准为依据，以促进学生的职业生涯发展为目标"成为目前呼声最高的改革方向。

基于以上职业教育教学改革方向，我们申报了国家社会科学基金"十一五"规划课题"以就业为导向的职业教育教学理论与实践研究"（课题号：BJA060049）的子课题"以就业为导向的中等职业教育物流服务与管理专业教学整体解决方案设计与实践研究"，以此为依托，科学出版社组织召开了"全国中等职业学校物流服务与管理专业教学改革与教材建设研讨会"，与会人员结合教育部2010年修订的《中等职业学校专业目录》和广东省职业技术教育学会物流专业委员会提供的教学指导方案，对该专业的教学改革、课程改革以及教材建设等进行了充分而热烈的讨论，并对该专业的教学整体解决方案和教材建设进行了系统研究。

经研究发现，中等职业教育在专业教育上承担着帮助学生构建专业理论知识框架、技术方法体系框架和职业活动体系框架的任务。其中，专业理论知识框架、技术方法体系框架是为学生职业活动体系框架的构建服务的。而这三个体系框架的构建需要通过教材体系和教材内部结构得以实现，即学生的心理结构来自于教材的体系和结构。为此，这套中职中专物流服务与管理专业系列教材的设计，依据不同教材在其构建理论知识、技术方法、职业活动三个体系中的作用，采用了不同的内部结构设计和编写体例。

1. 承担专业理论知识体系框架构建任务的教材，强调了专业理论知识框架的完整与系统，不强调专业理论知识的深度和难度；追求的是学生对专业理论知识整体框架的了解，不追求学生只掌握某些局部内容而求其深度和难度。

2. 承担技术方法体系框架构建任务的教材，注重让学生了解这种技术的产生与演变过程，培养学生的技术创新意识；注重让学生把握这种技术的整体框架，培养学生对新技术的学习能力；注重让学生在技术应用过程中掌握这种技术的操作，培养学生的技术应用能力；注重让学生区别同种用途的其他技术的特点，培养学生职业活动中的技术比较与选择能力。

3. 承担职业活动体系框架构建任务的教材，依据不同职业活动对所从事人特质的要求，分别采用了过程驱动、情景驱动、效果驱动的方式，形成了做学合一的各种结构与体例，诸如项目结构、案例结构等。过程驱动培养所从事人的程序逻辑思维；情景驱动培养所从事人的情景敏感特质；效果驱动培养所从事人的发散思维。

本套教材无论从课程标准的制定、体系的建立、内容的筛选、结构的设计还是素材的选择，均得到了物流行业专家的大力支持和指导，他们作为一线专家提出了十分有益的建议；同时，也倾注了40多所国家级重点中等职业学校一线老师的心血，他们为这套教材提供了丰富的素材和鲜活的教学经验，力求能符合职业教育规律和特点的教学内容和方式，努力为中国职业教学改革与教学实践提供高质量的教材。

本套教材在内容和形式上有以下特色：

1．案例导入，理实并重。本套教材选择物流行业中的典型案例，进行解析并提出问题，引发学生思考，激发学生的学习兴趣，并引出相关的理论知识、技能和方法等；适当穿插"想一想"、"练一练"、"做一做"，并安排有"小组模拟仿真"和"实训项目"，充分体现了"做中学"、"做中教"，理论与实训一体化的教改理念。

2．内容实用，突出能力。知识目标、能力目标以及情感目标明确，知识以"够用、实用"为原则，不强调知识的系统性，而注重内容的实用性和针对性，适当增加新技术、新工艺、新设备以及新理念的介绍；结合全国职业院校现代物流技能大赛和物流考证的要求，安排了练习题和实训内容，以着重培养学生的动手能力。

3．工作流程，岗位技能。为培养学生的岗位技能，充分体现"专业与产业、职业岗位对接"的精神，本套教材的核心技能课程均按照物流企业实际业务流程进行编写，将职业技能的习得与理论知识的学习紧密结合在一起。

4．资源丰富，版式活泼。本套教材扩展了传统教材的界限，配套有立体化的教学资源库，包括配书教材光盘、网上教学资源包、教学课件、视频教学资源、练习题答案等；另外，版式设计活泼，重点突出，方便教师教学和学生学习。

当然，任何事物的发展都有一个过程，职业教育的改革与发展也是如此。如本套教材有不足之处，敬请各位专家、老师和广大同学对我们的工作提出意见和建议，为推动和实现物流服务与管理专业教学改革与发展做出应有的贡献。

中职中专物流服务与管理专业系列教材

编写指导委员会

前　言

根据我国加入 WTO 的承诺，物流和分销服务行业是最早完全开放的行业之一，特别是零售行业，随着外资零售企业的加速扩张，整个零售行业乃至流通加工行业的竞争日益加剧，一场国际水平的竞争正在中国的商品流通市场中展开。当商品经济发展到一定的规模，能否建立有效的物流配送网络就成为制约规模扩张的瓶颈。内容丰富的物流配送作为现代物流的一个缩影，几乎包括了现代物流的所有功能要素。它通过物资循环利用、能源转化等降低运营成本，物别是通过增值服务，能为物流企业创造更多的经济收入，也为社会带来更大的综合效益。配送活动的合理化是生产发展的客观要求，也是物流合理化的必然趋势。

本书采用理论结合实践的方式对配送业务的组织和操作进行阐述，注重实践性、应用性，理论简明适用，实际操作细致明白，并适当使用具体案例说明问题，使用的资料具有代表性和实践操作性，能适合实操教学的需要。

本书具体编写分工如下：单元 1 由叶会秋编写，单元 2 由邝雨编写，单元 3 由郑中华编写，单元 4 由谭利其编写，单元 5 由万兴编写，单元 6 由刁仕红编写，单元 7 由苏敏仪编写，单元 8 由刘月编写。全书由谭利其、何敏瑜负责审核、校对及修订，他们还对部分章节内容进行了增删。

由于编者水平所限，书中不足之处请广大读者批评指正。

目 录

单元 3 配送的一般作业流程 41

单元 6 物流配送相关技术及配送运输 107

单元 7 物流配送成本 138

单元 8　物流配送绩效考核管理　165

参考文献　185

单元 1

物流配送

案例导入

戴尔飞速发展的诀窍

在不到30年的时间内，戴尔计算机公司的创始人迈克尔·戴尔白手起家，把公司发展到250亿美元的规模。即使面对美国经济低迷的现状，在惠普等超大型竞争对手纷纷裁员减产的情况下，戴尔仍以两位数的发展速度飞快前进。根据美国一家权威机构的统计，戴尔2001年一季度的个人电脑销售额占全球总量的13.1%，仍居世界第一。"戴尔"现象，令世人为之迷惑。

戴尔公司分管物流配送的副总裁迪克·亨特一语道破天机："我们只保存可供5天生产的存货，而我们的竞争对手则保存30天、45天，甚至90天的存货。这就是区别。"

物流配送专家詹姆斯·阿里德在其专著《无声的革命》中写到，主要通过提高物流配送打竞争战的时代已经悄悄来临。看清这点的企业和管理人员才是未来竞争激流中的弄潮者，否则，一个企业将可能在新的物流配送环境下苦苦挣扎，甚至被淘汰出局。

亨特在分析戴尔成功的诀窍时说："戴尔总支出的74%用在材料配件购买方面，2000年这方面的总开支高达210亿美元，如果我们能在物流配送方面降低0.1%，就等于我们的生产效率提高了10%。"物流配送对企业的影响之大由此可见一斑。

信息时代，特别是在高科技领域，材料成本随着日趋激烈的竞争而迅速下降。以计算机工业为例，材料配件成本的下降速度为每周1%。从戴尔公司的经验来看，其材料库存量只有5天，当其竞争对手维持4周的库存时，就等于戴尔的材料配件开支与对手相比保持着3%的优势。当产品最终投放市场时，物流配送优势就可转变成2%～3%的产品优势，竞争力的强弱不言而喻。

在提高物流配送效率方面，戴尔和50家材料配件供应商保持着密切、忠实的联系，庞大的跨国集团戴尔所需材料配件的95%都由这50家供应商提供。戴尔与这些供应商每天都要通过网络进行协调沟通：戴尔监控每个零部件的发展情况，并把自己新的要求随时发布到网络上，供所有的供应商参考，提高透明度和信息流通效率，并刺激供应商之间的相互竞争；供应商则随时向戴尔通报自己的产品发展、价格变化、存量等方面的信息。

几乎所有工厂都会出现过期、过剩的零部件，而高效率的物流配送使戴尔的过期零部件比例保持在材料开支总额的0.05%～0.1%，2000年戴尔全年在这方面的损失为2100万美金。而这一比例在戴尔的对手企业都高达2%～3%，在其他工业部门更是高达4%～5%。

即使是面对如此高效的物流配送，戴尔的副总裁亨特仍不满意："有人问5天的库存量是否为戴尔的最佳物流配送极限，我的回答——当然不是，我们能把它缩短到两天。"

由此可见，高效的配送体系可以为企业带来巨大的生机。

（资料来源：http://www.56135.com/56135/info/infoview/14338.html）

案例解析

在高科技领域，材料成本随着日趋激烈的竞争而迅速下降，材料配件成本的下降速度为每周1%，这是戴尔公司与竞争对手共同面对的行业环境。但戴尔公司的材料库存量只有5天，当其竞争对手维持4周的库存时，戴尔公司可以避免零部件的过剩与过期，减少了零部件的库存费用，这就等于戴尔的材料配件开支与对手相比保持着3%的优势。当产品最终投放市场时，物流配送优势就可转变成2%～3%的产品优势，具有比对手更强的竞争力。可见高效物流配送体系成就了戴尔公司的飞速发展。

1.1 配送的含义与特征

1.1.1 配送的含义

　　在现代商品流通中,流通经济活动既包含商品所有权转移的商流活动,又包含商品实体物理性转移的物流活动。物流活动以物为主体,以运输和储存两大功能为框架,适当辅以包装、装卸搬运、流通加工、配送和相应的信息处理功能,实现商品使用价值的转移。在物流过程中,人们通常把面向城市内和区域范围内需要者的运输称为"配送",也就是"少批量货物的末端运输"中华人民共和国国家标准 CB/T 18354—2006《物流术语》。这是一种广义上的配送概念,是相对城市之间和物流据点之间的运输而言的。随着经济的发展和市场的变化,人们对配送的理解与认识也发生变化,因此,配送的内涵也在不断发生变化。

　　日本工业标准将配送定义为"把货物从物流据点送到交货人处",是"从配送中心到顾客之间物品的空间移动"。用最通俗的话来说就是既配又送,"配"包括了货物的分拣和配货活动;而"送"则包括各种运输送货方式和送货行为。

　　中华人民共和国国家标准 CB/T18354—2006《物流术语》中关于配送的解释为:在经济合理区域范围内,根据用户要求,对物品进行拣选、加工、包装、分割、组配等作业并按时送达指定地点的物流活动,也包括输送、送达、验货等以送货上门为目的的商业活动,它是商流与物流紧密结合的一种特殊的综合性供应链环节,也是物流过程的关键环节。由于配送直接面对消费者,最直观地反映了供应链的服务水平,所以,配送"在恰当的时间、地点,将恰当的商品提供给恰当的消费者"的同时,也应将优质的服务传递给客户,配送作为供应链的末端环节和市场营销的辅助手段,日益受到重视。

1.1.2 配送的特征

1. 配送的特征

　　配送强调用户的需求　用户的需求拉动配送行为的启动,配送以满足用户对商品数量、质量、时间和空间等相关信息的需求为出发点,实现商品从物流节点到用户的时空转移。因此,对于配送企业来讲,必须以用户"要求"为依据,从用户的利益出发,及时、准确、安全地为用户提供服务,但是不能盲目肯定或否定用户的"要求",应该追求合理性,进而指导用户,实现共同受益。但是要注意的是这里所指的用户不仅仅是消费者,也可能是批发商或零售商,不能把配送理解为只是向最终消费者的送货活动,配送也包含着向中间商的送货活动。

配送是"配"和"送"有机结合形式 配送与一般送货的重要区别在于：配送利用有效的分拣、配货等理货工作，使送货达到一定的规模，以利用规模优势取得较低的送货成本。如果不进行分拣、配货，不讲运送成本和效率就会大大增加资源的耗费。所以，追求整个配送的优势，分拣、配货等各项工作是必不可少的。配货中"配"是核心，是指配用户、配时间、配货品、配车辆、配路线、配信息。"配"是配送的特色，是决定配送水平的关键；而"送"是指送货运输，是配送的外在表现，最终通过"送"来与用户见面，完成整个配送活动。

配送强调时效性 配送不仅仅是"配货"与"送货"的结合，它更强调按照双方的约定，在特定的时间和地点完成货物的交付活动，充分体现时效性。

配送的地域范围以经济、合理为原则 这是从经济合理的角度出发考虑的。因为随着销售市场的扩大，就需要按一定的经济区域划分，建立起高效快捷的配送网络来满足客户的要求，同时尽可能地节约或降低配送成本。

2. 配送与运输的关系

配送与运输既存在共同特征，又存在差异性。

配送和运输的共同特征 配送和运输都是线路活动。运输活动必须通过运输工具在运输路线上移动才能实现物品的位置移动，这是一种线路活动。配送以送为主，属运输范畴，也是线路活动。

配送与运输的差别 配送与运输的差别主要表现在以下几个方面：第一，活动范围不同。运输是在大范围内进行的，如国家之间、地区之间、城市之间等；配送则仅局限在一个地区或一个城市范围内。第二，功能上存在差异。运输以实现大批量、远距离的物品位置转移为主，运输途中客观上存在一定的存储功能。配送则以实现物品的小批量、多品种、近距离位置转移为主，但同时要满足用户的多种要求，如多个品种、准时到货、多个送货地点、小分量包装、直接到生产线、包装物回收等。为了满足用户的上述要求，有时需要增加加工、分割、包装、存储等功能，因此，配送具有多功能性。

配送与运输的主要区别如表 1-1 所示。

表 1-1 配送与运输的比较

内 容	运 输	配 送
运输性质	干线运输	支线运输、区域内运输、末端运输
货物性质	少品种大批量	多品种小批量
运输工具	大型货车或铁路运输、水路运输	小型货车
管理重点	效率优先	服务优先
附属功能	装卸、捆包	装卸、保管、包装、分拣、流通加工、订单处理等

配送与运输的互补关系 一般来说，在配送和运输同时存在的物流系统中，运输处于配送的前面，先通过运输实现物品长距离的位置转移，然后交由配送来完成短距离的输送。

实例说明

下面以中转供货系统为例予以说明。

生产企业的产品可通过两种途径到达用户手中，一种是直接供货，即产品不经过中转环节直接送到用户手中，如图1-1所示，其中图1-1（a）为直接运输方式，图1-1（b）为直接配送方式。直接运输方式对那些批量大、距离远或大型产品是合适的，如大型机电设备，大批量消耗的钢材、水泥等均采取直接运输方式。但是如果用户需求量不大，或在时间上很分散，而且又不是大型产品，这时就应该采取配送方式，图1-1（b）表示巡回送货。产品从生产厂商到达用户手中的另一种途径是中转供货，即产品要经过物流中心或配送中心后再运送到用户手中，如图1-2所示。

图1-1 直接供货　　　　　　　　　图1-2 中转供货

在中转供货方式中，产品的转移是由两次线路活动（实际中还可能有多次）来完成的，从生产厂到配送中心（如果是多次线路活动，则在生产厂商与配送中心之间还要经过物流中心），由于运送的批量大，采用运输方式是合适的；而从配送中心到用户之间，一般运量小、批次多，则采用配送方式较为有利。运输和配送，要根据产品特点和用户需求的状况来选择。配送正是为商流中的零售交易提供的一种配套的物流作业方式。

1.2　配送的种类

1.2.1　按配送机构划分

按配送的组织机构不同，可以把配送分为以下几种形式：

配送中心配送　这种配送活动的组织者是配送中心。一般说来，配送中心的经营规模都比较大，其设施和工艺结构是根据配送活动的特点和要求专门设计和设置的，并且专业化、现代化程度比较高。由于配送中心是专门从事货物配送活动的流通企业，因此，其设施、设备比较齐全。与此相关，其货物的配送能力也比较强。不仅可以进行远距离配送，而且可以进行多品种货物的配送；不仅可以向工业企业配送主要原材料，而且可以承担向批发商进行补充性货物配送等。

采取配送中心配送形式，配送组织可以在自设的仓库内储存各种商品，并且储存量比较大。配送中心本身也可以仅储存一部分商品，其他货源主要依靠附近的仓库来补给。

在发达国家，配送中心配送已成为货物配送的主要形式，也是未来配送发展的方向。然而，由于兴建配送中心必须配置很多先进的设施和设备（如兴建大型货场、加工场，配备各种拣选、运输和通讯设备等），因而投资比较大。在实施配送的初期，很难广泛推行这种配送形式。

仓库配送 这是以传统的仓库为据点而实施的配送形式。仓库配送，对于配送活动的组织者（仓库业者）来说，是其职能的扩大化。在一般情况下，仓库配送是利用仓库的原有设备、设施（如装卸、搬运工具、库房、场地等）开展业务活动的。由于传统仓库的设施和设备不是按照配送活动的要求专门设计和专门配置的，所以在利用原有的设施（或设备）时，必须对其进行适当的技术改造。

仓库配送与配送中心配送相比较，前者的活动能力、经营规模和服务范围等均小于后者。但是，仓库配送有利于挖掘传统仓库的潜力，所花费的投资不大，所以，它是起步阶段发展配送可选择的形式。此外，由于基础较好的仓库具备发展成为配送中心的各种良好条件，因此，经过不断改善和提高，一部分仓库配送有可能转化为配送中心配送。

商店配送 这是以商店为据点组织的配送活动。按照分工要求，商店的主要职责是零售商品，所以，一般来说，经营规模都不大，但经营的商品品种较多，商店配送可满足客户的零星需要。

在流通实践中，商店配送有两种运作方式：兼营形式和专营形式。兼营配送，是指从事销售活动的商店，除了批发、零售商品以外，还从事配送活动。其做法是：根据顾客的要求，将本商店经营的商品配齐，或者代顾客外购一部分本店平时不经营的商品（配套商品）和本商店经营的商品配备在一起，单独或与其他企业合作运送货物至用户门上。专营配送指的是商店不从事销售活动，而是凭借其原有资源渠道等优势专门从事配送活动，为零星需要者（用户）提供后勤服务。一般情况下，商店所处的地理位置不好，不适宜门市销售而又有经营优势，可采取这种经营方式。

1.2.2 按配送商品的种类及数量划分

依据配送对象品种数量的多少，配送分为三类：单品种、大批量配送；多品种、小批量配送；配套配送。

单品种、大批量配送 生产企业所需要的物资种类繁多，在向这类用户供货时，就发送量而言，有些物资，单独一个品种或几个品种即可凑成一个装卸单元，达到批量标准，这种物资不需要再与其他产品混装同载，而是由专业性很强的配送组织进行大批量配送。这样的配送活动即为单品种、大批量配送。

单品种、大批量配送，因其配送的物资品种少而数量多，故操作时便于合理安排运输工具，也易于进行计划管理。由于单品种、大批量配送的物流成本比较低，因此，可以获得较高的经济效益。

多品种、小批量配送 多品种、小批量配送是按照用户的要求，将所需要的各种物资选好、配齐，少量而多次地运抵客户指定的地点。由于这种配送作业难度比较大，技术要求高，使用的设备复杂，因而操作时要求有严格的管理制度和周密的计划进行协调。可以说，多品种、少批量配送是一种高水平、高标准的配送活动。

配套配送 这是按照生产企业的要求，将其所需要的多种物资（配套产品）配备齐全后直接运送到生产厂或建设工地的一种配送形式。通常生产零配件的企业向总装厂供应协作件时多采用这种形式配送物资。配套型配送有利于生产企业专心致力于生产，有利于建设单位加快施工进度。

1.2.3 按配送组织的经济功能划分

根据配送组织的配送功能将配送划分为以下几种：

销售配送 这种配送方式是指配送企业是销售型企业，或者是指销售企业作为销售战略的一个环节所进行的促销配送。一般来讲，这种配送的配送对象是不固定的，用户也往往是不固定的，配送对象和用户往往是根据对市场的占有情况而定，其配送的经营状况也取决于市场。因此，这种形式的配送随机性较强，计划性较弱。

用配送方式进行销售是扩大销售数量、扩大市场占有率、获得更多客户的重要方式。由于是在送货服务的前提下进行的活动，所以一般来讲，也受到用户的欢迎。

供应配送 供应配送是指用户为了自己的供应需要所采取的配送形式。在这种配送形式下，一般来讲是由用户或用户集团组建配送据点。集中组织大批量进货（以便取得折扣），然后由本企业配送或向本企业集团的若干企业配送。在大型企业或企业集团中，常常采用这种配送形式组织对本企业的供应，例如商业活动中广泛采用的连锁商店，就常常采用这种方式。用配送方式进行供应，是保证供应水平、提供供应能力、降低供应成本的重要方式。

销售—供应一体化配送 销售—供应一体化配送是指对基本固定的用户和基本确定的配送对象，销售企业可以在自己销售的同时，承担用户有计划供应者的职能，既是销售者同时又是用户的供应代理人，起到用户供应代理人的作用。

对于某些用户来讲，这样就可以减除自己供应机构，而委托销售者的代理。对销售企业来说，这种配送方式能够获得稳定的用户和销售渠道，有利于扩大销售。销售—供应一体化的配送是配送经营中的重要形式，这种形式有利于形成稳定的供需关系，有利于采取先进的计划手段和技术手段，有利于保持流通渠道和畅通稳定，因而受到人们的关注。

代存代供配送 代存代供配送是指用户将属于自己的货物委托给配送企业代存、代供，有时还委托代订，然后组织对本身的配送。这种配送在实施时不发生商品所有权的转移，配送企业只是用户的委托代理人，商品所有权在配送前后都属于用户所有，所发生的仅是商品物理位置的转移，配送企业仅从代存、代送中获取收益，而不能获得商品销售的经营性收益。在这种配送方式下，商品是分流的。

1.2.4 按时间和数量差别划分

根据时间和数量的不同，可以将配送划分为以下几种。

定时配送 定时配送是指配送企业（配送中心）根据与用户签订的协议，按照商定的时间准时配送货物的一种形式。在物流实践中，定时配送的时间间隔长短不定，短的仅几个小时，长的可达几天。

实行定时配送时，配送企业每次配送货物的品种和数量，有时在协议中商定，按计划执行；有时也在配送之前用户以商定的联络方式（如电话、网络等）通知配送企业。

由于定时配送的时间固定，因此易于安排工作计划和运输工具。对于用户来说，则便于安排接收货物的人员和设备。由于实行定时配送时，用户可以临时调整货物的品种、数量，因此在数量变化较大的情况下，也给配送作业带来困难。

在实践中，定时配送有两种表现形态，即"日配"和"看板供货"，具体如下：

1）日配形式。日配是定时配送中广泛施行的一种形式。"日配"的时间要求是：在接到用户的订单之后，24小时之内将其所需要的货物运送到指定的接货点（仓库或生产线）。在一般情况下，上午接单下午运抵，下午接单次日上午送到。

2）看板供货形式。定时配送中的"看板供货"是更为精细、准确、水平更高的配送形式。它是物资供应与产品生产同步运转的一种表现，看板供货要求配送企业根据生产节奏和生产程序准时将货物运送到生产场所。它与一般性的定时配送相比，具有这样的特点：配送的货物无需入库；配送作业需要有较高水平的物流系统和各种先进的物流设备来支持；配送的服务对象不太广泛，常常是"一对一"地进行配送。

　　定量配送　定量配送即在一定的时间范围内，按照规定的批量配送货物的一种行为方式。定量配送的最大特点是：配送的货物数量是固定的，实践中可根据托盘、集装箱的载货量进行测算和定量。由于这种配送方式能够充分利用托盘、集装箱及车辆的装卸能力，因此，可以大大提高配送的作业效率。又由于这种配送方式不严格限定时间，便于配送企业合理调度车辆，充分利用运输工具。对于用户来说，因每次接收的货物的品种、数量固定，客观上便于合理安排人力和仓位。然而，配送时间不严格限定，有时也会加大用户的库存。

　　定时、定量配送　按照商定的时间和规定的数量配送货物的一种运动形式。这种配送活动是上述两种活动的综合，它兼有定时、定量配送两种方式的优点。

　　定时、定量配送企业的要求比较严格，作业难度也很大，行为主体没有一定的实力和能力是难以胜任的。由于这种配送的形式计划性较强，准确度高，因此，它只适合于在生产稳定、产品批量较大的用户中推行。

　　即时配送　根据用户提出的时间要求和供货数量、品种要求即时地进行配送的形式。即时配送可以满足用户（特别是生产企业）的急需，它是一种灵活的配送活动。对于配送企业来说，实施即时配送必须有较强的组织能力和应变能力，必须熟悉服务对象的情况。由于即时配送完全是按照用户的要求运行的，客观上能促使需求者压缩自己的库存，使其货物的"经常储备"趋近于零。

　　定时、定路线配送　这种配送形式类似于公交车辆运行的形式。从形态上看，按照运行时刻表，沿着规定的运行路线进行配送即定时、定路线配送。实施此种配送，用户必须提前提出供货的数量和品种，并且须按规定的时间和在确定的站点接收货物。在用户较多而且比较集中的地区，采用这种配送形式可同时为许多用户提供服务（供应物资）。因此，可以充分利用运输工具，有计划地安排运送及接货工作。因为定时、定路线配送只适用于消费者集中的地区，并且配送的品种、数量不能太多，所以，它又有一定的局限性。

1.2.5　按配送企业专业化程度划分

　　按照配送企业的专业化程度，可以把配送分为：

　　专业配送　专业配送根据产品的性质将其分类，由各专业经销组织分别、独立地进行配送，这种形式的配送属于专业、独立配送。专业配送的优点是：可以充分发挥各专业组织（企业）的优势，便于用户根据自身利益选择配送企业，从而有利于形成竞争机制。

目前，流通实践中的专业配送主要包括下述几种产品的配送活动：①小杂货配送。其中包括小机电产品、轴承、工具、标准件、各种小百货。②生产资料配送。其中包括金属材料配送、燃料配送、水泥配送、木材配送、化工产品配送等。③食品配送。配送的对象包括保质期较短的生鲜食品和保质期较长的干鲜果品。④服装配送。配送对象是各种成衣。

综合配送　将若干种相关的产品汇集在一处，由某一个专业组织进行配送即属于综合配送。综合配送是对用户提供比较全面的服务的一种配送形式，它可以使用户很快备齐所需要的各种物资，从而减少用户的进货负担。但综合配送又有一定的局限性，即性状差别很大、关联不密切的产品不宜综合，难以开展综合配送。

1.3　配送的模式

从物流本身的运行规律来看，尽管配送物流过程的终端环节中各类配送服务作业的内容一致，但由于物流运作组织的主体和服务对象不同，也就是说，配送所服务的企业性质、使命与目标不同，其配送运行方式就完全不同，因此就产生了不同的配送运行模式。根据目前配送运行的情况，可将配送活动的组织与运行分为企业自营配送、厂商共同配送、第三方配送三种基本模式。

1.3.1　自营配送

自营配送是工商企业为了保证生产或销售的需要，独自出资建立自己的物流配送系统，对本企业所生产或销售的产品进行配送。其配送活动根据其在企业经营管理中的作用一般分为两个方面：企业的分销配送与企业的内部供应配送。

1. 企业的分销配送组织与运行

企业的分销配送根据其服务的对象可分为企业对企业的分销配送和企业对消费者的分销配送两种形式。

企业对企业的分销配送　这种配送活动发生在完全独立的两个企业主体之间，基本上是属于社会开放系统的企业之间的配送供给与配送需求。作为配送服务的组织者或供给方是工商企业，作为配送服务的需求方，即服务对象，基本上有两种情况：①生产企业，为配送服务的最终需求方。②商业企业，即中间商，在接受配送服务之后，还要对产品进行销售。

企业对企业的配送，从实施的主体来看，组织配送活动的目的是为了实施营销战略。特别是电子商务 B2B（Business to Business）模式中，企业对企业的配送是国家大力推广的配送模式。其配送量大，渠道稳定。物品标准化，是电子商务发展的切入点。

企业对企业的分销配送运行管理一般由销售部门来运作，随着社会分工的专业化，为发挥物流系统化管理的优势，最好是企业成立专职的物流部门或分公司来运作。

生产企业配送，尤其是进行多品种生产的生产企业，直接由本企业开始进行配送，因而避免了商业部门的多次物流中转，有其一定优势。但是生产企业，尤其是现代生产企业，往往进行大批量低成本生产，品种较单一，因而不能像社会专业配送中心那样依靠产品凑整运输取得规模优势，所以生产企业配送存在一定的局限性。

生产企业配送在产品地域性较强的企业中应用较多，如就地生产、就地消费的食品、饮料、百货等，在生产资料方面，某些不适于中转的化工商品及地方建材业采取这种方式。

企业对消费者的分销配送   企业对消费者的分销配送主要是指商业零售企业对消费者的配送。由于企业对消费者的分销配送是在社会大的开放系统中运行，其运行难度比较大，虽然零售配销企业可以通过会员制、贵宾制等方式锁定一部分消费者，但在多数情况下，消费者是一个经常变换的群体，需求的随机性大，服务水平要求高，配送供给与配送需求之间难以弥合，所以配送的计划性差。另外，消费者需求数量小，地点分散，配送成本相对较高。这种配送方式是电子商务 B2C（Business to Consumer）模式发展的支撑与保证。

知识链接

一般超市配送有两种形式：

（1）兼营配送形式

兼营配送即超市在进行一般零星销售的同时兼营配送的职能。兼营超市配送，其组织者是承担商品零售的商业或物资的门市网点，这些网点规模一般不大，但具备一定铺面条件，而且经营品种较齐全。除日常零售商品外，还可以根据用户的要求将超市经营的品种配齐，或代用户外订、外购一部分本商店平时不经常经营的商品，与超市经营的品种一起配齐送给用户。

尽管这种配送组织者实力有限，往往只是进行小量、零星商品的配送，所配送的商品种类繁多，用户只需要少量，有些商品甚至只是偶尔需要，很难与大型配送中心建立计划配送关系。但商业及物资零售网点数量较多，配送半径较短，所以比较灵活机动，可承担生产企业非主要生产物资的配送及消费者个人的配送，这种配送是配送中心配送的辅助及补充的形式。通过日常销售与配送相结合，可取得更多的销售额。

（2）专营配送形式

专营配送即超市不进行零售配送而专门进行配送。一般情况下是超市位置条件不佳，不适于门市销售，而其又有某方面经营优势及渠道优势，因此可采取这种形式，如现在流行的"宅急便"配送。

2．企业的内部供应配送组织与运行

集团系统内部供应配送是为了保证企业的生产或销售供给，所建立的企业内部配送机制，其实质是企业集团、大资本集团、零售商集团等内部的共同配送。

企业内部供应配送大多发生在巨型企业之中，有统一的计划、指挥系统，因此，集团系统内部可以建立比较完善的供应配送管理信息系统，使企业内部需求和供应达到同步，有较强的科学性。

　　企业内部配送一般有两种情况：①大型连锁商业企业内部供应配送。②巨型生产企业内部供应配送，如图1-3所示。

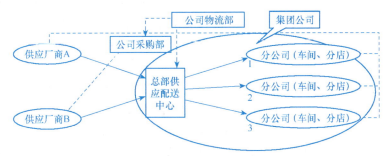

图1-3　企业集团系统内部的供应配送

　　大型连锁商业企业内部供应配送　各连锁超市经营的商品、经营方式、服务水平、价格水平相同，配送的作用是支持连锁经营的平台。连锁商业企业通过统一采购、统一配送、统一营销策略、统一定价、统一核算达到分散化经营的集约规模效益。

　　连锁配送的主要优势是：在一个封闭的营运系统中运行，随机因素的影响比较小，计划性比较强。因此，容易实现低成本、精细高效的配送。

　　巨型生产企业内部供应配送　由专职的物流管理部门统一采购物资，实行集中库存，根据车间或分厂的生产计划组织配送，从而实现企业下属公司或车间分厂的原材料、零部件的零库存，降低物流成本费用。

1.3.2　共同配送

　　共同配送是企业追求配送合理化，经过长期的发展和探索优化出的一种配送形式，也是现代社会中使用较广泛、影响面较大的一种配送模式。

1.共同配送的定义

　　简单来说，共同配送是两个或两个以上的、有配送业务的企业相互合作、对多个用户共同开展配送活动的一种物流模式。一般采取由生产、批发或零售、连锁企业共同建一家配送中心来承担他们的配送业务或共同参与由一家物流企业组建的配送中心来承担他们的配送业务的运作方式，以获取物流集约化规模效益，从而解决个别配送的效率低下问题。其配送业务范围可以是生产企业所用的物料、商业企业所经销的商品的供应，也可以是生产企业生产的产品和经销企业商品销售。具体根据商家参与共同配送的目的而定。

　　按照日本工业标准（JIS）的解析：共同配送是"为提高物流效率，许多企业一起进行配送的配送方式"。其实质是相同或不同类型的企业联合，其目的在于相互调剂使用各自的仓储运输设施，最大限度地提高配送设施的使用效率。从国际情况来看，共同配送是配送发展的主要方向。

2.共同配送产生的原因

　　共同配送产生的原因主要表现为四个方面：

自设配送中心，其规模难以确定　各行各业为保证生产供应或提高销售效率和效益，都想设立自己的配送中心以确保物流系统高效运作，但由于市场变幻莫测，难以准确把握生产、供应或销售的物流量，若规模建大了，则配送业务不足，若规模建小了，则配送业务无法独立完成，达不到应有的目标。既然自己设立配送中心规模难以确定，还不如利用社会化的物流配送中心或与其他企业合建开展共同配送更为可靠。

自设配送中心会面临配送设施严重浪费的问题　在市场经济时代，每个企业都要开辟自己的市场和供销渠道，因此，不可避免地要分别建立自己的供销网络体系和自己的物流设施，这样一来，便容易出现在用户较多的地区设施不足，在用户稀少地区设施过剩，造成物流设施的浪费，或不同配送企业重复建设配送设施的状况。何况配送中心的建设需要大量的资金投入，对众多的中小企业来说，其经营成本也是难以消化的，并且还存在着投资风险。因此从资源优化配置角度考虑，共同配送是一种更为可行的办法。

大量的配送车辆集中在城市商业区，导致严重的交通问题　近些年出现的"消费个性化"趋势和强调"用户是上帝"的观点，越来越要求企业采取准时送达的方式，因此，送货或用户车辆的提运货额度很高，这就引发了交通拥挤、环境噪声及车辆废气污染等一系列社会问题。采取共同配送方式，以共同配送使用的一辆车，代替原来的几辆车或几十辆车，有利于缓解交通拥挤情况、减少污染。因此，共同配送是解决这一严重的交通问题的有效方法之一。

企业利润最大化　企业配送的目的就是追求企业利润最大化。共同配送通过严密的计划安排，提高车辆使用效率，提高设施使用效率以减少成本支出，增加利润，是企业追求利润最大化的有效途径。因此，企业逐渐意识到共同合作配送的重要性，大力开展社会化横向共同配送。

3．共同配送的具体方式

共同配送的主要目的是合理利用物流资源，因此根据物流资源利用程度，共同配送大体上可分为以下几种具体形式：

系统优化型的共同配送　由一个专业物流配送企业综合各家用户的需求，对各个用户统筹安排，在配送时间、数量、次数、路线等诸方面做出系统最优的安排，在用户可以接受的前提下，全面规划、合理计划地进行配送。如图 1-4 所示，这种方式不但能满足不同用户的基本要求，又能有效地进行分货、配货、配载、选择运输方式、选择运输路线、合理安排送达数量和送货时间。这种对多家用户的配送，可充分发挥科学计划、周密计划的优势，虽然实行起来较为复杂，但却是共同配送中水平较高的形式。

图 1-4　系统优化型的共同配送

车辆利用型共同配送　车辆利用型共同配送包括：①车辆混载运送型共同配送。这是一种较为简单易行的共同配送方式，仅在送货时尽可能安排一辆配送车辆，实行多货主货物的混载。这种共同配送方式的优势在于以一辆较大型的且可满载的车辆代替了以往多货主分别送货或客户分别各自提运货物的多辆车，并且克服了货主、多辆车都难以满载的弊病。②返程车辆利用型共同配送。为了不跑空车，让物流配送部门与其他行业合作，装载回程货或与其他公司合作进行往返运输。③利用客户车辆型共同配送。利用客户采购零部件或采办原材料的车进行产品的配送。

接货场地共享型共同配送　接货场地共享型共同配送是多个用户联合起来，以接货场地共享为目的的共同配送的形式。一般是用户相对集中，并且用户所在地区交通、道路、场地较为拥挤，各个用户单独准备接货场地或货物处置场所较困难时采取的共同配送。采用这种配送形式不仅解决了场地问题，也大大提高了接货水平，加快了配送车辆运转速度，而且接货地点集中，可以集中处置废弃包装材料、减少接货人员数量。

配送中心、配送机械等设施利用型共同配送　在一个城市或一个地区中有数个不同的配送企业时，为节省配送中心的投资费用，提高配送运输的效率，多家企业共同出资合股建立配送中心进行共同配送或多家企业共同利用已有的配送中心、配送机械等设施，对不同配送企业用户共同实行配送。

4．共同配送容易出现的管理问题

共同配送容易出现的管理问题有：①参与人员多而复杂，企业机密有可能泄漏。②货物种类繁多、产权多主体，服务要求不一致，难以进行商品管理。当货物破坏或出现污染等现象时，责任不清，容易出现纠纷，最终导致服务水平下降。③运作主体多元化，主管人员在经营协调管理方面存在困难，可能会出现管理效率下降。④由于是合伙关系，管理难控制，容易造成物流设施费用及管理成本增加，并且成本收益的分配容易出现问题。

1.3.3　第三方配送

第三方物流是一个新兴的行业，已得到社会各方越来越多的关注，在物流配送领域正发挥着积极的作用。

1．第三方物流的概念

第三方物流（third party logistics），又称物流服务提供者（logistic service provider），是世界发达国家广泛流行的物流新概念，是指专门从事商品运输、库存保管、订单处理、流通加工、包装、配送、物流信息管理等物流活动的社会化的物流系统。其基本功能是设计执行及管理商务活动中的物流要求，利用现代物流技术与物流配送网络，依据与第一方（供应商）或第二方（需求者）签订的物流合同，以最低的物流成本、快速、安全、准确地为客户在特定的时间段，按特定的价格提供个性化的系列物流服务，例如合同物流、物流外协、全方位物流服务公司、物流联盟，也基本能表达与第三方物流相同的概念。第三方物流是运输、仓储等基础服务行业的一个重要发展。

2．第三方物流的特征

第三方物流的特征有：①与合作企业的关系是长期性战略伙伴关系。②与合作企业实现利益公平分享以及风险共担。③具有提供现代化、系统化物流服务的企业素质。④可以向物流需求方提供包括供应链物流在内的全过程物流服务、定制化物流服务。⑤所提供的服务更为复杂，包括了更广泛的物流功能，除一些如仓储、运输等基本物流服务外，还提供如存货管理、货物验收、营销网络规划、供应链设计等增值物流服务。

3. 第三方物流公司的种类

以仓储和配送为基础的物流公司 传统的公共或合同仓库与配送物流商，已经扩展到了更大范围的物流服务，以传统的业务为基础，这些公司已介入采购供应、存货管理等物流活动。

以运输为基础的物流公司 这类公司都是大型运输公司的分公司。有些服务项目是利用其他公司的资产完成的，其主要的优势在于公司能利用母公司的运输资产，扩展其运输功能，提供一套综合性更高的物流服务。

以货代为基础的物流公司 这类公司一般无资产，非常独立，并与许多物流服务供应商有合作关系，具有把不同物流服务项目组合，以满足客户需求的能力。这类公司已从货运中间人角色转为更大范围的第三方物流服务公司。

以财务或信息管理为基础的物流公司 这类公司是由能提供如运费支付、审计、成本控制、采购、货物跟踪和存货管理等管理工具的公司转化而来。

以托运人和管理为基础的物流公司 这类公司是从大公司的内部物流组织演变而来的，其将原来在母公司从事物流管理的经验、专业知识和享有的物流资源，用于第三方物流服务。

4. 第三方物流配送给企业带来的利益

第三方物流配送可以为企业带来的利益有：①企业将其非优势所在的物流配送业务外包第三方物流来运作，不仅可以享受到更为精细的专业化的高水平物流服务，而且可以将精力专注于自己擅长的业务发展，充分发挥其在生产制造领域或销售领域方面的专业优势，增强其主业务的核心竞争力。②企业通过社会物流资源的共享，不仅可以避免企业因"小而全、大而全"而造成的宝贵资源的浪费，为企业减少了物流投资和营运管理费用，降低了物流成本，而且可以避免自营物流所带来的投资和营运风险。归纳起来，第三方物流的信息、网络、专业、规模、装备等方面所表现出来的优势，带来的不仅是企业物流效率与效益的提高，最终实现的是物流供需双方的双赢。

5. 第三方物流的配送运作

(1) 企业销售配送第三方物流配送模式

这种配送组织管理是指工商企业将其销售物流服务外包给独立核算的第三方物流公司或配送中心运作。企业采购供应物流配送业务仍由企业物流管理部门承担，其销售物流配送运行如图 1-5 所示。

(2) 企业供应配送第三方物流配送模式

这种配送组织管理方式，是由社会物流服务商对某一企业或者若干企业的供应需求实行统一订货、集中库存、准时配送或采用代存代供等其他配送服务的方式。

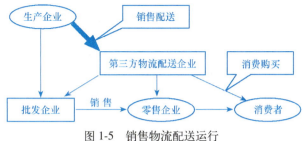

图 1-5 销售物流配送运行

这种供应配送按用户要求的不同可以分为以下几种形式：

"门到门"供应配送 这种配送即由配送企业将用户供应需求配送到用户"门口"，接下来的具体工作由用户自己去做，有可能在用户企业内部进一步延伸成企业内的配送。

"门对库"供应配送 这种配送由配送企业将用户供应需求直接配送到企业内部各个环节的仓库。

"门到线"供应配送 这种配送由配送企业将用户的供应需求直接配送到生产线。显然，这种配送可以实现企业的"零库存"，对配送的准时性和可靠性要求较高。

企业供应配类第三方物流配送模式运作如图 1-6 所示。

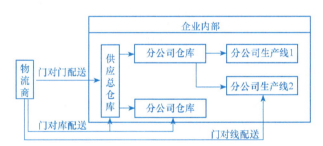

图 1-6 供应配送第三方物流配送模式

(3) 供应—销售物流一体化第三方物流配送模式

随着物流社会化趋势，企业供应链管理战略的实施，除企业的销售配送业务社会化以外，企业供应配送也将社会化，即由第三方物流公司来完成，特别是工商企业和专职的第三方物流配送企业形成战略同盟关系后，供应—销售物流一体化所体现的物流集约化优势更为明显，即第三方物流在完成服务企业销售配送的同时，又承担用户物资商品内部供应的职能，也就是说，第三方物流既是用户企业产品销售的物流提供者，又是用户企业的物资商品供应代理人。这种销售—供应一体化的第三方物流配送模式是配送经营中一种重要形式，它不仅有利于形成稳定的物流供需关系，而且更有利于工商企业专注于生产销售等核心业务的发展。同时，长期稳定的物流供需关系，还有利于实现物流配送业务的配送中心化、配送作业计划化和配送手段现代化，从而保持物流渠道的畅通稳定和物流配送运作高效率、高效益、低成本。因而现在供应—销售物流一体化第三方物流服务模式备受人们关注。当然，超大型企业集团也可以自己运作供应和销售物流配送，但中小企业物流配送走社会化之路，绝对是有利于企业降低供应成本、提升企业竞争力的。

1.4 配送的策略

配送策略是在采用上述配送模式基础上，为了既能满足用户需求，又不至于增加太多成本而采取的具体措施，可供选择的主要策略有以下几种：

转运策略 转运指为了满足应急需要，在同一层次的物流中心之间进行货物调度的运输。

延迟策略 在现代信息技术支持下的物流系统中，人们借助信息技术快速获得需求信息，可使产品的最后制造和配送延期至收到客户订单后再进行，从而使不适合的生产和库存减少或消除，这种推迟生产或配送进行的行为就是延迟，前者称为生产延迟，后者称为物流延迟。

集运策略 集运是为了在延迟技术下继续维持运输规模效益而采用的一种技术。所谓集运是指企业为了增大运输规模，采取相应措施使一次装运数量达到足够大的运输策略。

混合策略 混合策略是指配送业务一部分由企业自身完成，这种策略的基本思想是，尽管采用纯策略（即配送活动要么全部由企业自身完成，要么完全外包给第三方，如专业物流公司完成）易形成一定的规模经济，并使管理简化，但由于产品品种多变、规格不一、销量差异等情况，采用纯策略的配送方式超出一定程度后不仅仅不能取得规模效益，反而还会造成规模不经济。

差异化策略 差异化策略的指导思想是产品特征不同、顾客服务水平也不同，当企业拥有多种产品时，不能对所有产品都按同一标准的顾客服务水平来配送，而应按产品的特点、销售水平，来设置不同的库存、不同的运输方式以及不同的储存地点，忽视产品的差异性会增加不必要的配送成本。

合并策略 合并策略包含两个层次：一是配送方法上的合并，二是共同配送。

配送策略的具体内容见本书 7.4.3 小节。

1.5 配送的基本业务流程

1.5.1 配送活动

在配送活动中，无论配送企业的规模大小，配送物品的形状、表现形态如何，整个活动都在按照一定的顺序运作，将这种配送顺序称为配送业务流程。

由于货物特性不同，配送服务形态多种多样，配送作业流程也不尽相同。一般来说，随着商品日益丰富，消费需求日趋个性化、多样化，多品种、少批量、多批次、多用户的配送服务方式最能有效地通过配送服务实现流通终端的资源配置。这种形式的配送活动服务对象繁多，配送作业流程复杂，将这种配送活动作业流程确定为通用流程更具有代表性，即把工艺流程较为复杂、具有典型性的多品种、少批量、多批次、多用户的货物配送流程确定为一般的、通用的配送业务流程。

配送业务基本流程如图 1-7 所示。

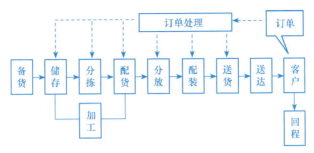

图 1-7 配送业务基本流程

配送活动一般主要由备货、储存、订单处理、流通加工、分拣配货、配装、送货、送达服务、车辆回程几个基本功能要素组成。其具体工作内容如下：

1. 备货

无论配送活动是在配送中心进行，还是在仓库、商店、工厂等物流据点进行，配送的前置作业环节、第一道作业环节就是备货，它完成的是配送的集货功能。如果没有备货，不能筹措配送所需货品，配送就成了无源之水。特别在配送中心，备货是必不可少的作业环节。

在生产企业的销售配送中，备货工作一般由企业的销售部门或企业的配销中心负责，供应配送一般由采购部门完成，在专业的社会物流配送企业中，则由配送中心完成备货职能。由于配送组织主体与运行方式不同，配送备货工作内容就不一样。

一般备货工作包括用户需求测定、筹集货源、订货或购货、集货、进货及有关货物的数量质量的检查、结算、交接等。特别是第三方物流配送企业，其备货需求预测与采购进货管理非常重要，可以说是配送业务成功与否的关键，因为配送的优势就是可以集中不同用户的实际需求进行一定规模的备货，即通过集中采购，使进货批量扩大，商品交易价格降低。同时，可以通过进货运输装卸成本费用分摊，减少备货费用，取得集中备货的规模优势，如果备货成本太高，将会大大降低配送的效益，配送的功能也会大打折扣。

2. 储存

配送储存是按一定时期的配送经营要求形成的对配送的资源保证，不管是工商企业的配送，还是物流企业配送，一般采取集中储存的形式。其主要目的是集分散库存于一体，在保证服务对象——用户绝对或相对实现"零库存"取得集中规模效益的同时，还可以降低配送企业的物资商品的整体库存水平，减少库存商品占压的流动资金及这部分占压资金所支付的利息和费用，降低物资商品滞销压库的风险，从而提升配送服务企业的经济效益。

在货物配送的储存环节，也应做好相应的库存管理工作，配送储存阶段的库存管理包括进货入库作业管理、在库保管作业管理、库存控制三大部分。

3. 订单处理

订单处理是指配送企业从接受用户订货或配送要求开始到货物发运交至客户为止，整个配送过程中有关订单信息的工作处理。具体包括：接受用户订货或配送要求，审查订货单证，核对库存情况，下达货物分拣、配组、输送指令，填制发货单证，登记账簿，回应或通知用户，办理结算，退货处理等一系列与订单密切相关的工作活动。

4. 分拣及配货

分拣及配货是不同于其他物流形式特点的功能要素，也是配送成败的一项重要支持性工作，是完善送货、支持送货的准备性工作，是不同配送企业在送货时进行竞争和提高自身经济效益的必然延伸。所以，也可以说是送货向高级形式发展的必然要求。有了分拣及配货就会大大提高送货服务水平，所以，分拣及配货是决定整体配送系统水平的关键要素。

5. 配装

在单个用户配送数量不能达到车辆的有效载运负荷时，就存在如何集中不同用户的配送货物进行搭配装载以充分利用功能、运力的问题，这就需要配装。配装和一般送货不同之处在于，通过配装送货可以大大提高送货水平及降低送货成本。所以，配装也是配送系统中有现代特点的功能要素，是现代配送不同于一般送货的重要区别之处。

6. 送货

输送即配送运输，属于运输中的末端运输、支线运输，和一般运输形态有很大区别，主要区别表现在配送运输是较短距离、较小规模、频度较高的运输形式，一般使用卡车做运输工具，并且配送运输的路线选择是一般干线运输所没有的，干线运输的干线是唯一的运输线，而配送运输的运输路线是多样的、复杂的，在城市内小范围区域运输就比较多。

由于配送用户多，一般城市交通路线又复杂，企业如何组合最佳路线，如何根据客户要求的运送方向和运送地点使车辆配装与运输路线进行有效搭配，是配送运输的特点，也是难度较大的工作，配送运输管理的重点是合理做好配送车辆的调度计划。

7. 送达服务

将配好的货物送达到用户还不可以看作配送工作的完结，这是因为货物送达后和用户接货往往还会出现不协调的情况，如用户认为收到的货物与要求存在差异等，使配送前功尽弃。因此，要圆满地实现运送货物的移交工作，有效地、便捷地处理相关手续并完成结算，必须提高配送管理水平，严格执行订单有关要求，同时，还应妥善考虑卸货地点、卸货方式等送达服务工作，特别在对消费者配送大件家电产品和对工矿企业配送机电仪器设备时，可能还要负责设备的安装调试等工作。

8. 配送加工

在配送中，配送加工这一功能要素虽不具有普遍性，但一般是有重要作用的功能要素，主要原因是配送加工可以大大提高用户的满意程度。

配送加工是流通加工的一种，但配送加工有它不同于一般流通加工的特点，即配送加工一般只取决于用户要求，其加工的目的较为单一。

9. 回程

在执行完配送的任务后，车辆返回。一般情况下，车辆回程往往是空车驶返，这是影响配送效益、增加配送成本的主要因素之一。为提高配送效率及效益，配送企业在规划配送路线时，应当尽量缩短回程路线。在进行稳定的计划配送时，回程车可将包装物、废弃物、次品运回进行集中处理，或将用户的产品运回配送中心，作为配送中心的配送货源，也可以在配送服务对象所在地设立返程货物联络点，顺路运回回程货物，尽量减少空车驶返情况，提高车辆利用率。

1.5.2 常见的配送作业流程

由于不同产品的性质、形态、包装不同，采用的配送方法、配送作业流程也就不一样。例如，有些产品的配送不存在配货、配装问题，如燃油料；有些产品则需要经过分割、捆扎等流通加工环节，如木材、钢材等。因此，不同的产品有不同的配送作业流程，配送活动作业环节不可能千篇一律，都有其各自比较特殊的流程、装备、工作方法等。下面介绍几种常见类型的配送作业流程。

1. 中、小件杂货型物品的配送

中、小件杂货型物品是指各种包装形态及非包装形态的，能够混装的，种类、品种、规格复杂多样的中、小件产品，如日用百货、五金工具、书籍等。

中、小件杂货型物品的共同特点 这一类物品的共同特点是：①可以通过外包装改变组合数量。②可以作为内包装直接放入配送箱或托盘等工具中。③物品有确定包装，所以可以混载到车辆上、托盘上。④物品个体尺寸都较小，可以大量存放于单元货格等现代仓库之中。

中、小件杂货型物品配送要求 中、小件杂货型物品配送要求：由于这一类物品种类、品种、规格复杂多样，一般属于多品种、少批量、多批次的配送类型，配送频率高，需求的计划性不太强，往往需要根据临时的订货协议组织配送，表现在配送用户、配送量、配送路线不稳定，甚至每日的配送都要对配装、路线做出选择。因此，这类产品经常采用定时配送服务方式，用户依靠强有力的定时配送体制可以实现"零库存"。

中、小件杂货型物品配送业务流程 该类产品的配送业务全过程基本符合通用流程，加工环节很少甚至没有，其流程的特点是分拣、配货、配装的难度较大，该类产品配送业务流程如图1-8所示。

进货 → 存储 → 分拣 → 配货 → 分放 → 配装 → 送货 → 送达

图1-8 中、小件杂货型物品配送业务流程

2. 生鲜食品、副食品的配送

生鲜食品、副食品种类多，形态复杂，对外界流通条件要求差别很大，这类产品配送流程不是一个简单的模式就可以概括的，但是，按照食品性状及其对流通条件要求不同，

可将这些食品分为：①有一定保质期的、包装较为完善可靠的食品，如酒类、粮食类、糖果类、罐头类。②无小包装、保质期较短的需尽快送达用户的食品，如点心类、散装饮料类、酱菜熟食类。③特殊条件下保鲜的水产品类、肉类等。④数量较大、保质期短的新鲜水果蔬菜等。

这一大类产品的共同特点是，对流通环境条件要求较高，且都容易发生变质、降质等情况。随着商品的日益丰富，生鲜食品品种、规格、花色越来越复杂，而且经常有变化。此外，随着生活水平的提高，人们对这类产品质量的要求也越来越高，保质保鲜是其配送模式中需要解决的重要问题。

生鲜食品、副食品配送业务流程基本上有三种，如图1-9所示。

流程 1 主要适用于有一定保质期的食品，进货后，配送企业用一定的储存能力进行集中储备，然后采取一定的分拣、配货配送工艺，达到送达用户的目的。由于食品品种、花样非常多，所以分拣、配货任务较重，如图1-9中流程1所示。

流程 2 主要适用于保质、保鲜要求较高的，需要快速送达用户的食品，进货之后一般不经储存，最多只是暂存便很快投入分拣、配货，快速送达用户。这一工艺路线基本没有停顿环节，在运转中很快完成从进货到送达的全部工作，如图1-9中流程2所示。

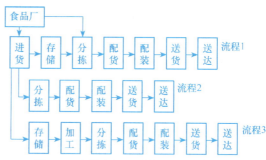

图1-9 生鲜食品、副食品配送业务流程

流程 3 主要是加工配送流程，加工后需要及时送达。如图1-9中流程3所示。

3．大件家电、家具的配送

大件家电、家具是体积、重量相对较大的家庭用品。由于这些家庭用品属于耐用消费品，所以对家庭来讲，购买一次之后在一段时期内不会再对其有新的需求。而且，用户对这类产品的需求没有确切的需求时间与数量，因此用户对这类产品不是确定的连续性需求，而是随机性需求。

大件家电、家具及家庭用具配送要求：该类产品的个性化趋势较强，常采用在商场展示的方法，用户逐一对产品进行挑选后，配送企业按用户要求装货并送达用户。配送点一般是各类商场的仓库或工厂。工厂送货、商店进货和柜台展示使这类产品配送的计划性不强，许多情况下采取即时配送方式，其配送业务流程如图1-10所示。

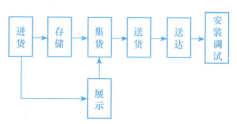

图1-10 大件家电、家具配送业务流程

4．长条及板块型产品的配送

该类产品以捆装或裸装为主，且基本是块状、板状及条状的产品，如金属材料、玻璃、木材及木材制品。

这一类产品的共同特点是：宽长，重量大，体积大，少有或根本没有包装，对保管、装运条件虽有要求，但除玻璃产品外，其他均不严格，操作较随意，可以露天存放，较容易进行混装。因此，这些产品在存放场地及所使用的机械设备上都有共同之处。

产品性状差别的特殊性决定了长条及板块型产品特殊的配送要求。这一类产品配送因产品体积、重量均较大，所以大多数产品属少品种、大批量配送类型。同时，该类产品一般对与配送相配套和衔接的机械装备要求较高。配送企业可以采取定时配送、定量配送、共同配送的服务方式。

这一类产品配送除对有些品种的产品、以及用户需求量小的产品有一定的简单分拣、配货工作要求外，一般情况下，由于用户是生产企业，产品消耗量比较大，所以，一个用户的需求量经常就可以达到车辆的满载要求，有些产品则必须经过理货检尺环节后，配送车辆才可直接开到存放场地装货，如图 1-11 中流程 2 所示。如果要进行多用户的配装，则不需要事前分拣、配货，配送车辆可以直接开到存放场地装货，如图 1-11 中流程 1 所示。但在对生产企业内部供料进行配送时，则要经过中间的流通加工环节，然后再分拣、配货，送至各工序、工段，如图 1-11 中流程 3 所示。

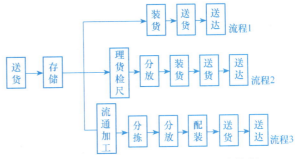

图 1-11　长条型、板块型产品配送业务流程

5．石油与化工产品的配送

石油产品主要指石油制成品，如汽油、柴油、机油等液体燃料和易燃、易爆的液化石油气等气态产品。

化工产品种类多、形态复杂，其配送业务流程也有差别，有一些类型的化工产品无毒、无害、无危险，又有良好的包装，可以作为中小件杂货和百货及其他产品一起进行综合性配送，本部分的配送业务流程模式不包括这一类产品。

本部分的化工产品主要指有一定毒、腐、危险的块状、粉状的固体化工产品与大量使用的液体酸碱等产品。

这一类产品的共同特点是都有一定的危害性，且产品形态特殊，因此，不能与其他产品混存混运或进行综合配送，特别要求配送技术及手段的专业化。

工厂直送及配送中心是石油与化工产品的主要配送方式。对于工业企业用油、加油站用油，由于这两类用户需求量较大且稳定，配送品种较单一，属于少品种、大批量的配送类型，可采用定时、定量、定时定量配送服务方式。对于长期用油的企业，适于采用长期计划协议形式，建立配送企业与用户的稳定供需关系，实行销售、供应一体化。

由于各种化工产品均有危险性，因而特别强调专业配送。同时，为减少其对外界的可能损害，要求供需双方都要有很强的计划性，采用计划性较强的配送服务方式较好。

基于对石油与化工产品中的液、气产品包装管理的特殊要求，应采取"一程送货一程回运包装"的办法，使包装重复利用，从而避免了用户在处理包装时残余物品可能造成的危害。此外，对于毒、腐、危害化工产品应尽量减少流通环节，降低这类产品的危害。因此，工厂直接配送是最有效的方式。

石油与化工产品配送业务流程如图1-12所示。

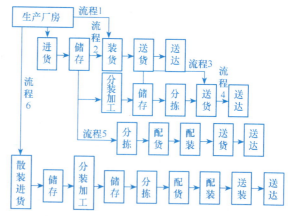

图 1-12　石油与化工产品配送业务流程

燃料油配送业务流程　该类产品的配送作业流程比较简单，但是专业化很强，用户大多为生产用油的小企业或服务运输用油的加油站。这种作业的重要特点是，送货油车直接开抵生产储存场所装油，然后分送各用户，如图1-12中流程1所示。

液体酸碱等化工产品配送业务流程　该类产品有毒、腐的运送储存危险，但企业耗用量较大。其一般包装形态采用专用集装罐车、陶瓷罐等。它有三种不同的配送业务流程模式：①工厂配送，即工厂附近用户或距离较远的大用户，由工厂直接送货，如图1-12中流程1所示。②分装加工配送，配送中心集中进货后，按用户需求进行小规格的分装加工，装成坛、罐，分装出用户可接受的数量，然后通过一般的配送业务流程送达用户，如图1-12中流程4所示。③原包装形态大量进货转化为小批量、多批次送货，如图1-12中流程2所示。

固体化工产品配送业务流程　在该流程中，各种包装的一般化工产品采取一般配送作业流程，如图1-12中流程5所示。大量散装或大包进货的固体化工产品，与一般产品在配送工艺上稍有区别，这类产品是在分装成小包装后，再采用一般的配送业务流程送货，如图1-12中流程6所示。固体化工产品配送模式的特点是分拣、配货及配送加工较为重要。

液化石油气等压缩气体配送业务流程　这种配送作业流程是按照用户消费量要求，对已在工厂装好瓶、罐的产品集中进货，在配送中心进行装罐、装瓶的加工，再采取一般方式送达用户，由于产品种类、规格较单纯，所以，在这一类产品的配送作业流程模式中，分拣、配货工序不明显，其工艺特点是压缩装瓶、装罐，对设备及技术要求较高，如图1-12中流程3所示。

1.6　我国物流配送的现状和发展趋势

1.6.1　我国物流配送的现状

长期以来，由于受计划经济的影响，我国物流业处于分散的多元化格局，一直难以发挥社会化大生产、专业化流通的集约经营优势，规模经营、规模效益难以实现；设施利用率低，布局不合理，重复建设使资金浪费严重，大量物资滞留在流通领域，造成资金沉淀，发生大量库存费用；另外，物流公司及组织体系的总体水平低，设备陈旧，损失率高，效率低，运力严重不足，形成了发展"瓶颈"，制约着物流业的发展，其现状主要是：①许多地方试行了"即时配送"和"零库存"配送，活动空间和范围逐步扩大。②配送作业效率和服务水平已明显提高，配送企业相继安装了自动化分拣设备和加工设备，提高了配送作业的速度和工作质量，降低了物流成本。③配送物资由单一性原料开始向配送成品和半成品转变，与物流加工有机地结合，探索出"加工配送"的模式。

应当指出，在配送规模及范围不断扩大、配送水平日趋提高的同时，配送中心的建立发挥了重要的作用。目前比较规范且已经形成一定规模的配送中心主要有：

1) 地处上海、天津、无锡等城市的煤炭配送中心。仅上海的煤炭仓储配送中心现已拥有 5 套较先进的动力配煤生产线，每年可加工、生产 300 万吨动力配煤，可供 2000 余家厂矿使用。

2) 地处石家庄、郑州、四川、广州等地的散装水泥配送中心。其中石家庄市水泥配送中心占地 8.8 万平方米，由 6 个项目配套组成，总投资共计 2700 万元。拥有 14 座散装水泥筒仓，总容量达 1.6 万吨，年周期为 16 万吨，17 辆专用运输车日运输能力为 485 吨，一条铁路专线 19 节专用车厢，两座混凝土搅拌站年生产能力为 32 万立方米，这个具有国际水平的水泥配送中心，年配送水泥能力可达 30 万吨以上，配送商品混凝土能力可达 50 万立方米。

1.6.2 我国物流配送的发展趋势

我国加入世界贸易组织后，服务业相关领域有些已经对外开放，有些即将开放，更多的跨国企业将进入中国参与市场竞争，我国物流配送将出现一些新的趋势和变化。

专业化趋势　我国加入世界贸易组织后市场竞争进一步加剧，必然促使企业更加关注其核心竞争力的培养，而将企业内部物流交由专业物流公司经营。但目前我国第三方物流所占的市场比重不大，据中国物流与采购联合会和美智管理顾问公司联合进行的一次调查显示，被调查企业中使用第三方物流的只占 22.2%，而美国这些类型的企业中使用第三方物流的占 58%。因此，我国第三方物流发展潜力很大，有待发展。预计今后几年，我国第三方物流服务的比重将会逐渐增大。

规模化、集团化趋势　发达国家的一些物流公司通过重组、资本扩张、兼并、流程再造等形式，已经形成了跨国综合物流企业。这些物流公司拥有雄厚的资金、先进的技术和配备、先进的管理理念与经验、全球性的服务网络。而我国的物流企业大多规模小、实力弱、能力低，在与国际大型物流公司的市场竞争中处于不利地位。因此，国内的中小型物流企业中，有一部分企业将利用拥有国内网络及设施、人力资本成本低等本土优势，与国内外大型物流企业建立战略合作伙伴关系；一部分企业将可能被大型物流公司收购、兼并；还有的企业将进行战略性重组和改造，向综合物流企业发展，与大型跨国物流企业配套，成为供应链的重要组成部分。

多元化趋势　随着我国改革开放的深入，以及我国加入世界贸易组织后在商品分销、公路运输、铁路运输、仓储、货运代理、邮递服务等领域的逐步开放，市场主体将出现多元化的局面：①外资物流企业，这些企业主要服务于外资企业，从事跨国公司在中国的生产、销售和采购等方面的物流活动。②以多元化股权结构为特征的民营物流企业，这是目前物流市场最具活力的力量。③国有经济中传统的运输、货代、仓储、批发企业，现在仍是物流市场的主力军。2008年及今后相当长的一段时间内，我国物流市场将呈现出国有、集体、个体、中资、外资等各种所有制物流企业相互依存、相互竞争、相互促进的局面。

国际化趋势　由于世界制造业和OEM（original equipemnt manufactures，原厂委托制造）中心向我国转移，以及经济一体化进程的加快，未来我国与世界各国之间的物资、原材料、零部件与制成品的进出口运输，无论是数量还是质量都会发生较大变化。为适应这一变化，要求我国必须在物流技术、装备、标准、管理、人才方面与世界对接。因此，我国物流配送业在国际化方面将会发展较快。

传统的运输与仓储企业加快向第三方物流转变　中国香港、台湾地区的中小物流企业进入内地物流市场的速度加快，给内地传统的运输与仓储企业造成很大压力。因此，2008年有更多传统的运输与仓储企业加快向第三方物流转变，利用自己的优势，扩大客户群，提升市场竞争力，与国内外物流公司合作或展开竞争。

物流配送信息化建设步伐加快　现代物流以信息技术为支撑，没有信息化就没有现代物流的发展。在我国大力发展信息化的新形势下，物流的信息化应该走在其他行业前面。物流配送作为政府高度重视的焦点，为了适应连锁经营等商业发展，物流配送信息技术也将有新的发展和变化。国内外一些大型物流企业都在规划建立自己的配送中心，改善物流配送信息服务技术，以提高企业的物流配送能力。

小结

　　配送的含义：在经济合理区域范围内，根据用户的要求，对物品进行拣选、加工、配货、装货等一系列狭义的物流活动，也包括输送、送达、验货等以送货上门为目的的商业活动。配送是最终的客户资源配置，实质是送货，是"配"和"送"的有机结合，以客户要求为出发点，在满足用户要求的同时也应考虑自身的经济效益。

　　配送的特点：配送是"配"和"送"的有机结合形式，配送强调用户的需求和时效性，地域范围以经济、合理为原则。

　　配送与运输的关系：共同特征是配送和运输都是线路活动，差异性是功能上存在差异、活动范围不同；配送与运输的互补关系，在配送和运输同时存在的物流系统中，运输处于配送的前面，先通过运输实现物品长距离的位置转移，然后交由配送来完成短距离的输送。

　　物流配送的种类，按配送的组织机构不同，可以把配送分为配送中心配送，仓库配送和商店配送；按配送对象的品种数量的多少，配送可分为单品种大批量配送、多品种小批量配送和配套配送；按组织的经济功能划分，配送可划分为销售配送、供应配送、销售—供应一体化配送和代存代供配送；根据时间和数量的不同，可以将配送划分为定时配送、定量配送、定时定量配送、即时配送和定时定路线配送；按照配送企业的专业化程度，可以把配送划分为专业配送、综合配送。

　　配送所服务的企业性质、使命和目标不同，其配送行为方式就完全不一样，因此就产生了不同的配送运行模式，根据配送的运行情况，可将配送活动分为企业自营配送、厂商共同配送、第三方配送三种基本模式。

自营配送是工商企业为了保证生产或销售的需要，独自出资建立自己的物流配送系统，对本企业所生产或所销售的产品进行配送活动，其配送活动根据其在企业中作用分为企业的分销配送和内部供应配送。

共同配送指两个或两个以上的有配送业务的企业相互合作对多个用户共同开展配送活动的一种物流模式，这一模式是配送发展的主要方向。共同配送产生的原因有：①自设配送中心，其规模难以确定。②自设配送中心会造成实施浪费。③大量的配送车辆集中在市区，导致交通问题。④为追求企业利润最大化。共同配送的具体方式有系统优化型的共同配送、车辆利用型共同配送、接货场地共享型共同配送和配送中心、配送机械等利用型的共同配送。

第三方配送是指专门从事商品运输、库存保管、订单处理、流通加工，仓装、配送、物流信息管理等物流活动的社会化的物流系统，其种类分为以仓储和配送为基础、以运输为基础、以货代为基础、以财务或信息管理为基础和以托运人管理为基础的五类物流公司。第三方物流的配送运作模式有企业销售配送、企业供应配送和供应—销售物流一体化三种模式。

物流配送的策略有以下几种可供选择：转运策略、延迟策略、集运策略、混合策略、差异化策略、合并策略。

配送的业务流程：在配送活动中，各项活动都在按照一定的顺序运作，将这种配送顺序称为配送业务流程。由于货物特性不同，配送作业流程也不尽相同，其中基本的业务流程包括备货、储存、订单处理、分拣及配送、配装、输送、送达服务、配送加工、回程环节。

练习题

一、名词解释

配送　自营配送　共同配送　第三方物流

二、填空

1．配送的实质是_____，是_____和_____的有机结合。

2．配送的种类按组织机构不同可分为_____、_____和_____三种形式；按配送对象品种数量的多少，配送可分为_____、_____和_____三种形式；按配送组织的功能划分，配送可分为_____、_____、_____和_____四种形式。

3．根据配送运行情况，可将配送活动的组织与运行分为_____、_____和_____三种基本模式。

4．可供选择的配送策略有_____、_____、_____、_____、_____和合并策略等六种。

三、问答题

1．如何理解配送？配送与运输的关系如何？

2．什么是共同配送？共同配送的具体方式有哪几种？

3．第三方物流的种类和配送模式有哪些？

4．配送的基本物流程序包括哪些？

单元 2

物流配送中心

 知识目标

1. 掌握物流配送中心的概念。
2. 了解物流配送中心的构成。
3. 掌握物流配送中心的分类及功能。
4. 了解配送中心的现状与发展趋势。

 能力目标

1. 掌握物流配送中心的功能。
2. 能根据物流配送中心的特点对其进行分类。

 情感目标

1. 树立物流配送中心是现代物流的重要标志的观念。
2. 培养提高配送服务的意识。

物流配送中心在零售业扩张中大显身手

联华超市（以下简称联华）创建于 1991 年 5 月，是上海首家以发展连锁经营为特色的超市公司。经过 20 年的发展，联华已经成为现今中国大型的商业零售企业之一，形成了大型综合超市、超级市场、便利店等多元业态联运互补的竞争优势。联华在上海、北京、天津、江苏、广东、山东、山西、河南、河北、辽宁、吉林、新疆、内蒙古等 20 多个省市和自治区的 100 多个城市建立了强大的连锁经营网络，成为消费者最依赖的商业品牌。

发展壮大后的联华着力打造核心竞争力，在战略创新、经营创新、管理创新、技术创新等方面不断取得新的突破。联华建立了全国性商品采购网络，不断建设大型智能化配送中心，先进的计算机信息系统已经覆盖了联华的所有门店，实现了商业管理的自动化。2005 年 4 月联华曹杨配送中心的竣工再次奠定了当年联华在中国零售业的龙头地位。

联华曹杨配送中心引入了高效的自动输送系统、自动托盘升降系统以及自动箱式分拣系统，月台上安装了货台高度调节扳，库内货物移动还大量使用电瓶叉车；库存管理全面信息化，收货作业、上架作业、转仓作业等内部主要作业均全部使用无线手持终端，采用条形码识读技术和无线信号传输技术实时收发作业信息与总部、门店等结点之间信息传输实现了网络化，整个系统响应速度极快，库存周转天数大幅降低；新县在货运车辆上安装使用了 GPS 定位跟踪器，借助 GPS 公共报务平台实时监控在途车辆的运行情况，同时在货运车辆上还配置了卸货尾板，大幅度提高了车辆利用率，门店满意度得到了进一步的提升。

联华近几年发展迅猛，每三天就有一家连锁店开业，至今已有近 4930 家门店，销售额年均增长率达 123%。联华配送中心为联华的物流支撑起了关键的作用，工作人员只需轻点鼠标，分店对配送中心的订货、配送、调拨、验收、退货、结算等信息，立刻会显示出来。加上高效的自动化设备的支持，使得联华的物流配送变得轻松自如，正是这些强大的物流后盾，使联华的高速发展有了坚实的平台。

案例解析

联华超市在战略创新、经营创新、管理创新、技术创新等方面不断取得新的突破，通过引入高效的自动输送系统、自动托盘升降系统以及自动箱式分拣系统，月台上安装了货台高度调节板，库内货物移动还大量使用电瓶叉车；库存管理全面信息化，收货作业、上架作业、转仓作业等内部主要作业均全部使用无线手持终端，采用条形码识读技术和无线信号传输技术实时收发作业信息，与总部、门店等结点之间信息传输实现了网络化，整个系统响应速度极快，库存周转天数大幅降低；新县，在货运车辆上安装使用了 GPS 定位跟踪器，借助 GPS 公共报务平台实时临控在途车辆的运行情况，同时在货运车辆上还配置了卸货尾板，大幅提高了车辆利用率，极大地提高了效率。

案例思考

分析联华配送中心对联华物流的作用。

2.1 物流配送中心概述

2.1.1 物流配送中心的概念

物流配送中心就是从事货物配备（集货、加工、拣选、配货）和组织对用户的送货工作，以高水平实现销售和供应服务的现代流通设施。具体地说，配送中心是接受并处理末端用户的订货信息，对上游的多种货物进行分拣，根据用户订货要求进行拣选、流通加工、储备等作业，并进行送货的设施和机构。

中华人民共和国国家标准 CB/T 18354—2006《物流术语》对物流配送中心的定义：**从事配送业务的物流场所或组织**。应基本符合下列要求：主要为特定客户或末端客户提供服务；配送功能健全；完善的信息网络；多品种、小批量；以配送为主、储存为辅；辐射范围小。

配送中心是基于物流合理化和发展市场两方面的需要而发展的，以组织配送式销售和供应、执行实物配送为主要功能的流通型物流结点，它很好地解决了用户小批量多样化需求和厂商大批量专业化生产的矛盾，因此，逐渐成为现代物流的标志。

2.1.2 物流配送中心与仓库、物流中心的关系

如果把物流网络用线和分支点来表示，那么仓库就是分支点，配送中心就是由仓库发展而来的。仓库、配送中心、物流中心都是自营或代客户保管和运输物品的场所，有时它们的业务有明显的交叉性。随着物流业的发展，除季节性生产明显的储备粮库、棉花库、果品库、冷藏海产品库以及军需储备库等外，其他仓库已逐渐被物流中心和配送中心所代替。

在中华人民共和国国家标准 CB/T 18354—2006《物流术语》中，对仓库、物流中心和配送中心已有明确定义。现对这些概念作一简单的区分，如表 2-1：仓库是保管和保养物品的场所的总称；配送中心是储存众多物品，且将储存周期较短的众多物品配送给众多零售店（如专卖店、连锁店、超市等）或最终客户的场所；物流中心是储存众多物品，且将储存周期较长的众多物品配送至配送中心的场所。

表 2-1 仓库、配送中心以及物流中心的区别

比较模式 种类	储存周期	现代化程度	针对角度	反应速度
仓库	长	低	设施	慢
配送中心	短	高	功能	快
物流中心	短	高	宏观	快

配送中心的特点 其位置处于物流的下游。一般储存物品的品种较多，存储周期短；为使零售店或最终客户不设库、少设库以及不设车队，配送中心具有强大的多客户多品种、多频次，少量的拣选和配送功能，因为多客户、多品种才能实现保管、运输作业的规模化、规范化，并节约费用。配送中心一般采用"门到门"的汽车运输，其作业范围较小，为本地区的最终客户服务。有时，配送中心还有流通加工的业务，如钢材的定尺加

工，食品由大的运输包装改为小的零售包装，饲料由单一饲料改为复合饲料等服务的延伸和增值业务。

物流中心的特点　其位置处于物流的中游，是制造厂仓库与配送中心的中间环节，一般离制造厂仓库与配送中心较远，为实现运输经济，常采用大吨位汽车或铁路运输和少批次大量的出入库方式。

由于仓库、配送中心以及物流中心都有保管和保养物品的功能以及其他相同的功能，只有存在程度、强弱的不同，此外物流中心和配送中心是由仓库发展、派生而成，因此，有时说的仓库，也包括物流中心和配送中心，是三者的统称。而在很多情况下，如不作特殊的说明，仓库、物流中心、配送中心三者的说法可以相互通用。

2.2　物流配送中心的分类与功能

2.2.1　物流配送中心的分类

物流配送中心是一种新兴的经营管理形态，具有满足多量少样的市场需求及降低流通成本的作用。但是，由于建造企业的背景不同，其物流配送中心的功能、构成和运营方式就有很大区别，因此，在进行物流配送中心规划时，应充分注意物流配送中心的类别及其特点。物流配送中心的具体分类方式如下。

1. 按照物流配送中心的拥有者分类

制造商型物流配送中心　制造商型物流配送中心是以制造商为主体的物流配送中心。这种物流配送中心里的物品 100% 是由制造商自己生产制造，用以降低流通费用、提高售后服务质量和及时地将预先配齐的成组元器件运送到规定的加工和装配工位。从物品制造到生产出来后，条码和包装的配合等多方面都较易控制，所以按照现代化、自动化的物流配送中心设计比较容易，但不具备社会化的要求。

批发商型物流配送中心　批发商型物流配送中心是由批发商或代理商所成立的物流配送中心，是以批发商为主体的物流配送中心。批发是物品从制造者到消费者之间的传统流通环节之一，一般是按部门或物品类别的不同，把每个制造厂的物品集中起来，然后以单一品种或搭配向消费地的零售商进行配送。这种物流配送中心的物品来自各个制造商，它所进行的一项重要活动是对物品进行汇总和再销售，而它的全部进货和出货都采用社会化配送方式，社会化程度高。

零售商型物流配送中心　零售商型物流配送中心是由零售商向上整合所成立的物流配送中心，是以零售业为主体的物流配送中心。零售商发展到一定规模后，就可以考虑建立自己的物流配送中心，为专业物品零售店、超级市场、百货商店、建材商场、粮油食品商店、宾馆饭店等服务，其社会化程度介于前两者之间。

专业物流配送中心　专业物流配送中心是以第三方物流企业（包括传统的仓储企业和运输企业）为主体的物流配送中心。这种物流配送中心有很强的运输配送能力，地理位置优越，可迅速将到达的货物配送给用户。它为制造商或供应商提供物流服务，而物流配送中心的货物仍属于制造商或供应商所有，物流配送中心只是提供仓储管理和运输配送服务。这种物流配送中心的现代化程度往往较高。

2．按配送范围分类

城市物流配送中心　城市物流配送中心是以城市范围为配送范围的物流配送中心，由于城市范围一般处于汽车运输的经济里程，这种物流配送中心可直接配送到最终用户，且采用汽车进行配送。所以，这种物流配送中心往往和零售经营相结合，由于运输距离短，反应能力强，因而从事多品种、少批量、多用户的配送较有优势。

区域物流配送中心　区域物流配送中心是以较强的辐射能力和库存准备，向省（州）际、全国乃至国际范围的用户配送的物流配送中心。这种物流配送中心配送规模较大，一般而言，用户规模也较大，配送批量也较大，而且往往是配送给下一级的城市物流配送中心，也配送给营业所、商店、批发商和企业用户，虽然配送中心也从事零星的配送，但零星配送不是其主体形式。

3．按物流配送中心的功能分类

供应型物流配送中心　供应型物流配送中心是向用户供应货物行使供应职能的物流配送中心，其服务对象有两类：①组装、装配型生产企业，为其供应零配件、原材料或半成品。②大型商业超级市场、连锁企业以及配送网点。其特点是配送的用户稳定，用户的要求范围明确、固定。因此，物流配送中心集中库存的品种范围固定，进货渠道稳固，都建有大型现代化仓库，占地面积大，采用高效先进的机械化作业。

销售型物流配送中心　销售型物流配送中心是以配送为手段，商品销售为目的的物流配送中心，属于销售型物流配送中心。这种物流配送中心按其所有权划分分为三种情况：①生产企业为直接将自己的产品销售给消费者，以提高市场占有率而建立的物流配送中心，如我国的海尔集团所建立的物流配送中心，美国芝加哥的 Keebler 物流配送中心等。②专门从事商品销售的流通企业为扩大销售而自建或合建的物流配送中心，我国目前拟建或在建的物流配送中心多属于此类。③流通企业和生产企业共建的销售型物流配送中心，这是一种公用型物流配送中心，这类物流配送中心的特点是用户不确定，用户多，每个用户购买的数量少，因此不实行计划配送，集中库存的库存结构比较复杂，只有采用共同配送，才能取得较好的经营效果。

储存型物流配送中心　储存型物流配送中心具有很强的储存功能，主要为了满足三方面的需要而建造：①企业在销售产品时，难免会出现生产滞后的现象，要满足买方市场的需求，客观上需要一定的产品储备。②在生产过程中，生产企业也要储备一定数量的生产资料，以保证生产的连续性和应付急需。③在配送的范围越大，距离越远时，或者满足即时配送的需要时，客观上也要求储存一定数量的商品。其特点是储存仓库规模大，库型多，存储量大。例如美国福来明公司的物流配送中心，建筑面积达 70 000m²，其中包括 40 000m² 的冷库和冷藏库，30 000m² 的杂货库，所经营的商品品种达 89 000 个。我国目前建设的物流配送中心多为储存型物流配送中心，库存量较大。

流通型物流配送中心 流通型物流配送中心是基本上没有长期储存的功能，仅以暂存或随进随出的方式进行配货和送货的物流配送中心。某典型方式为：大量货物整批进入，按一定批量零出。一般采用大型分货机，其进货直接进入分货机传送带，分送到各用户货位或直接分送到配送汽车上，货物在中心滞留的时间很短。

加工型物流配送中心 加工型物流配送中心是以流通加工为主要业务的物流配送中心，根据用户需要对配送物品进行加工，而后实施配送。其加工活动主要有：分装、改包装、集中下料、套裁、初级加工、组装、剪切、表层处理等，主要应用于食品和生产资料的加工配送。例如，麦当劳、肯德基的物流配送中心就是提供加工服务后向其连锁店配送；工业、建筑、水泥制品等领域的物流配送中心，如石家庄水泥物流配送中心，既提供成品混凝土，又提供各种类型的水泥预制件，直接配送给用户。

4. 按配送货物的属性分类

根据配送货物的属性，可以分为食品物流配送中心、日用品物流配送中心、医药品物流配送中心、化妆品物流配送中心、家电产品物流配送中心、电子产品（computer，communication，consumer electronic，通常简称为3C）物流配送中心、书籍产品物流配送中心、服饰产品物流配送中心、汽车零件物流配送中心以及生鲜产品处理中心等。

由于所配送的产品不同，物流配送中心的规划方向就完全不同。例如生鲜品物流配送中心主要处理的物品为蔬菜、水果与鱼肉等生鲜产品，属于低温型的物流配送中心。该物流配送中心是由冷冻库、冷藏库、鱼虾包装处理场、肉品包装处理场、蔬菜包装处理场及进出货暂存区等组成的，冷冻库为 −25℃，而冷藏库为 0~5℃，又称为湿货物流配送中心；而书籍产品的物流配送中心，由于书籍有新出版、再版及补书等特性，尤其是新出版的书籍或杂志，其中的 80% 不上架，直接理货配送到各书店去，剩下的 20% 左右库存在物流配送中心等待客户的再订货；另外，书籍或杂志的退货率非常高，达至三四成。因此，在进行书籍产品的物流配送中心规划时，就不能与食品、日用品的物流配送中心相同；服饰产品的物流配送中心，也有淡旺季及流行性等特性，而且，较高级的服饰必须使用衣架悬挂，其物流配送中心的规划也有其特殊性。

对于不同种类与行业形态的物流配送中心，其作业内容、设备类型、营运范围可能完全不同，但是就系统规划分析的方法与步骤而言有其共通之处。物流配送中心的发展已逐渐由以仓库为主体的物流配送中心向信息化、自动化的整合型物流配送中心发展。

5. 按照物流配送中心的归属及服务范围分类

自用（自有）型物流配送中心 自用型物流配送中心是指隶属于某一个企业或企业集团，通常只为本企业服务，不对本企业或企业集团外开展配送业务的物流配送中心。例如，美国沃尔玛百货有限公司的物流配送中心，即为其公司独资建立，专门为本公司所属的零售门店配送商品。这类物流配送中心可以在逐步对外开展配送业务的基础上向公用型物流配送中心转化。

公用型物流配送中心 公用型物流配送中心是以盈利为目的，面向社会开展后勤服务的配送组织。其主要特点是服务范围不局限于某一企业或企业集团内部，随着物流业的发展，物流服务逐步从其他行业中分化独立出来，向社会化方向发展，公用型物流配送中心作为社会化物流的一种组织形式在国内外迅速普及起来。

2.2.2 物流配送中心的功能

物流配送中心是行使集货、理货、加工、送货等多项职能的物流结点，它与传统仓库的不同之处在于不仅能存储保管，而且能进行货物输送；它与一般运输的不同之处在于运货之前要进行必要的分拣、加工、配货。因此，物流配送中心提供的是全方位的、方便用户的服务，它既具有一般物流中心的基本功能，又具有自己独特的增值功能。

1．物流配送中心的基本功能

物流配送中心具有以下一些基本功能：

存储功能　物流配送中心的服务对象是生产企业和商业网点，如连锁店和超市，其主要职能就是按照用户的要求及时将各种配装好的货物送交到用户手中，满足生产需要和消费需要。为了顺利有序地完成向用户配送商品（或货物）的任务，更好地发挥保障生产和消费需要的作用，通常物流配送中心都建有现代化的仓储设施，如仓库、堆场等，存储一定量的商品，形成对配送的资源保证。某些区域性大型物流配送中心和开展、代理交货、配送业务的物流配送中心，不但要在配送货物的过程中存储货物，而且它所存储的货物数量更大、品种更多。如中海北方物流有限公司在大连拥有面积达 10 万平方米、配备了国内一流仓储设备的现代化物流配送仓库。

分拣功能　作为物流结点的物流配送中心，其客户是为数众多的企业或零售商。这些众多的客户之间存在着很大的差别，这些客户不仅经营性质、产业性质不同，而且经营规模和经营管理水平也不一样。面对这样一个复杂的用户群，为满足不同用户的不同需求，有效组织配送活动，物流配送中心必须采取适当的方式对组织来的货物进行分拣，然后按照配送计划组织配货和分装。强大的分拣能力是物流配送中心实现按客户要求组织送货的基础，也是物流配送中心发挥其分拣中心作用的保证，分拣功能是物流配送中心重要功能之一。

集散功能　在一个大的物流系统中，物流配送中心凭借其特殊的地位和拥有的各种先进设备、完善的物流管理系统，能够将分散在各个生产企业的产品集中在一起，通过分拣、配货、配装等环节向多家用户进行发送。同时，物流配送中心也可以把各个用户所需要的多种货物有效地组合或配装在一起，形成经济、合理的批量，来实现高效率、低成本的商品流通。另外，物流配送中心在建设选址时也充分考虑了其集散功能，一般选择商品流通发达、交通较为便利的中心城市或地区，以便充分发挥物流配送中心作为货物或商品集散地的功能，如中海北方物流有限公司按照统一标准在东北三省各主要城市设立了六个二级物流配送中心，形成了以大连为基地，辐射东北三省的梯次仓储配送格局。

衔接功能　通过开展货物配送活动，物流配送中心能把各种生产资料和生活资料直接送到用户手中，起到连接生产和消费的作用。另外，通过发货和储存，物流配送中心又起到了调节市场需求、平衡供求关系的作用。现代化的物流配送中心如同一个"蓄水池"，不断地进货、送货，快速地周转，有效解决了产销不平衡的问题，缓解供需矛盾，在产、销之间建立起一个缓冲平台，这是物流配送中心衔接供需两个市场的另一个表现。可以说，现代化的物流配送中心通过发挥储存和发散货物功能，体现出其衔接生产与消费、供应与需求的功能，使供需双方实现了无缝连接。

流通加工功能 配送加工虽不是普遍的，但往往是有着重要作用的功能要素，它可以大大提高客户的满意程度。国内外许多物流配送中心都很重视提升自己的配送加工能力，通过按照客户的要求开展配送加工，可以提高配送的效率和满意程度。配送加工有别于一般的流通加工，它一般取决于客户的要求，销售型物流配送中心有时也根据市场需求来进行简单的配送加工。

信息处理 物流配送中心连接着物流干线和配送，直接面对产品的供需双方，因而不仅是实物的连接，更重要的是信息的传递和处理，包括物流配送中心的信息生成和交换。

2．物流配送中心的增值功能

从一些发达国家的物流配送中心具体实际来看，物流配送中心还具有以下增值性功能：

结算功能 物流配送中心的结算功能是物流配送中心对物流功能的一种延伸。物流配送中心的结算不仅仅只是物流费用的结算，在从事代理、配送的情况下，物流配送中心还要替货主向收货人结算货款等。

需求预测功能 自用型物流配送中心经常负责根据物流中心商品进货、出货信息来预测未来一段时间内的商品进出库量，进而预测市场对商品的需求。

物流系统设计咨询功能 物流配送中心要充当货主的物流专家，因而必须为货主设计物流系统，代替货主选择和评价运输商、仓储商及其他物流服务供应商。国内有些专业配送公司正在进行这种尝试，这是一项增加价值、提升公共物流中心竞争力的服务。

物流教育与培训功能 物流配送中心的运作需要货主的支持与理解，通过向货主提供物流培训服务，可以培养货主与物流配送中心经营管理者的认同感，提高货主的物流管理水平，将物流配送中心经营管理者的要求传达给货主，也便于确立物流作业标准。

以上功能中，前几项基本功能需要经验和实力，后几项的增值功能需要智慧和远见。功能是靠设计而来的，每个物流配送中心集合都不会完全一样，有的物流配送中心可能只提供基本功能中的部分功能，但这些功能特别强大，这是完全可以的。要确定物流配送中心的核心功能和辅助功能，辅助功能可能会使物流配送中心不一定只做物流，还可能做商流、资金流、信息流。

2.3 物流配送中心的构成

物流配送中心是开展商品配送及相关业务的场所。它通过先进的管理、技术和现代化的信息交流网络，对商品的采购、进货、储存、分拣、加工和配送等业务过程，进行科学、统一、规范的管理，使整个商品运动过程高效、协调、有序，从而减少损失，节省费用，实现最佳的经济效益和社会效益。

因此，一个完整的物流配送中心在内部构造上至少由以下三个部分构成：

2.3.1 功能分区

合理的功能分区是物流配送中心完成各项物流功能的最基本的条件。典型的物流配送中心功能分区如表 2-2 所示。

表 2-2 物流配送中心的功能分区

分区	功能
管理区	中心内部行政业务管理、信息处理、业务洽谈、订单处理以及指令发布的场所。一般位于物流配送中心的出入口
进货区	收货、验货、卸货、搬运及货物暂停的场所
理货区	对进货进行简单处理的场所。在这里，货物被区分为直接分拣配送、待加工、入库储存和不合格需要清退的，分别送往不同的功能区。在实行条码管理的中心里，还要为货物贴条码
储存区	对暂时不必配送或作为安全储备的货物进行保管和养护的场所通常配有多层货架和用于集装单元化的托盘
加工区	进行必要的生产性和流通性加工（如分割、剪裁、改包装等）的场所
分拣配货区	进行发货前的分拣、拣选和按订单配货
发货区	对物品进行检验、发货、待运的场所
退货处理区	存放进货时残损、不合格或需要重新确认等待处理的货物的场所
废弃物处理区	对废弃包装物（塑料袋、纸袋、纸箱等）、破碎货物、变质货物、加工残屑等废料进行清理或回收利用的场所
设备存放及维护区	存放叉车、托盘等设备及其维护（充电、充气、紧固等）工具的场所

物流配送中心功能分区主要包括管理区、进货区、理货区、储存区、加工区、分拣配货区、发货区、退货处理区、废弃物处理区、设备存放及维护区等。当然，具体物流配送中心根据其规模、性质及储存货品的不同会有一些其他的功能分区。

2.3.2 物流系统及设备

物流配送中心物流系统主要由物流设备、管理控制系统两大部分构成。典型的物流配送中心物流系统的构成如图 2-1 所示。

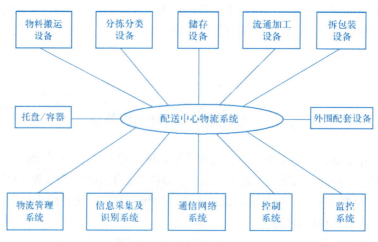

图 2-1 物流配送中心物流系统构成

1. 物流设备

物流设备是物流配送中心物流系统的核心，主要物流设备包括容器、储存设备、分拣分类设备、物料搬运设备、流通加工设备拆包装设备以及一些外围配套设备等。

容器 包括搬运用容器、储存用容器、拣取用容器及配送用容器，如纸条、托盘、铁箱、塑料箱等。部分以单品出货为主的出货类型，如果品种多而体积长度、外形等物理性质差异很大，应考虑利用标准模数等容器将单位统一化，达到单元负载的原则，以简化储运作业。

储存设备 包括自动仓储设备（如单元负载式、水平旋转式、垂直旋转式、轻负荷式）、大型储存设备（如一般重型货架、移动式货架、重量型流动货架）、多种小型储存设备（如轻型移动货架、轻型流动货架、移动式储柜）。可见仓储区根据使用的储运单位、容器式样及仓储需求量来选择适用的设备及数量。

分拣分类设备 包括一般分拣设备、计算机辅助拣取设备（CAPS，计算机辅助拣取台车）、自动化订单指导工作拣取设备（A-frame 系统）和自动分拣系统（automatic sorting system，ASS）等。

物料搬运设备 包括自动化搬运设备（如无人搬运车、有轨搬运台车）、机械化搬运设备（如叉车、油压拖扳车）、各类输送设备、垂直输送设备等。

流通加工设备 包括裹包、集包设备，外包装配合设备，印贴条码标签设备，拆箱设备，稳重设备等。

外围配套设备 包括楼层流通设备、装卸货平台、装卸设施、容器暂存设施、废料处理设施等，视物流配送中心经营者需求特性而异。

2. 管理控制系统

物流配送中心的管理控制系统是保障物流配送中心正常运转所必备的基本条件，包括物流配送中心的业务性管理系统和信息管理系统。

业务性管理系统 这是物流配送中心正常运转所必备的基本条件，如包括通信网络系统、控制系统、监控系统、物流配送中心的各项规章制度操作标准及作业流程等。

信息管理系统 包括订货系统、出入库管理系统、分拣系统、订单处理系统、信息反馈系统等。

2.3.3 建筑设备

除了物流设备和管理系统外，物流配送中心主体设施包括仓库建筑物、构筑物以及库外道路、停车场、站台和铁路专用线等辅助设施。

2.4 我国物流配送中心的现状与发展趋势

2.4.1 我国物流配送中心的现状

进入 21 世纪以来，我国市场经济体制日趋成熟，国民经济持续高速和稳步增长，铁路、公路和港口等基础设施规模不断扩大，第三方物流发展迅速，目前已经形成了以港深、沪浙、天津、武汉为中心的区域性物流体系。而电子商务的热潮促进了我国物流配送业的快速发展，社会对物流配送中心的需求急剧增加，物流配送中心机械及设备需求也越来越大，这也成为物流机械市场需求的一个新的增长点。

近年来，随着市场经济的快速增长，特别是连锁商业的发展，各种形式的配送中心如雨后春笋般发展起来。据不完全统计，2008 年全国共有各种类型的物流配送中心 1000 多家，规划和建设中的物流中心 30 多个，其中北京、上海和深圳对物流配送中心的投资都在1000 亿元以上，仅 2005 年，规划和投资建设的物流配送中心就有近 300 多家。新建物流配送中心投资额、占地规模呈扩大趋势，科技含量增加。此外，日本、美国、英国等国在我国北京、上海、南京等地均建有自己的物流配送中心。还有一些国外企业机构正在研讨中国的物流配送业，将今后几年使配送业务进入中国作为发展战略。

例如，上海物流配送中心的基本情况是，1992 年以来，以超市为主体的连锁商业企业在上海迅速发展，现在全市连锁商业网点已达 2800 余家。由于缺乏为超市服务的社会化的营业性物流配送中心，因此，各家超市公司只得自建配送中心来满足业务发展的需要。目前的情况是，一家超市公司配备一个配送中心，从而使配送中心的建设走进了"万事不求人"、"小而全"的怪圈。

一些大型超市公司投资建造的物流配送中心，能够比较顺利地完成本系统的商品配送任务。而一些中小型超市公司在资金、设施和人才等方面遇到不少难题，开展配送业务问题较多，如缺乏规范作业，各种编码（包括商品编码、运输包装编码等）缺乏标准，出货拣选、到货分拣、组配、商品盘点等作业均无电子扫描装置，出货外包装上不加贴用于运输、送货的条码等，这些问题直接影响到企业的服务水平。

2.4.2 我国物流配送中心存在的问题

虽然目前我国的物流配送中心建设发展迅速，但我国的配送体系并不完善，相对于日益发达的市场经济，我国的物流和配送业依然严重滞后，主要表现在以下几个方面：

配送规模小，未形成经济规模 配送中心只有形成规模，才能取得效益。以我国连锁业配送中心为例，一个配送中心平均配送 20 个店铺，而日本连锁店的一个配送中心负责配送 70 个店铺，只需 4～5 辆车。我国多数配送中心未形成规模，统一配送率只有 50% 左右，造成人员闲置，运输设备不能充分利用，配送成本偏高。以企业集团内部为对象的专业化配送发展较快，而面向社会的区域化配送发展较落后，这就造成了社会配送资源的闲置与重复配置的矛盾冲突。因此，目前我国的物流配送中心还达不到提高社会总体效率的地步，无法形成规模优势，缺乏完善的物流配送网络体系。

配送速度低，管理经验缺乏 配送系统的管理水平低下，物流渠道不畅通，供应商的供货速度慢，与供应商的关系不够协调，市内交通状况差等问题，造成配送企业配送速度较低的情况，不能完成"当时订货，次日送货"的指标，常常出现要求24～48小时送货而超过一个星期送货的情况，并且一般是畅销商品的配送速度低于平销、滞销商品的配送速度。这一问题直接影响着连锁企业的服务水平。

几乎所有企业的配送中心只是充当储存商品的仓库和按规定简单地送货的运输工具的角色，而设立配送中心的目的就是要通过提高服务水平，降低整个企业的物流总成本来实现销售利润的最大化，因此，这个目的不是传统的仓储和运输所能实现的这一目标实现需要很多配送方法和技巧，如实施共同配送和准时制配送，从供应链与需求链的角度组织物流配送等。目前我国在这些方面还缺乏系统的研究和实践。

技术装备落后，现代化程度低   我国的物流配送中心机械化程度低，基本处于人工操作状态。配送中心的作业基本是手工辅以叉车和托盘作业；单元化作业程度低，托盘的利用仅限于企业内部；货物的入库、出库、拣选、组配、盘点等作业多为人工管理，差错率高；出货外包装不加贴用于运输、送货的条码，机械化、自动化程度低。

国外的现代化配送中心作业面积大，配有自动分拣机、电动升降机、自动传送带、真空包装机等先进的机械设备，并采用自动化管理，充分实现其快速、准确的配送服务。我国的配送中心与国外以机电一体化、无纸化为特征的配送自动化、现代化的配送中心相比还有较大的差距。

配送中心信息化程度低   我国配送中心的信息系统不完善，计算机应用程度较低，多数配送中心的管理信息系统只是限于日常事务管理，对于配送中心的许多重要问题，如货物组配方案、运输的最佳路线、最优库存控制等方面，仍然处于人工决策状态。适应具体操作的物流信息系统的开发滞后，整体配送环节的信息处理技术也比较落后，靠人工凭经验进行配送中心的管理和运作，势必影响配送中心的效率，进而难免存在失误，直接或间接地影响配送中心的形象和信誉，制约配送中心的发展。

2.4.3   我国物流配送中心的发展趋势

经过物流作业一体化和计算机与通信技术的不断发展，极大地促进了物流业的发展，使物流业迅速成为在全球具有巨大潜力和发展空间的新兴服务产业。现代物流已被我国政府和企业所重视，出现了迅猛的发展势头。政府从产业发展的高度将发展现代物流作为支持经济持续发展、改善投资环境、提高社会经济效益、降低社会成本、充分利用社会资源的重要策略，生产企业把物流作为企业的第三利润源泉和获取企业竞争优势的战略机会，传统物流企业（运输、仓储等）把发展现代物流作为重新打造企业、寻求企业新的利润增长点、实现企业再发展的战略目标。在我国，现代物流的发展趋势主要表现在以下几个方面：

物流作业一体化   现代物流的精髓在于其系统整合的概念，即整合传统的作业领域，将生产、销售、包装、装卸、运输、存储、配送、流通加工、物流信息处理等分散的、跨越各企业部门的活动综合，有机地结合在一起，作为一个系统来管理，使物流流动的各作业环节有效地组合，形成以服务客户为主的综合能力，节约流通费用，提高流通的效率与效益。

物流管理信息化 物流系统是一个大跨度系统，在全国范围内以空前快速的速度自由流动。物流活动范围、流动速度进入一个前所未有的发展阶段，物流业正向全球化、网络化和信息化方向发展，电子数据交换（electronic data interchange，EDI）技术与国际互联网的应用使物流效率的提高更多地取决于信息管理技术；电子计算机的普及和条形码技术的普遍应用，则提供了更多的需求和库存信息，提高了信息管理的科学水平，使商品在各种需求层面上的流动更加容易和迅速。信息化已经成为物流活动的核心，成为物流创新的动力。

物流资源社会化 随着市场经济和社会的发展，一方面专业化分工越来越细，另一方面各专业之间的合作越来越密切。生产企业与零售行业所需的原材料、中间产品、最终产品大部分由不同的物流中心、批发中心与配送中心提供，以实现少库存和零库存。现代物流社会化趋势是社会经济活动发展、物流规模经济效益、物流资源综合利用的必然结果。在大城市出现现代化综合性或专业性物流园区、物流中心、物流基地已成为普遍现象。

物流体系综合化 现代物流离不开运输与仓储，仓储现代化要求高度机械化、自动化、标准化、信息化，以组织高效的人、机、物系统。运输现代化要求建立铁路、公路、水路、空运与管道的综合运输体系，这是物流现代化的必要条件，也是现代物流生存发展的必要条件。

"三流"一体化 按照一般的流通规律，商流、物流、信息流是三流分离的。商流可以使物质资料的使用价值得以实现，经过商流，物质资料就变更了所有权；物流解决的是物质资料从其生产地域向其消费地域的转移，无法变更物质资料的所有权；信息流解决的是流通主体之间的信息传递问题。在现代社会中，由于不同的材料、产品或商品的转移形成不同的流通方式与营销形态，为了适应这一变化，目前世界上有许多发达国家的物流中心、配送中心已基本上实现了商流、物流、信息流的统一。此外，代理制的推行也使现代物流更趋科学合理，因为这种方式的流通体制更有助于实行"三流合一"。"三流合一"已经成为现代物流的重要标志之一。

小结

通过仓库、配送中心、物流中心的对比，阐述了物流配送中心的概念，指出配送中心是从事配送业务且具有完善信息网络的场所或组织。为适应客户需求的多样化，物流配送中心可按其拥有者、配送范围、经济功能、服务范围、配送货物属性等标准进行分类；物流配送中心除具有存储、分拣、集散、衔接、流通加工、信息处理等基本功能外，还具有结算、需求预测、物流系统设计咨询、物流教育与培训等增值功能；介绍了一个完整的物流配送中心在内部构造上至少由功能分区、物流系统及设备及建筑设备三个部分构成。

通过分析我国物流配送中心的现状，指出我国物流配送中心存在配送规模小，未形成经济规模，配送速度低，管理经验缺乏，技术装备落后，现代化程度低，配送中心信息化程度低等问题，提出了我国物流配送中心的发展趋势，即物流作业一体化，物流管理信息化，物流资源社会化，物流体系综合化，"三流"一体化。

练 习 题

一、名词解释

配送中心　　仓库　　物流中心

二、问答题

1. 比较仓库、配送中心以及物流中心的异同点。
2. 简述物流配送中心有哪些分类？
3. 简述物流配送中心的功能有哪些？
4. 物流配送中心由哪几个部分构成？
5. 我国物流配送中心存在哪些问题？
6. 我国物流配送中心的发展趋势如何？

三、案例分析

联华生鲜食品加工配送中心是目前国内设备最先进、规模最大的生鲜食品加工配送中心，在生产加工的同时，配送中心还从事水果、冷冻品等产品的配送任务。连锁经营利润源的重点是物流服务水平和物流成本，生鲜配送中心的工作重点归结起来就是"快"和"准确"。下面分别从几个方面来说明联华生鲜配送中心是如何做到这些工作重点的。

(1) 做好订单管理

门店的要货订单通过联华数据通讯平台，实时的传输到生鲜配送中心，在订单上制定各商品的数量和相应的到货日期。生鲜配送中心接收到门店的要货数据后，立即在系统中生成门店要货订单，按不同的商品物流类型进行不同的处理。各种不同的订单在生成完成或手工创建后，通过系统中的供应商服务系统自动发送给各供应商，时间间隔在 10 分钟内。

(2) 制定完善的物流计划

在得到门店的订单并汇总后，物流计划部根据第二天的收货、配送和生产任务制订物流计划。

1) 线路计划：根据各线路上门店的订货数量和品种，做线路的调整，保证运输效率。

2) 批次计划：根据总量和车辆人员情况设定加工和配送的批次，实现循环使用资源，提高效率；在批次计划中，将各线路分别分配到各批次中。

3) 生产计划：根据批次计划，制订生产计划，将需求量大的商品分批投料加工，设定各线路的加工顺序，保证和配送运输协调。

4) 配货计划：根据批次计划，结合场地及物流设备的情况，做配货的安排。

(3) 储存型物流运作

商品进货时先要接受订单的品种和数量的预检，预检通过方可验货，验货时进行不同要求的品质检验，终端系统检验商品条码和记录数量。在商品进货数量上，定量商品的进货数量不允许大于订单的数量，不定量的商品提供一个超值范围，对于需要按重量计量的进货系统和电子秤系统连接。

拣货采用播种方式，根据汇总取货，汇总单标志从各个仓位取货的数量，取货数量为本批配货的总量，取货完成后系统预扣库存，被取商品从仓库仓间拉到待发区。配货分配人员在待发区根据各路线各门店配货数量对各门店进行播种配货，并检查总量是否正确，如不正确向上校核，如果商品的数量不足或其他原因造成门店的实发量小于应配量，配货人员通过手持终端调整实发数量，配货检验无误后使用手持终端确认配货数据。

在配货时，冷藏和常温商品被分在不同的待发区。

（4）中转型物流运作

供应商送货类似于储存型物流，先预检，预检通过后方可进行验货配货；供应商把中转商品卸货到中转配货区，中转商品配货员使用中转配货系统将商品中转路线及门店的顺序分配商品，根据系统配货指令的指定数量分配，贴物流标签。将配完的商品采用播种的方式放到指定的路线门店位置上，配货完成后统计单个商品的总数量，根据配货的总数量生成进货单。

中转商品以发定进，没有库存、多余的部分由供应商带回，如果不足，在门店间进行调剂。

（5）加工型物流运作

生鲜的加工按原料和成品的对应关系可分为两种类型：组合和分割，两种类型在物料清单（bill of material，BOM）设置、原料计算及成本核算方面都存在很大的差异。在 BOM 中每个产品设定一个加工车间，只属于唯一的车间，在产品上区分最终产品、半成品和配送产品，商品的包装分为定量和不定量的加工，对于称重的产品和半成品，需要设定加工产品的换算率（单位产品的标准重量），原料的类型分为最终原料和中间原料，设定各原料相对于单位成品的耗用量。

生产计划任务需要对多级产品链计算嵌套的生产计划任务，并生成各种包装生产设备的加工指令。对于生产管理，在计划完成后，系统按计划内容生成标准领料清单，并指导生产人员从仓库领取原料及生产时的投料。在生产计划中考虑产品链中前道与后道的衔接，各种加工指令、商品资料、门店资料、成分资料等下发到各生产自动化设备。加工车间人员根据加工批次和加工调度，协调不同量的商品间的加工关系，满足配送要求。

（6）配送运作

商品分拣完成后，都堆放在待发库区，按正常的配送计划，这些商品在当日晚上送到各门店，门店次日早上将新鲜的商品上架。在装车时按计划依路线门店顺序进行，同时抽样检查准确性。在货物装车的同时，系统能够自动算出包装物（笼车、周转箱）的各门店使用清单，装货人员也据此来核对差异。在发车之前，系统根据各车的配载情况算出各运输的车辆随车商品清单，各门店的交接签收单和发货单。

商品到门店后，由于数量的高度准确性，在门店验货时只要清点总的包装数量，退回上次配送带来的包装物，完成交接手续即可，一般一个门店的配送商品交接只需要 5 分钟。

通过以上的工作，使得配送中心的运行实现高效益和高效率。

思 考 1. 结合案例，试分析联华生鲜食品加工配送中心的运作流程。
2. 联华生鲜食品加工配送中心的不同运作模式流程有何区别？
3. 联华生鲜食品加工配送中心的运作模式有什么启示？

单元 3

>>>>>>>>>>>>>

配送的一般作业流程

知识目标

1. 掌握配送方案设计的基本程序；掌握拟定配送计划应考虑的因素、主要依据、主要内容，掌握确定配送路线的方法。
2. 了解配送合理化的判断标志及配送不合理的表现；掌握配送合理化可采取的做法，了解配送成本的概念，了解配送路线的原则。
3. 掌握配送定价的方式、方法，掌握配送收费计费方式。

能力目标

1. 能拟定配送方案；能计算、选择最佳配送路线。
2. 能分析判断配送是否合理，并能采取相应的方法解决不合理配送。

情感目标

树立定量分析思维方式及成本观念。

沃尔玛的配送中心

沃尔玛所有的配送中心都非常大,平均占地面积大约有11万平方米,相当于23个足球场。一个配送中心负责一定区域内多家商场的送货,从配送中心到各家商场的路程一般不会超过100km,以保证送货的及时性。配送中心一般不设在城市,而是在郊区,这样有利于降低用地成本。

沃尔玛的配送中心虽然面积很大,却只有一层,之所以这样设计主要是考虑到货物流通的顺畅性。有了这样的设计,沃尔玛就能让产品从一个门进,从另一个门出。如果产品不在同一层就会出现许多障碍,如电梯或其他物体的阻碍,产品流通就无法顺利进行。

沃尔玛配送中心的一端是装货月台,可供30辆卡车同时装货,另一端是卸货月台,可同时停放135辆大卡车。每个配送中心有600~800名员工,24小时连续作业;每天有160辆货车开来卸货,150辆车装好货物开出。

在配送中心内,货物成箱地被送上激光制导的传送带,在传送过程中,激光扫描货箱上的条形码,全速运行时,只见纸箱、木箱在传送带上飞驰,红色的激光四处闪射,传送带每天能处理20万箱货物,配送的准确率超过99%,传送带将货物送到不同的出货口,然后经过装箱打包后,装入卡车上将货物送到各地沃尔玛商场。现在,沃尔玛在美国已有30多家配送中心,分别供货给美国18个州的3 000多家商场。

在沃尔玛的配送中心,大多数商品停留的时间不会超过48小时,但某些产品也有一定数量的库存,这些产品包括化妆品、软饮料、尿布等各种日用品,配送中心根据这些商品库存量的多少进行自动补货。

沃尔玛的供应商可以把产品直接送到众多的商店中,也可以把产品集中送到配送中心,两者相比较,显然集中送到配送中心可以使供应商节省资金。所以在沃尔玛销售的商品中,有87%左右的商品是经过配送中心的,而沃尔玛的竞争对手的商品仅能达到50%的水平。由于配送中心能使沃尔玛降低物流成本达50%左右,沃尔玛能比其他零售商向顾客提供更廉价的商品,这正是沃尔玛迅速成长的关键所在。

案例解析

沃尔玛的配送中心作为一个跨国商业企业的重要组成部分,在配送方面有其独到和优越的地方,值得我们学习和借鉴。

案例思考

沃尔玛配送中心为沃尔玛的迅速成长起到了哪些关键作用?配送中心做了哪些工作?读了这个案例之后你有哪些想法?

在市场经济条件下,用户所需的货物大部分都由销售企业或供需企业某一方委托专业配送企业进行配送服务,因货物特性不一样,配送服务形态也不同。一般认为,随着货物日益丰富和消费需求个性化、多样化发展,多品种、小批量、多批次、多用户的配送方式最能有效地通过配送服务实现流通终端的资源配置,是当今最具时代特色的典型配送活动形式,将这种类型的配送活动的作业流程确定为通用的、标准的、一般的流程。

具体来说，配送作业一般包括以下几项作业：①进货。②搬运装卸。③储存（必要时）。④订单处理。⑤拣货。⑥补货。⑦出货。⑧交货。其流程如图3-1所示，其中虚线表示订单信息处理的反馈。本单元将重点对进货、订单处理、拣货、补货、出货、交货、退货和信息处理等作业流程作进一步的说明。

图3-1 典型的配送作业流程

3.1 进 货

3.1.1 进货作业的基本内容

进货作业是从供货商根据有关采购指令将货物送达配送中心后开始的。配送中心经过装卸、搬运、分类、验收，确认货物后，将货物按预定的货位储存入库，这一过程即为进货作业过程。

当客户的订单到达配送中心后，配送中心经过对订单的处理，生成拣货信息和拣货指令，并依据拣货信息将客户所订购或需要配送的货物从储存货位上取出，然后按不同客户或不同送货路线进行分类。需要进行流通加工的货物，按照不同的加工方法进行分类，再经过加工、包装等环节，最后配装出货，送到客户手中。

拣货作业完成后，仓库中库存货物必然减少，当库存数量低于某一规定的存量标准，必须补充库存量，补充进货的目的是维持一定的库存储备，以保证货物的及时配送。在这一系列过程中，装卸搬运起到了衔接作用。进货作业是配送作业中物流活动的开始，也是后续作业的基础。

3.1.2 进货作业的一般流程

进货作业流程包括进货作业计划、进货前的准备、接运与卸货、分类及标志、核对有关单据和信息、货物验收及进货信息处理等主要环节，如图3-2所示。

进货作业计划 进货作业计划的依据：采购计划、实际的进货单据、供应商的送货规律与送货方式。进货计划的内容：进货作业计划包含进货订单货物品类、数量、到达的时间及到货方式等。

进货前的准备 在货物到达配送中心之前，必须根据进货作业

图3-2 进货作业的
一般流程

计划做好进货准备：①储位准备。②人员安排。预先安排好接运、卸货、检验、搬运货物的作业人员。③设备器材准备。根据到货货物的理化性能及包装、单位货重、单位体积、货物数量等信息，确定检验、计量、卸货与搬运方法，准备好相应的度量器具、卸货及码货工具与设备，并安排好卸货站台空间。对一些室外储放的货物，还需准备相应的防雨雪用具等。

接运与卸货　对通过铁路、航空、水路等公共运输方式中转到达的货物，需配送中心从相应站港接运货物；对于直接送达配送中心的货物，必须及时组织卸货入库。卸货一般是在收货站台上进行。卸货方式通常有人工卸货、输送机卸货和托盘叉车卸货。同时送货方和接货方应将抽样商品、送货凭证、增值税发票交验。

分类及标志　在对货物进行初步清点的基础上，需按储放地点进行分类并标记。在这一阶段，要注意根据有关单据和信息，对货物进行初步清理验收，以便及时发现问题，查清原因，明确责任。

核对有关单据和信息　进货货物通常会具备下列单据和相关信息：采购方的进货通知，供应方开具的出仓单、发票、磅码单、发货明细表等。除此之外，有些货物还有随货同行的货物质量保证书、材质证明书、合格证、装箱单等。对由承运企业转运的货物，接运时还需审核运单，核对货物与单据反映的信息是否相符。

货物验收　货物验收包括数量清点、质量和包装的检查等作业内容。根据有关单据和信息清点到货数量，并检查货物质量及包装情况，并做详细验收记录，对查出的问题及时处理，然后填写验收单据和其他签收凭证，确认入库货物数量。

进货信息处理　进货作业信息是指示后续作业的基础。在进货作业时应及时对进货入库单据进行归纳整理，并详细记录验收情况，登记入库货物的储位。然后依据验收记录和其他到货信息，对库存货物保管账目进行账务处理，如货物验收入库，库存账面数量与库存实物数量应同时增加。有些到货信息还必须及时通过单据或库存数据，反馈给供应商和本企业采购、财务等部门，为采购计划的制定和财务货款结算提供依据。

3.1.3　进货作业考虑的因素和进货作业管理的原则

1. 进货作业考虑的因素

在安排进货作业前，需要考虑所有的相关因素，以便于统筹规划，进货方主要考虑的有以下几个因素：

供应商的数目、地理分布、交通运输情况　在组织进货时，主要收集以下的数据：①平均每天送货的供应商数量和当日送货最多的供应商名称。②送货的车型及车辆数目。③每辆车平均卸货时间。④货物到达的高峰时间。⑤中转运输接运方式。

货物种类、特性与数量　不同数量的货物，需采用不同的作业方式进货，因此每种货物的包装形式、规格、质量特性以及每天将有多少货物到达配送中心，也都会影响进货作业方式。在具体分析时，应重点掌握以下数据：①平均每天送达的商品品种数量和当日送达品种最多的商品种类。②货物的单元尺寸及货重。③货物的包装形式。④货物是否具有危险性。⑤货物的保存期限。⑥装卸搬运方式。

配合储存作业的处理方式　一般配送中心出货和储存有托盘、箱、单件三种包装方式，进货最好也采用与储存作业相同的处理方式。否则，在进货时必须通过拆箱、整合等方式将进货包装单位换成储存包装单位。

2．进货作业管理的原则

进货作业组织的目的是为了及时、安全、准确地组织货物入库，因此在规划进货作业时必须遵循以下八项作业原则：

1）尽可能将各项作业集中在同一个工作场所进行，即在进货作业过程中，尽可能将卸货、分类、标志、验货等理货作业环节集中在一个场所完成。这样既可以节省空间，也可以节省货物搬运所消耗的人力和物力，降低作业成本，提高作业速度。

2）尽可能平衡停泊码头的配车，例如，按照进出货需要状况制定配车安排，不要将耗时的进货放在高峰时间。

3）依据各作业环节的相关性安排活动，即根据各作业环节的相关顺序安排作业，避免货物倒装、倒流，提高作业效率。

4）尽可能合理安排卸货站台的使用，保持货物在站台至储存区的活动为直线流动。根据到货信息和历史统计资料，掌握货物到达的时间规律，以合理安排卸货站台及其他卸货设施，避免由于作业量不均衡造成的时间延误。

5）将人力集中安排在进货高峰期，以保证人力资源的合理安排与进货作业的顺利进行。

6）适当使用可流通的容器，以省去更换容器的工作。特别是对小件物品或可以使用托盘集合包装的货物，更应固定在可流通的容器内进行理货与储存，减少货物倒装的可能性。

7）详细认真地处理进货资料和信息，以方便后续作业及信息的查询与管理。

8）小量进货准备小车。

3.1.4　货物验收入库

1．货物验收的标准和依据

货物验收主要是对货物数量、质量和包装的验收，即检查入库货物数量是否与订单资料或其他凭证相符，规格、牌号等有无差错，货物质量是否符合规定要求。验收工作的基本要求是必须做到及时准确，即在尽可能短的时间内，准确地验收货物的数量、质量和包装。

货物验收的标准　为准确及时地验收货物，首先必须明确货物验收的标准，在实际进货过程中通常依据的标准有：①以议价时的合格样品为标准。②以各类货物的国家质量标准或国际标准为依据。

确定抽检比例的依据　在配送中心进货验收工作中，货物通常是整批、连续到库，而且品种、规格较复杂，在有限的时间内无法逐一查验，这就需要确定一个合理的抽查比例。验收抽查比例的大小，一般根据货物的特性、货物的价值大小、品牌信誉、物流环境等因素而定，具体可以综合考虑以下条件：①货物的物理、化学性能。不同的货物具有不同的物理、化学性能，有些货物的物理、化学性能不稳定，对物流环境适应能力较差，如易碎、易腐蚀、易挥发的货物，验收时需要加大抽检比例。②货物价值的大小。对较贵重的货物，其验收检查比例应加大。③生产技术条件及品牌信誉。通常生产技术条件好的生产商，其产品质量高,品牌信誉好,这类货物在进货时验收抽检的比例可以小些;反之,抽检的比例则需大些。④物流环境。物流环境包括储运过程中的天气、地理环境及储运、包装条件等。货物的质量越高,物流环境与货物性能越完善,验收抽检的比例可以小些。⑤散装货物的验收。散装计量货物必须全部通过磅检进行数量检查;计件货物必须在检查质量的同时核查数量。

2. 货物验收的内容

（1）质量验收

配送中心对入库货物进行质量检验的主要目的是入库货物的质量状况,发现问题,分清责任,确保到库货物符合订货要求。质量验收通常采用感观检验、仪器检验和包装验收等方法。

感观检验 验货人员利用感觉器官,如视觉、听觉、触觉、嗅觉和味觉,检验货物的质量,这种方法简单易行,被广泛用来检验货物的外观和表面特征。但它有一定的主观性,易受检货人员的经验、操作环境,甚至生理状况等因素的影响,具有一定的随机性,而且无统一的检验标准。

仪器检验 验货人员利用各种试剂、仪器和机械设备,以货物规格、成分、技术标准等进行物理和化学分析测定。这种方法检验准确程度高,通常应用于一些技术性能与指标要求较高的生产资料,也可在新产品初次进货时采用,但需要一定的设备条件和专业人员,必要时可以请专业机构或专业技术人员支持。

包装验收 货物包装具有保护货物、便于物流配送等功能,因此包装验收是货物入库验收的重要内容,包装验收的标准与依据如下:一是国家颁布的包装标准;二是购销双方合同和订单的要求与规定。验收的具体内容有三种:一是包装安全牢固;二是包装标志、标记符合要求;三是包装材料的质量合格。

（2）数量验收

货物经整理清点大数后,必须依据送货单有关订货资料,按货物品名、规格、等级、产地、牌号、具体数量进行核对,以确保入库货物数量准确无误。在日常作业中,入库货物数量超出或不足标准库存量都是较常见的现象。而这又直接关系到配送中心库存数量控制与流动资产的管理,因此数量验收是配送作业中非常重要的内容。通常货物数量的验收有计件和计重两种方法,也有一些特殊情况,如玻璃、原木等按占地面积或货物体积来衡量。

计件法 包括标记计件法、分批清点法和定额装载三种方法。标记计件法是在大批量货物入库时,对每一件货物进行标记,待全部清点完毕,再按标记计算总的数量;分批清点法是指包装原则、批量不定的货物入库时,将货物按行、列、层堆码,保证每行、每列、每层堆码的件数相同,堆码完成后,再统一计算件数;定额装载法主要用来清点包装规则且批量大的货物,可以用托盘、平板车或其他装载工具实行定额装载,最后计算出入库货物的件数。

计重法 是使用量器称重后再进行核对的方法。这种方法主要适用于规格较为一致,批量大的五金、钢材和以根、支、颗粒为单位的散装货物的计量。

3. 货物验收中问题的处理

配送中心进货渠道广，货物来源复杂，有时还涉及生产、采购、运输等多个部门的作业，容易出现问题和失误，因此在进货验收工作中，必须认真细致，实事求是，以便分清责任，及时解决验收过程中发现的问题。

4. 货物入库信息的处理

(1) 货物信息的登记

到达配送中心的货物经验收确认后必须认真填写验收单，并将有关入库信息及时准确地登记到库存货物信息管理系统，更新库存货物的有关数据。货物信息登记可以为后续作业，如进货、储存、拣货、出货等环节提供管理和控制的依据。严格的信息管理和真实有效的数据，也为流动资产的管理提供依据，因此货物信息的录入必须及时、准确、全面。

入库货物信息通常需要录入的内容有：①货物一般特征包括货物名称、规格、型号，货物的包装单位、包装尺寸、包装容器及单位货重等。②货物的原始条码、内部编号、进货入库单据号码以及货物的储位。③货物的入库数量、入库时间、进货批次、生产日期、质量状况、货物单价等。④供应商信息包括供应商名称、编号、合同号等。

录入以上信息后，配送中心的信息管理系统将自动更新和储存录入的信息。这些信息为保管提供了依据，也为库存货物数量的控制和采购决策提供了参考资料。对作业过程中使用的单据和其他原始资料应注意按不同的供应商或者时间顺序等归类整理，留存备查。

(2) 作业辅助信息的收集和整理

作业辅助信息，可以帮助工作人员合理利用通道、站台、库房等硬件设施，从而达到既能控制适当的规模，节省投资，又能满足作业需要的目的。辅助信息可以在进货过程中进行收集，这些信息也是系统设计的重要参考依据。具体包括：①进货货物的一般特征和数量分布。②进货货物的包装尺寸、容器、单位货重的分布状况。③每一时段内进货批次的分布。④卸货方法及所需时间。⑤进货入库的场所。

这些信息将决定进货工作量的大小、装卸货方式及设备的选择、库内和库外卸货站台空间大小、进货验收对人员及设备等方面的需求，进货作业活动所需专卖和空间的大小、车辆等运输工具的安排。

> **思考题**
>
> 做一做分小组讨论配送中心进货的方法。

> **知识链接**
>
> 进货渠道通常是指进货的途径和方法。商家通过社会网络或代理商引进需求的商品，以达到增值销售的目的。进货渠道有长渠道与短渠道之分。根据中间商介入的层次，将进货渠道按级数来进行划分，如零级进货渠道、一级进货渠道、二级进货渠道、三级进货渠道。一般而言，渠道越长，进货的成本就越高。进货渠道主要分类有：实体进货渠道、网络进货渠道。

3.2 订单处理

3.2.1 订单处理的基本内容

订单处理是配送中心的一个核心业务流程，是客户向配送中心提出配送需求，配送中心接收需求并承诺提供配送服务的过程。该过程信息的传递非常重要，涉及到订货计划、分拣计划、流通加工和配送服务的安排以及配送费用的核算。

3.2.2 订单处理的一般流程

订单处理有人工处理和计算机处理两种方式，目前主要采用计算机处理。订单处理的内容和步骤如图 3-3 所示，其中包括有关用户和订单的资料确认，存货查询和单据处理等内容。

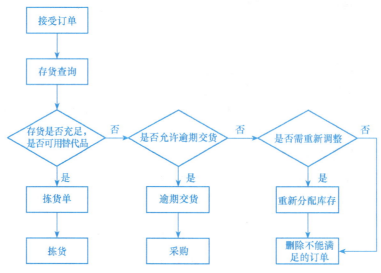

图 3-3 订单处理的一般流程

3.2.3 订单处理的管理技能

1. 影响订单处理过程效率的关键因素

时间因素 指订单处理过程的时间耗用。

供货准确性因素 按照顾客订单的内容提供准确品种、数量、质量的产品，并送到正确的交货地点。

成本因素 包括库存设置的地点和数量、运输批量和运输路线等涉及企业成本是否满足客户费用支付水平。

知识链接

订单处理周期是指订单处理过程的时间耗用，顾客则通常将其定义为订货提前期。改善目标是在保证时间耗用稳定性的前提下，努力减少时间耗用。

信息因素 通过完善的物流信息系统，向顾客以及企业内部的生产、销售、财务及仓储运输等部门提供准确、完备、快速的信息服务。

2. 订单处理管理技能

对订单处理的管理能提高物流配送效率，可以从以下两个方面进行管理。

（1）审核配送订单信息

接收到订单后，信息中心人员要根据以下几个方面的指标来对订单内容进行确认，避免存在遗漏或错误，确保配送作业的准确性、有效性，具体指标有：①确认货品信息和配送日期。②确认客户的信用记录。③确认订单价格。④确认货物包装及作业要求。

（2）运用评价指标管理

可以看出，订单处理也需要多个方面的管理。而为了衡量订单的处理水平，可以用订单处理数量指标和订单处理质量指标来评价。

1）订单处理数量指标如下

$$日均受理订单数 = 订单数量 \div 工作天数$$

$$每订单平均订货数量 = 出货数量 \div 订单数量$$

在管理实务中应努力提高日均受理订单数和每订单订货数量。

2）订单处理质量指标如下

$$订单延迟率 = 延迟交货订单数 \div 订单总数 \times 100\%$$

$$订单满足率 = 实际交货数量 \div 订单需求数量 \times 100\%$$

在管理实务中应努力降低订单的延误率，提高订单的满足率。

3.3 拣 货

3.3.1 拣货作业的基本内容

1. 拣货作业的基本内容

从国外的物流实践来看，由于大体积、大批量货物需求多采取直达、直送的供应方式。因此配送的主要对象是中、小货物，即配送多为多品种、小体积、小批量的物流作业，这样使得分拣作业工作量占配送中心作业量的比重非常大，特别是对于客户多、商品品种多、需求批量小、需求频率高、送货时间要求高的配送服务，分拣作业的速度和质量不仅对配送中心的作业效率具有决定性的作用，而且直接影响到整个配送中心的信誉和服务水平。因此，迅速准确地将顾客所要求的货物集合起来，并且通过分类配装及时送交顾客，是分拣作业最终的目的和功能。

拣货作业是物流中心作业的核心环节。拣货作业集中在配送中心内完成，是为高水平配送货物所进行的拣取、分货、配货等理货工作，是配送中心的核心工序。拣货员获得拣货信息后，依照拣货信息拣取相应货物，并按一定方式将货物分类集中。因此，拣货作业主要包括生成拣货信息、行走搬运、拣取货物和分类集中等环节。

2．拣货作业的分类

拣货作业按照其实施的手段不同可以分为人工分拣、机械分拣和自动分拣三大类：

人工分拣　指人力或利用简单的机械器具和手推车把所需要的货品分门别类地搬运到指定的地点。这种分拣方式劳动强度大，分拣效率低。

机械分拣　指主要以机械工具输送，但也需要人工拣选。使用的机械常有链条式输送机、传送带、辊道输送机等。这种分拣方式投资少，可以减轻劳动强度，提高分拣效率。

自动分拣　指货品从进入分拣系统直到送到指定的分配位置为止，都是按照指令依靠自动分拣系统来完成分拣作业的一种分拣方式。

目前国内很多企业主要采用机械分拣方式。

3．拣货作业设备

拣货作业中用到的主要设备包括拣选设备、输送设备、容器等。

拣货设备　以电子标签系统为代表。电子标签系统是计算机辅助拣货系统最常用的方式之一。计算机对拣货作业管理通过货架上显示器显示拣货数量等电子标签信息，向拣货作业人员及时、明确地下达向货架内拣货指示。电子标签发出光、声音批示信号，指导拣货员完成拣货。拣货员完成作业后，按动电子标签按键，取消光、声音批示信号，将完成信息反馈给中央计算机。

电子标签拣货系统可以提高拣货速度及效率，降低误拣错误率。电子标签借助于明显易辨的储位视觉引导，可简化拣货作业为"看、拣、按"三个单纯的动作。降低拣货人员思考及判断的时间，以降低拣错率并节省拣货人员寻找货物存放位置所花的时间。同时，提升出货配送物流效率，降低作业成本。除了拣货效率提高之外，因拣货作业所需熟练度降低，人员无需特别培训即能上岗工作。

输送设备　以滚筒/辊筒式输送机为代表。滚筒输送机主要由辊子、机架、支架、驱动部分等组成，辊筒/滚筒输送机依靠转动着的辊子和货品间的摩擦使货品向前移动。按其驱动形式可分为无动力滚筒输送机、动力滚筒输送机。在动力滚筒输送机中，驱动辊子的方法目前一般不再采用单独驱动的方式，而多采用成组驱动，常用电机与减速器组合，再通过链传动、带传动来的驱动辊子旋转。

滚筒输送机适用于各类箱、包、托盘等大件货品的输送，散料、小件货品或不规则的货品需放在托盘上或周转箱内输送。能够输送单件重量很大的物料，或承受较大的冲击载荷。滚筒线之间易于衔接过渡，可用多条滚筒线及其他输送设备组成比较复杂的物流输送系统。滚筒输送机结构简单，可靠性高，使用维护方便。

容器　以物流箱/周转箱为代表。物流箱/周转箱是一种便捷的储物容器，其材质一般是塑料或金属，具有制造成本低、坚固、耐用、方便清洁等优点，在物流领域有着广泛的应用。

3.3.2　拣货作业的一般流程

拣货作业的一般流程如图 3-4 所示。

拣货信息的产生 拣货作业必须在拣货信息的指导下才能完成，拣货信息来源于客户的订单或配送中心的送货单。因此，有些配送中心直接利用客户的订单或配送中心的送货单指导人员拣货，即拣货作业人员直接凭订单或送货单拣取货物。然而，这种信息指导方式无法明确显示所拣货物的储位，延长了拣货人员寻找货物的时间。在国外，大多数配送中心一般先将订单等原始拣货信息转换成拣货单或电子拣货信号，指导拣货人员利用自动拣取设备进行拣货作业，以便提高作业效率和作业准确程度。

行走与搬运 拣货时，拣货作业人员或机器必须直接接触货物，因而形成了拣货过程中的行走与货物的搬运。缩短行走和货物搬运距离是提高配送中心作业效率的关键。拣货人员可以同行或搭乘运载工具到达货物储存的位置，此过程也可以由自动储存分拣系统完成。

拣取 无论是人工拣取货物还是机械拣取货物，都必须首先确认被拣取货物的品名、规格、数量等内容是否与拣货信息传递的指示一致。这种确认既可以通过人工目视读取信息，也可以利用无线传输终端读取由计算机进行对比，后一种方式往往可以大幅度降低拣货的错误率。拣货信息被确认后，拣取的过程可以由人工或自动设备完成，通过体积小、批量小的货物或货重在人力范围体积大、质量大的货物可以利用升降车叉车、等搬运机械辅助作业；对于出货频率很高的货物可以采用自动分拣系统。

图 3-4　拣货作业的一般流程

分类与集中 配送中心在收到多个客户的订单后，可以形成批量拣取，然后再根据不同的客户或送货路线分类集中。有些需要进行流通加工的货物还需根据加工方法进行分类，加工完毕再按一定方式分类出货。多品种货物分货的工艺过程较复杂，难度也大，容易发生错误，必须在形成规模效应的基础上提高作业的精确性。在物品体积小、货重轻的情况下，可以采取人工分化，也可以采取机械辅助作业，或利用自动分货机对拣取出来的货物进行自动分类与集中。分类完成后，货物经过核对、包装便可以出货、装运、送货了。

3.3.3 拣货作业管理

拣货作业在配送作业环节中不仅工作量大、工艺过程复杂，而且作业要求时间短、准确度高、服务质量好，因此加强对拣货作业的管理非常重要。

1. 拣货作业管理的基本流程

在拣货作业的管理中，根据客户订单所提供的货物特性、数量多少、服务要求、送货区域等信息，对分拣作业系统进行科学的规划与设计，并制定出合理高效的作业流程是分拣作业系统管理的关键。在此基础上还应该确定分拣作业方式，制作分拣信息传递的单据，设计作业路径，安排拣货作业人员，将所订不同种类和数量的货物从储位或其他作业区域拣出，然后分区集中，完成分拣作业。拣货作业管理的一般流程如图 3-5 所示。

图 3-5 拣货作业管理的一般流程

2．拣货作业管理的目标

从拣货作业一般流程中的多个环节可以看出，整个拣货作业所使用的时间主要包括以下四个部分：①订单或送货经过信息处理过程，形成拣货指示的时间。②行走与搬运货物的时间。③准确找到货物的储位并确认所拣货物及其数量的时间。④拣取完毕，将货物分类集中的时间。

因此，加强拣货作业管理、提高拣货作业效率，应主要缩短以上四个作业时间，以提高作业速度与作业能力。此外，防止分拣错误的发生，提高配送中心内部储存管理账物相符率，降低作业成本也是拣货作业管理的目标。

3.3.4 拣货人员分工以及职责

拣货人员的专业化水平直接影响拣货效率和拣货准确性。物流中心的拣货小组人员大致分为两部分：一部分为拣货作业管理人员，另一部分为拣货作业操作人员。

1．拣货作业管理人员的职责

包括：①规划每月拣货出库计划、每日拣货计划。②制定作业时间表、作业批数表、作业人员安排表。③管理拣货作业操作人员。④测算和控制拣货作业管理成本。

2．拣货作业操作人员的职责

包括：①安全操作和管理拣货器具，如堆垛机、托盘货架、自动仓库等。②每日盘点。③向拣货作业管理人员提交报告，如拣货出库的实际情况和具体业绩的掌握和报告、盘点状况汇报、相关设备的检查报告等。

3.3.5 拣货方式与策略

1．订单别拣取

订单别拣取是针对每一份订单，由作业人员巡回于仓库内，按照订单所列货物及数量，将客户所订购的货物逐一由仓库储位或其他作业区中取出，然后集中在一起的拣货方式。订单别拣取的一般流程如图 3-6 所示。

订单别拣取的特点 包括：①作业方法单一，接到订单可以立即拣货、送货，所以作业前置时间短。②作业人员责任明确，易于安排

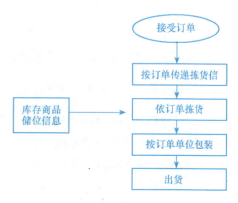

图 3-6 订单别拣取一般流程

人力。③货物品种多时，拣货行走路径加长，拣取效率降低。④拣货区域大时，搬运系统设计比较困难。

订单别拣取的适用条件　订单别拣取的处理弹性化较大，临时性的调整较为容易，适合订单内容差异较大，订单数量变化频繁，季节性强的货物外形变化较大，货物类别和性质的差异较大的情况下也宜采用订单别拣取方式，如化妆品、家具、电器、高级服饰等。

2．批量拣取

批量拣取是将过多张订单集合成一批，按照货物品种分类加总后再进行拣货，然后依据不同客户或不同订单分类集中的拣货方式，批量拣取一般流程如图3-7所示。

批量拣取的特点　包括：①适合配送批量大的订单作业。②可以缩短拣取货物时的行走时间，增加单位时间的拣货量。③订单必须累计到一定数量，才进行一次性处理，因此中间会出现停滞时间。

批量拣取的适用条件　首先批量拣取方式通常在系统化、自动化完备，作业速度快，产能高速能力降低的情况下采用。这种拣货方式适合订单变化较小，订单数量稳定的配送中心，以外形较规则、固定的货物出货，如箱装、扁袋装的货物。其次，需进行流通加工的货物也适合批量拣取，拣取后进行批量加工。最后分类配送，这样有利于提高货物的加工关键效率。

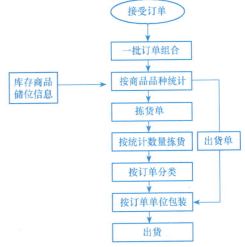

图 3-7　批量拣取一般流程

3．复合拣取

为克服订单别拣取和批量拣取方式的缺点，配送中心也可以采取将订单别拣取和批量拣取组合起来的复合拣取方式。复合拣取即根据订单的品种、数量及出库频率，分别确定适订单别拣取和批量拣取的订单，采取不同的拣货方式进行操作。

3.3.6　拣货信息的传递方式

拣货信息的作用在于指导拣货作业的进行，使拣取人员正确而迅速地完成拣货工作。拣货作业的依据是客户的订单或其他送货指令，因此拣货信息最终来自客户的订单，拣货信息既可以通过手工单据来传递，也可以通过其他电子设备和自动拣货控制系统传递。

订单传票　即直接利用客户的订单或以配送中心送货单作为拣货指示凭据，这种方法在订单订购品种比较少、批量较小的情况下使用，经常配合订单别拣取方式完成。操作须注意的是：订单在传票和拣货过程中易受到污损，可能导致拣货作业过程发生错误。如果订单上未标明货物需储放的位置，仅靠作业人员的记忆拣货会影响拣货效率。

拣货单传递　即将原始的客户订单输入计算机，进行拣货信息处理后，生成并打印出拣货单。作业人员据此拣货，在拣货单上可以标明储位，并按储位顺序来排列货物编号，缩短了拣货路径，提高了作业效率，采用拣货单传递拣货信息，其优势在于经过处理，提高拣货作业效率和准确性，但处理打印拣货单需要一定成本，而且必须尽可能防止拣货单据出现差错。

　　显示器传递　即在货架上安装液晶显示器，通过自动控制系统传递拣货信息，显示器安装在储位上，相应储位上的显示器显示该货物应拣取的数量，这种系统可以安装在重力货架、托盘货架、一般货物棚架上。

　　无线通信传递　即在叉车上安装无线通信设备，通过这种设备把应从哪个储位拣取何种货物用拣取数量等信息批示给叉车司机。这种传递方式通常适用于大批量出货时的拣货作业。

　　计算机随行传递　是指在叉车或台车上设置辅助拣货的计算机终端机，拣取前先将拣货信息输入计算机或软盘，拣货人员依据叉车或台车上计算机传递的批示，到正确位置拣取货物。

　　自动拣货系统传递　拣货过程全部由自动控制系统完成，通过电子设备输入订单后形成拣货信息，在拣货信息指导下由系统自动分拣作业，这是目前物流配送技术发展的主要方向之一。

知识链接

摘取式拣货和播种式拣货

　　（1）摘取式（digital picking system，DPS）拣货

　　依靠电子标签系统，对每一份订单的货品逐一进行拣选。它与人工摘取式拣货的区别在于 DPS 拣货过程中信息无纸化传递，拣货员只要根据电子标签系统指示的信息拣选货品，这种方法更准确、快捷，减少了拣货员的劳动强度。

　　（2）播种式（digital assorting system，DAS）拣货

　　也是依靠电子标签系统，根据电子标签系统提示的信息进行拣选货品。它与 DPS 拣货的区别在于 DPS 拣货是按每张订单进行拣货，拣完货后不用再进行分货，摘取式电子标签系统对应的是货位，而 DAS 拣货是按货品进行拣货，该方式汇总一定时间内的所有订单，拣选货品的数量是对应时间段里所有的订单总数，拣完货后需要依据各份订单进行分货，播种式电子标签对应的是客户或门店。

3.4　补　货

3.4.1　补货的基本内容

　　在配送中心的一般作业流程中，补货实际上是拣货的一种辅助活动，所以不作为一个独立的作业环节，但由于拣货是配送流程中的关键环节，与其密切相关的是补货。

　　广义的补货是指库存量低于设定最低库存量时，向供应商或配送中心发出订货（补货）信息，采用批量连续补货等方式，通过订单信息的实时传递，保证货物不断供应和降低缺

货率。狭义的补货是指配送作业中的流程人员从储存区把货物运到拣货区的工作。本节所讲的补货作业系狭义范围的补货。

3.4.2 补货作业的一般流程

补货的载体一般是箱或托盘，流程比较简单，其主要作业过程如图3-8所示。

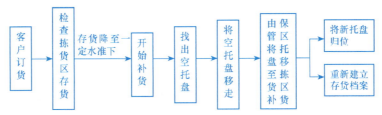

图 3-8　补货作业的一般流程

3.4.3 补货的方式

补货作业的目的是确保货物能保质保量，按时送到指定的拣货区，实际操作中可以通过多种方式进行补货。补货作业根据货物的出货方式可以分为拆零补货、整箱补货和托盘补货。

拆零补货　这种补货方式从周转区将货品搬运到拣货区，打开包装并对相应货物补货。

整箱补货　这种补货方式的保管区为货架储存，动态管理拣货区为两面开放的流动货架拣货区，拣货员拣货之后，把货物放入输送机并运到发货区，当动态管理区存货低于设定标准时，通知拣货员进行补货，以货架的整箱货物为标的，由货架保管区补货到流动货架的动态管理区。

托盘补货　这种补货方式是以托盘为单位进行补货，把托盘由地板堆放保管区运到地板堆放动态管理区，拣货时把托盘上的货箱放置于中央输送机并送到发货区，当存量低于设定标准时，将托盘由保管区运到拣货动态管理区进行补货，也可把托盘运到货架动态管理区进行补货。

3.4.4 补货时机

批次补货　每天由计算机统计出所需要货物的总量，然后查看动态管理区存货量。在拣货之前一次性补足。

定时补货　把每天分为几个时点，在设定时点上统计存货量，当动态管理区存货小于设定标准时，立即补货。

随机补货　巡视员发现动态管理区存货量小于设定标准时，立即补货。

3.4.5 人工补货作业

人工补货作业主要步骤如下：

照单取货　信息员查询存货信息后根据需要打印补货标签，补货员根据补货单到相应的货位取货。补货员需要核对货位、货品条码、名称、规格、数量等信息，并检查货品外包装。

货品搬运　取货后，补货员选用合适的搬运工具将货品搬运至拣货区目标货位。

补货上架 补货员将货品整齐地放在指定的货位，一种货品对应一个或几个货位，货品与货位一一对应。

3.4.6 补货注意事项

在补货的过程中，需要经过取货、补货上架等一些作业环节，各个作业环节都有不同的注意事项。

1．取货注意事项

1）取货时要仔细核对取货位、货品代码、名称等信息。

2）在补货时，如发现包装损坏、内装与名称不符、数量不对时，应及时反映给信息员处理。

3）补货员要维护好周转区货品。

4）补货员补货时要按规定动作开箱以免划坏货品。

5）补货员取货要轻拿轻放，取完货后要整理货位上的货品。

2．补货上架注意事项

1）从周转区向拣货位补货时，应根据补货标签上的提示，仔细核对货品名称、条码、货位，确认无误后才向相应的拣货位上架。

2）补货上架时保证一种货品对应一个拣货位，若由于特殊原因，某货品需要量大，信息中心可调整拣货位，给该货品多分拣货位，但要保证这些拣货位相邻。

3）能够补上拣货位的要尽量全部补到拣货位上，不能补到拣货位的货要按货品分类摆放整齐。

4）补货时应把货品整齐补放在拣货位上，如拣货位上无法补完此种货品，则应把多余货品整齐存放在每一排指定的存货区，以便拣货位上缺货时能及时补货到位，以免延误拣货效率。

3．其他注意事项

1）补货员应时时观察拣货区上货品的出货情况，主动补货。

2）补货结束后要清扫所管区域内的卫生，保证作业区域干净整洁。

练一练

1．分组练习补货：2 人一组，1 人担任信息员，1 人担任补货员，完成指定货品的补货作业。

2．评价指标。补货员的补货作业标准是及时、准确。在日常的补货时，可以采用如下常用指标来衡量补货作业的好坏。

1）补货数量误差率＝补货误差率÷补货总量×100%

2）补货品合格率＝补货品合格的数量÷补货总量×100%

3）补货时间延迟率＝延迟补货的货品总量÷补货总量×100%

3.5　出　货

3.5.1　出货作业的基本内容

完成货物的拣取之后，先将所拣取的货物按订单或配送路线进行分类，再进行严格的出货检查，装入合适的容器进行捆包，有些还需刷制或贴印相应的标志，这一过程构成出货作业的基本内容。

3.5.2　出货作业的一般流程

出货作业的一般流程如图 3-9 所示，其中分货、出货复核和出货前包装是重点环节。

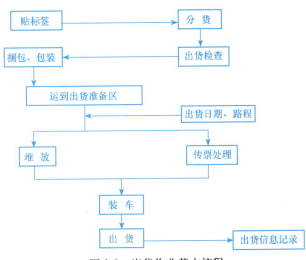

图 3-9　出货作业基本流程

1．分货

分货即拣取作业完成后，将所拣物根据不同客户或配送路线进行分类，需经过流通加工的货物，拣取集中后，可先按不同的加工方式分类，分货作业方式可分为人工目视分货和利用自动分类机分货两种主要方式。

人工目视分货　所有分类作业过程全部由人工根据订单或其他信息进行，不借助任何自动化的辅助设备，拣货作业完成后由人工将各客户订购的货物放入已标示好的各区域或容器中等待出货，这种将需要配送的货物搬运到理货区，将货物分配到各区域或容器中的方式称为播种方式。而根据客户订单，按订单类别拣取货物，然后按订单直接将货物集中的方式称为摘果方式。

利用自动分类机分货　自动分类机利用计算机和自动分辨系统完成分货工作，这种方式不仅快速省力而且准确，适用于多品种业务的配送中心。

利用自动分类机分货的主要过程如下：将有关货物及分类的信息通过自动分类机输入自动控制系统，当货物通过移载装置移到输送机上时，由输送系统运送到分类系统，分类系统是自动分类机的主体，这部分的工作过程是由自动识别货物，再由分类排出装置设置的分类要求，将货物送出分类机。分类送出方式有推出式、浮起送出式、皮带送出式等，为了避免货物发生碰撞，还应配备缓冲装置。

2. 出货复核

出货复核的目的和要求　出货复核的目的是保证出货配送的货物数量准确、质量完好。拣货结束后，拣货员将拣选好的货品搬运至待出货区，交由复核员。复核员根据提供的复核单据，对各客户或门店的货品进行复核。确认数量、包装、名称等信息与复核单据上信息是否一致。

对于整件出货的货品，复核员一般清点出货件数是否正确，检查货品外包装是否完好，标签是否粘贴正确；对于零散出货的货品，复核员先按客户或门店清点物流箱数是否正确，然后随机抽取一定数量的物流箱，清点物流箱内货品种类、名称、数量、包装等信息是否正确。

出货复核的方法　主要分为人工复核和系统复核，人工复核是由工作人员将货物逐个点数，查对条码、货号、品名，逐一核对出货单，进而检验出货质量及出货状况的方法。系统复核在出货检查时，只需将所拣货物进行条码扫描，计算机自动输出拣货料交进行对比，核对数量和号码是否有差异，然后在出货前由工作人员进行整理和检查。

出货复核作业设备　该过程用到的作业设备是常用的数量和重量检测工具，如磅秤、卷尺等。系统复核是人工借助信息终端设备，将系统内信息与实际拣货信息进行比对的过程，该作业过程使用的设备主要是无线射频手持终端。

对于以上复核方式的评价，通常可以用一定的指标来衡量，例如复核准确率等。其中复核准确率计算公式为

$$复核准确率 ＝（复核出的数 / 总商品差异数）\times 100\%$$

3. 出货前包装

包装可以保护货物，以便搬运、储存，促进销售，也使货物更易于辨认，只有包装合格的货物才能进入出货环节。

包装分为个装，内装和外装三种形式，所谓个装是指每件货物都要包装，以便提高货物价值并使其更加美观，同时，也保护了货物，个装又称商业包装。内装是为了防止水、湿气、光、热、冲击等对货物的影响而进行的货物内层包装。所谓外装是指货物装入箱、袋、木桶、金属桶和罐等容器中，在没有容器的条件下，应对货物进行捆绑和标记等工作，外装容器的规格也是影响物流效率的重要因素，要求尺寸与托盘搬运设备相适应，同时要求具有承重，耐冲击和抗压等能力。

3.6　交　　货

3.6.1　交货作业的基本内容

交货作业是指根据客户需求，针对进入出货状态货物的特点，划定交货区域，制订交

货批次和顺序，制定交货路线、选择交货工具和装卸方式，将货物最终交给需求方并办理相关货物出货手续。

3.6.2 交货作业的一般流程

交货作业是一般配送流程的最后一个环节，在物流配送活动中占很大比例，因而需要通过技术和管理手段提高交货作业决策的科学性和执行的有效性，特别要注意与交货环节接口的各个部位，通过集成方式剔除多余的工作，使整个供应链的物流配送流程更有效率和效果。

1．点货上车作业

点货上车作业是根据出库凭证和司机提供的装车单，为了货品准确、及时、安全地发放到客户或门店而进行的点货、指导装车等活动。

点货上车作业主要包括核对客户或门店名车，清点货品数量、名称，搬运货品至出货月台装车等过程，涉及的作业设备有两类，即数量或重量设备和搬运设备。数量或重量检测设备是用于清点货品数量或重量的正确性，常用的是磅秤、台秤、卷尺等；搬运设备用于将清点正确的货品搬运至出货月台和装车，常用的主要是叉车。

（1）管理技能

点货作业管理技能包括以下两个方面：

清点货品　出货员根据出货凭证，核对司机提供的装车单及货品是否一致，还需要在货品上粘贴标签，一方面有助于配送员确认送货门店，另一方面也有利于以后对货品的辨别。

装车的积载原则　车辆配载一般依照"后送先装"的原则装车。在"后送先装"的基本前提下，货品配装还需要注意以下一些原则：①尽量把外观相近、容易混淆的货品分开装配。②重不压轻，大不压小。③相互影响的货品不应混装。如有异味的货品不能与吸味货品混装，粉状货品不能与清洁货品混装等。④装载卷状、筒状货品，须垂直摆放，不能横放或倒放。⑤货品与货品之间，货品与车辆之间应留有空隙并设衬垫，防止货损。⑥装货完毕后，应在门端处采取适当的稳固措施，以防止开门下货时，货品倾倒造成货损或人身伤亡。如安装拦货网等。⑦应最大限度利用车辆容重，提高车辆的满载率。⑧货品装载上车后须按不同客户或到货地点做明显的标示，以便区分，避免送错货品。

（2）评价指标

常用的评价指标有点货上车差错率、货物损坏率等，计算公式为

$$点货上车差错率 = 点货上车差错率 \div 点货上车总数量 \times 100\%$$

$$货物损坏率 = 损坏货物数量 \div 点货上车总数量 \times 100\%$$

2．调度作业

调度作业是物流中心配送作业中的准备工作，其主要内容是通过合理调度车辆、人员，合理安排车辆积载、配送线路，来提高车辆利用率，降低配送成本，满足客户服务需求。

（1）主要步骤

调度作业主要步骤为：①数量统计。调度员统计当天要货客户或门店的名称与数量，并根据发货单信息统计每位客户或门店所需要配送的货品数量。②安排配送区域。调度员

按照一定的原则安排配送区域。③发货量汇总。调度员按照安排好的配送区域汇总各个配送区域货品总量。④配送车辆安排。调度员根据各区域的货品总量安排配送车辆,如果出现超载情况,调度员检查车辆计划装载量是否超出车辆的额定载重及额定装货体积。⑤装车出货。司机在货品装车后依照指定配送线路配送。

（2）管理技能

配送车辆调度原则 包括:①合适原则。配送调度人员根据货品的规格计算出各个区域货品总重量、体积后再考虑路线因素,以及货品的性质等确定车型及数量。②邻近区域调度原则。若作业区域缺货,尽可能在最近的相邻区域进行补足。③最小成本原则。在配送过程中始终要有成本观念,要从多个可行方案中选取成本最低的方案来进行。

配送车辆模式 ①直送式配送。直送式配送是指由一个供应点对一个客户的专门送货。②分送式配送。分送式配送是由一个供应点对多个客户共同送货。

3. 确定配送路线的方法

经验判断法 是指利用行车人员的经验来选择配送路线的一种主观判断方法。这种方法缺乏科学性,易受掌握信息的限制,但简单、快速、方便,目前是企业中经常使用的方法。

综合评分法 是指能够拟定出多种配送路线方案,评价指标明确,只是部分指标难以量化,或是对某一项指标有突出的强调与要求,采用加权评分的方式来确定配送路线。其步骤是

拟定配送路线方案→确定评价指标→进行方案的综合评分

例如,配送中心设立配送路线方案评价 10 项指标:距离、时间、准时、难易程度、车辆台/次数、油耗、运送量、客户数、车辆状况、总费用。每个评分标准分为三个档次并赋予不同的分值,即差（1分）、较好（2分）、良好（3分）、最优（4分）,满分是 40 分。然后为各配送路线评分,根据最后的评分情况,在各方案之间进行比较,选择配送路线。如表 3-1 所示,是对配送路线方案进行评分的情况。该方案得分为 33 分,总分:3 + 4 + 4 + 4 + 2 + 3 + 4 + 3 + 4 + 2 = 33。

表 3-1 线路方案评分

序号	评价指标	差	较好	良好	最优
		1 分	2 分	3 分	4 分
1	距离			✓	
2	时间				✓
3	准时				✓
4	难易程度				✓
5	车辆台/次数		✓		
6	油耗			✓	
7	运送量				✓
8	客户数			✓	
9	车辆状况				✓
10	总费用		✓		

图上作业法（破圈法） 货物从始点出发至终点，有两条以上路线交织成网状，并形成回路圈。在这个运输网络中，任取一圈，去掉圈中最大距离的边，在余下的圈中，重复这个步骤直至无圈位置，即可求出最短路线。

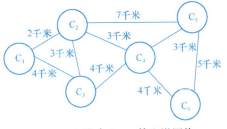

图 3-10 配送中心 C1 的配送网络

例如，一批货物从配送中心 C_1 运到 C_6 客户，具体路线如图 3-10 所示，求最短路径。

C_1—C_2—C_3 形成一个回路，去掉最长的路线 C_1—C_3；

C_2—C_4—C_5 形成一个回路，去掉最长的路线 C_2—C_5；

C_4—C_5—C_6 形成一个回路，去掉最长的路线 C_5—C_6；

C_2—C_3—C_4 形成一个回路，去掉最长的路线 C_3—C_4；

得到最短运输路线 C_1—C_2—C_4—C_6，里程为 9 千米。

> **想一想**
>
> 目前配送企业主要采用哪些方法来确定配送路线？为什么？

节约里程法 是指根据配送中心的运输能力和配送中心到各客户以及各客户之间的距离来制定使总车辆运输的吨公里数量最小的配送方案。

节约里程法的基本思路见图 3-11。P_0 为配送中心所在地，P_1 和 P_2 为客户所在地，相互之间距离分别为 a、b、c。最简单的配送方法是利用两辆车分别为 P_1 和 P_2 客户配送，此时，车辆运行距离为 $2a + 2b$，如图 3-11（2）所示。如果改用一辆车巡回配送，如图 3-11（3）所示，运行距离为 $a + b + c$，如果道路没有特殊情况，可以节省运行距离 $(2a + 2b) - (a + b + c) = a + b - c$，$a + b - c$ 被称为"节约里程"。

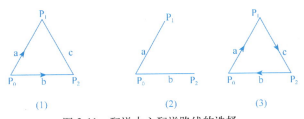

图 3-11 配送中心配送路线的选择

【例 3-1】 配送中心 P_0 向 7 个客户 P_j（$j = 1, 2, \cdots, 7$）配送货物，其配送路线网络、与客户的距离及客户之间的距离如图 3-12 所示，图 3-13 为配送网络示意，其中括号内的数字表示客户的需求量（t），线路上的数字表示两结点之间的距离（km），现配送中心有 2 台 4t 卡车和 2 台 6t 卡车可供使用。

需要量	P_0							
1.8	8	P_1						
1.7	4	5	P_2					
0.8	8	9	4	P_3				
1.4	12	16	11	7	P_4			
2.5	5	13	9	13	10	P_5		
1.6	14	22	18	22	19	9	P_6	
1.8	19	27	23	27	27	20	11	P_7

图 3-12 运输里程

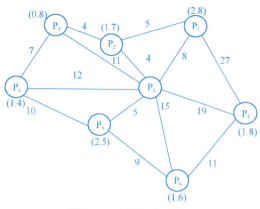

图 3-13 配送网络示意

1）请用节约里程法制定最优的配送方案。

2）设配送中心在向客户配送货物过程中单位时间平均支出成本为 45 元，假定卡车行驶的平均速度为 25km/h，优化后的方案比单独向各客户分送节约多少费用？

解：先优化配送路线，计算节约里程数，如图 3-14 所示。

再按节约里程数大小的顺序排序，如表 3-2 所示。

需要量	P_0						
2.8	8	P_1					
1.7	4	5(7)	P_2				
0.8	8	9(7)	4(8)	P_3			
1.4	12	16(4)	11(5)	7(13)	P_4		
2.5	5	13(0)	9(0)	13(0)	10(7)	P_5	
1.6	14	22(0)	18(0)	22(0)	19(7)	9(10)	P_6
1.8	19	27(0)	23(0)	27(0)	27(4)	20(4)	11(22)	P_7

图 3-14 节约里程

表 3-2 节约里程排序

序 号	路 线	节约里程	序 号	路 线	节约里程
1	P_6P_7	22	7	P_4P_5	7
2	P_3P_4	13	8	P_1P_2	7
3	P_5P_6	10	9	P_2P_4	5
4	P_2P_3	8	10	P_1P_4	4
5	P_1P_3	7	11	P_5P_7	4
6	P_4P_6	7	12	P_4P_7	4

然后按节约里程数大小，组成配送路线图。

P_5—P_6—P_7 组成共同配送，节约里程 $10 + 22 = 32$（km），配送重量 $2.5 + 1.6 + 1.8 = 5.9$（t），使用一辆 6t 车。

P_4—P_3—P_2 组成共同配送，节约里程 $13 + 8 = 21$（km），配送重量 $1.4 + 0.8 + 1.7 = 3.9$（t），使用一辆 4t 车。

P_1 单独送货，配送重量为 2.8t，使用一台 4t 车配送。

优化后的配送路线，共节省里程 $\Delta S = 32 + 21 = 53$（km）

最后，节省的配送时间为

$$\Delta T = \frac{\Delta S}{25} = \frac{53}{25} = 2.12 \ (\text{h})$$

$$P = \Delta T \times F = 2.12 \times 45 = 95.4 \ （元）$$

车辆调度评价指标调度的好坏，直接体现在配送成本上。因此除了车辆的评价外，也可以用配送成本费用的一些指标来进行衡量，常用的指标有每吨公里配送成本，每车次配

送成本，每公里配送成本等，具体为

$$平均每车次配送吨公里数 = 配送总距离 \times 配送总量 \div 配送总车次$$
$$空车率 = 空车行驶距离 \div 配送总距离 \times 100\%$$
$$每吨公里配送成本 = 配送总成本 \div 配送总重量$$
$$每车次配送成本 = 配送总成本 \div 配送总车次$$
$$每公里配送成本 = 配送总成本 \div 配送总距离$$

4. 货物交接作业

货物交接作业，是将货物送到客户手中，要求以订单为依据，从数量和质量方面保证客户需求的满足。

（1）交货方式

门到门　由发货人货仓至收货人货仓的交货方式。

门到场　由发货人货仓至收货人装货地点堆场的交货方式。

门到站　由发货人货仓至收货人所在地货站的交货方式。

场到门　由发货人下货地点堆场至收货人货仓的交货方式。

场到场　由发货人下货地点堆场至收货人所在地点堆场的交货方式。

场到站　由发货人下货地点堆场至收货人所在地货站的交货方式。

站到门　由发货人所在地货站至收货人货仓的交货方式。

站到场　由发货人所在地货站至收货人装货地点堆场的交货方式。

站到站　由发货人所在地货站到收货人所在地货站的交货方式。

（2）交货作业的要点

时效性　所谓时效性就是能在双方认定的时间内交货。

可靠性　所谓可靠性就是能完好无缺地把货物送以客户手中。

服务态度　送货人员代表公司和客户交流，为此，必须以最佳的服务态度对待客户，从而维护公司形象。

便利性　为方便客户，应做到按客户要求送货。特别是遇到紧急送货的情况，应尽力满足需要。

经济性　要满足客户需要，品质好，价格合理，三者缺一不可，通过物流配送环节的精心运作，降低成本和价格，增加配送环节收入。

5. 签收作业

配送车辆将货品送达客户或门店后，客户或门店人员根据订单核对货品、清点数量、检查包装和质量，经检查核对无误，在送货单上签名确认，若发现差异，协同配送员打出差异单，这个过程就是签收作业。

签收作业管理技能包括：①注意交接的单据是否完整。②如果是送货有差异，配送员需将送货差异单交给客户或门店签收。③如果是收货有差异，经配送员和门店收货员双方确认后将差异货品信息录入电脑，打出收货差异单，并将差异货品带回。④经双方确认无误后，配送员和门店收货员在送货单上签名确认，客户或门店加盖收货专用章。

3.7　退货管理

3.7.1　退货作业的基本内容

1．退货的含义

配送中心在完成配送过程中或将货物交到用户后，出现货物包装损坏、商品损坏、商品年质量、商品年保质期临近或已经过期、送交的商品与要求的商品不相符等情况时，客户就会要求退货。商品退货管理是指在完成配送活动中，由于配送方或用户方关于配送物品的有关影响要素存在异议而进行处理的活动。

一般而言，退货管理包括减少或消除退货、退货流程处理、退货再分配等任务。随着企业间竞争的日益激烈，厂商开始采取更为自由的退货政策，因此导致退货大量堆积，对配送中心来说也是如此。只有把配送中心商品退货管理工作做好，才能使用户对配送中心有信任感、依赖感和忠诚感。因此，做好配送中心商品退货管理工作具有重要意义。

2．退货的原因

退货的原因一般包括：①依照协议可以退货的情况。如连锁超市与供应商达成的代销品、试销品、季节性商品等。②搬运中损坏。由于包装原因，货物在搬运过程中造成损坏或包装损坏等。③由于商品质量问题的退货。例如，商品含量不达标、数量不足或含量超标等。④次品召回。由于商品在设计、制造过程中的缺陷，在商品销售后，由用户或厂商自己发现重大缺陷，必须立即召回或全部召回。⑤商品过期退回。对于质量期限的商品，如日常食品、速食品等，应与供应商协定，有效期一过就应予以退货或换货。⑥商品错送退回。由于商品规格、条码、重量、数量等与订单不相符，要退回。

3．退货的原则

退货管理原则包括：①以相关法律法规为依据。②维护用户合法权益。③责任明确原则。如责权不明确，可以由国家相关部门和机构鉴定后依据鉴定结果划分。④以存在事实凭有效证件办理。⑤商品退货必须符合国家相关规定，顾客要保留好发货单据。同时，配送中心要说明退货相关规定以及哪些属于可退换货物，哪些不属于可退换商品。

3.7.2　退货作业的一般流程

配送中心的退货流程如下图 3-15 所示。

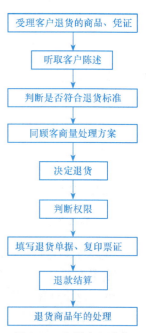

图 3-15　配送中心退货流程

3.7.3 退货策略

（1）设立退货处理组

当客户服务人员接到客户退货信息后，应安排车辆组织回收退货商品，再集中到配送中心退货处理区进行清点整理，然后根据所退货状况和退货的原因，按有关制度处理。

（2）制定退货政策

为了使客户退货率在最小范围内，配送中心可以制定相应的政策来避免过多的退货。如客户参与产品设计、监督产品生产、测试，与零售商、分销商签订退货协议以及增值服务等。退货政策一般包含以下几个方面的内容：

退货价格设计 退货有全额和部分退货之分，全额退货时对零售商的退货按照原先的批发价进行全额退款，而部分退货则按批发价打一定的折扣。部分退货政策使零售商退货有一定的成本，会降低零售商的盈利水平，因此会增加零售商的风险意识，使其加大销售努力，从而降低退货成本。

退货比率约束 生产商不接受来自客户的任何退货要求，相反，生产商可以给零售商一个合适的退货比率，并予以退货处理的相关指导，这样的政策通常伴随着对零售商的折扣。事实上，这样做把退货的责任推给了零售商，从而减少了生产商的费用，但不利于商品的控制。

退货中的合同管理 退货过程中商品的权责归属不明是实际运行中常见的问题，这是由合同管理的缺失引起的。在极端的情况下，供应商和零售商之间由于对退货责任理解不一，导致产品大量堆积在配送中心而造成其运营困难。同时，大量价值庞大的退货由于得不到及时处理而只能在原处放置，直到过期或损坏。加强合同管理有利于加快企业资金周转，避免纠纷出现。

（3）接受退货

退货程序为：①营销部门业务人员提出退货申请，由营销管理部与进货部联系，并确定具体退货时间，由营销部经理批准退回，同时，与仓库保管员交接。②仓库保管员检查退货、批号、包装等，与退货单对照准予入退货库，并填写产品退货记录。退货记录包括名称、批号、规格、数量、退货单位和地址、退货原因、日期及处理意见等。③仓库保管员填写退货清单，责任人签字，供应商清点数量，质量管理部门检验并签发退货处理意见。这包含两方面的含义：抽样检验全项并出具检验报告单和签发退货处理意见。配送中心根据处理意见安排待配送、再加工或销毁。

3.8 信息处理

订单处理和进货、储存、拣货、配装出货系统是配送中心的工作重点，与此相关的信息处理系统更成为重中之重。配送中收购计划管理信息系统能帮助配送企业全面、准确地掌握物流配送作业的各项信息，便于管理人员对已计划、控制和反馈过程的作业信息进行搜集、汇总、查询和分析，并为各项作业内容、作业成本和作业成效等提供决策帮助，达到提高物流配送效率、降低物流配送成本的目的。

3.8.1 配送中心信息管理系统的功能

配送中心信息管理系统的功能包括：订单处理功能、进货入库作业管理功能、仓储保管作业管理功能、拣货补货作业管理功能、配装出货作业管理功能、货物流通加工作业管理功能、信息提供功能等。

1．订单处理功能

配送中心的交易始于客户的询价、业务部门的报价。业务部门接收订单后，需查询出货日的库存状况、装卸货能力、流通加工负荷、包装能力、配送负荷等，从而满足客户需求。当无法按客户要求交货时，业务部门需进行协调。由于配送中心不随货收款，因此在处理订单时，需要根据公司对客户的授信状况进行核查。此外，还需要统计该时段的订货数量，确定调货、分配、出货程序及出货数量，退货数据也在此阶段处理。最后，业务部门需制定报价计算方式，对报价历史进行管理，制定客户订购最少批量、订货方式或订货结账截止日等，这些内容都需要纳入配送信息管理系统的框架。

2．进货入库作业管理功能

开出采购单后，进货入库管理员即可根据采购单上的预定入库日期进行入库作业准备。在货物入库当日，进行入库资料核查，入库质检。当质量或数量不符规定时，应进行适当修正或处理，并输入入库数据。进货入库管理员可按一定方式下货及托盘推叠，对于退回货物的入库还需经过质检，分类处理，然后再进行等级入库，货物入库有两种作业方式：

1）货物入库上架，需要出库时再出库，货物入库上架需由计算机或管理人员按照仓库区域规划管理原则或货物生命周期等因素来指定储放位置并登记，以便库存管理和出货查询。

2）直接出库，此时管理人员需按照出货需求将货物送往指定的出货码头或暂时的存放地点。出库搬运过程中需由管理人员选用搬运工具，调派工作人员，并安排工具及人员的工作里程。

3．仓储保管作业管理功能

仓储保管作业包括仓库管理及库存控制——先进先出或后进先出；进出货方式的制定，货物所在地搬运工具，搬运方式；仓储区货位变动。

库存控制需按照货物出库数量、入库所需时间等来制定采购数量及采购时间，并制定采购时间，制定库存盘点方法，定期负责打印盘点清单，并根据盘点清单内容清查存数，修正库存账目并制作盘盈盘亏报表，仓库区的管理还包括包装容器使用与包装容器保管维修。

4．拣货补货作业管理功能

通过订单处理系统统计客户订单后，即可知道货物真正的需求量，据此可完成拣货的相关任务。在出库日，当库存数满足出货需求时，即可根据需求数量打印出库拣货单及各项目拣货指示，进行拣货区域的规划部署，工具选用及人员调派。补货主要是根据拣货环节的盘点情况，通过拣货规划系统的信息，及时补充拣货架上的货物，具体包括补货量及补货时点的制定，补货作业调度，补货作业人员调派等。

5．配装出货作业管理功能

完成货物拣取及流通加工作业后，即可进行货物出货作业。出货作业包括根据客户订单为客户打印货单据，制定出货高度，打印出货批次报表，出货货物上所需地址标签及出货核对表，由高度人员根据前面环节的系统信息生成派车计划，进而决定具体的出货方式。选用出货工具，调派出货作业人员，运输工具的大小与数量等，由仓库管理人员利用包装加工设计系统，并参照调度人员制定的派车计划和出货管理人员制定的出货配送计划，判定出货区域的规划布置及出货货物的摆放方式；由出货管理人按照出货配送计划系统完成配送区域的划分和配送路线安排，并协助仓库管理人员根据出货配送计划决定货物装车顺序，完成配送货物的作业装车并进行配送，继而还要在货物配送中进行跟踪，控制并处理配送中的意外状况。

6．货物流通加工作业管理功能

在配送中，流通加工这一功能要素不具有普遍性，但是往往是有重要作用的功能要素。主要原因是通过流通加工，可以大大提高用户的满意程度。信息管理系统可以有效的计划安排要进行流通加工的货物的数量及要求，加工所要达到的程度及条件，为流通加工的进行奠定基础。

7．信息提供功能

向公司有关人员提供订单信息；客户信用信息；报价；库存数量；拣货产能；包装产能；配送设备产能信息（卡车、出货月台）；配送人力信息；订单数据信息，退货数据等信息。

3.8.2 配送中心信息管理处理的一般流程

根据上述信息管理的处理内容，可以理出配送中心信息管理处理流程总的线索，结合实际，将配送中心信息管理处理流程放入由配送中心、供货商和客户构成的具体框架内，勾画出配送中心信息管理处理的一般流程，信息管理系统作为配送中心经营管理系统的重要组成部分，能够使配送中心的信息流和实物流相辅相成，有序、高效地完成配送作业。通过信息管理的处理，配送中心了解客户的需求，完成订单处理及配送计划任务；配送中心进一步根据客户的需求进行拣货，流通加工和配装出货，必要的进行补货，最终完成出货任务。配送中心的信息管理系统与其绩效管理系统、配送规划系统是密不可分的。信息管理系统向系统提供数据和反馈信息，使配送中心可以不断评估企业运营绩效目标的重新设定和配送资源的合理配置，又使配送中心不断改进信息管理系统，优化经营管理系统。

小结

　　订单处理是配送中心的一个核心业务流程，是客户向配送中心提出配送需求，配送中心接收需求并承诺提供配送服务的过程。进货作业是从供货商根据有关采购指令将货物送达配送中心后开始的。配送中心经过装卸、搬运、分类、验收，确认货物后，将货物按预定的货位储存入库，这一过程即为进货作业过程，配送流程中的储存不同于整个物流系统中的储存，这里储存的货物包括暂存、保存、保管后准备出库或将要配送的货物，拣选作业是物流中心作业的核心环节。拣货作业是为高水平配送货物所进行的拣取、分货、配货等理货工作，是配送中心的核心工序。拣货员获得拣货信息后，依照拣货信息拣取相应货物，并按一定方式将货物分类集中。在配送中心的一般动作流程中，补货实际上是拣货的一种辅助活动，所以不作为一个独立的作业环节，但由于拣货是配送流程中的关键环节，与之密切联系的是补货。完成货物的拣取之后，先将所拣取的货物按订单或配送路线进行分类，再进行严格的出货检查，装入合适的容器或进行捆包，有些还需刷制或贴印相应的标志，这一过程构成出货作业的基本内容，配送中心在完成配送过程中或将货物交到用户后，因为货物包装损坏、商品损坏、商品年质量、商品年保质期将近或已经过期、送交的商品与要求的商品不相符等情况时，客户就会要求退货。商品退货管理是指在完成配送活动中，由于配送方或用户方关于配送物品的有关影响要素存在异议而进行处理的活动。订单处理和进货、储存、拣货、配装出货系统是配送中心的工作重点，与此相关的信息处理系统更成为重中之重。

练习题

一、判断题（对的打"√"，错的打"×"）

1. 配送是拣选、包装、加工、组配、配货、送货等各种物流活动的有机组合，是属于一般性的企业之间的供货和向用户的送货活动。　　　　　　　　　　　　　　　　　　　　（　）

2. 配送不是单纯的运输或输送，而是运输与其他活动共同构成的组合体。　　　　（　）

3. 播种法适用于大批量、少品种、订单较少的拣选作业。　　　　　　　　　　　（　）

4. 从工厂仓库到配送中心之间的批量货物的空间位移称为配送，从配送中心向最终用户之间的多品种小批量货物的空间位移称为运输。　　　　　　　　　　　　　　　　　　　　（　）

5. 配送就是简单的"配货"加"送货"。　　　　　　　　　　　　　　　　　　　（　）

6. 企业在接受配送服务之后，还要对产品进行销售，这种配送一般称之为"分销配送"。（　）

7. 日配是指接到订货要求之后，在 12 小时之内将货物送达的配送方式。　　　　（　）

8. 配送七要素是指：货物、客户、车辆、价格、路线、地点、时间这七项内容，也称作配送的功能要素。　　　　　　　　　　　　　　　　　　　　　　　　　　　　　　　　　（　）

9. 共同配送就是指在一定的区域内，为使物流合理化，对有若干个定期需求的货主，共同要求某一个卡车运输企业，利用同一个运输系统完成的配送。　　　　　　　　　　　　　　（　）

10. 配送中心是接受生产厂家等供货商多品种大批量的货物，按照需求者的订货要求，迅速、准确、低成本、高效率地将商品配送到需求场所的物流结点设施。　　　　　　　　　　（　）

11. 配送中心也可以看作是流通仓库，同保管型仓库相比，流通仓库的主要功能是汇集商品周转，提高流通效率，满足客户对物流的高度化需求。 （ ）

12. 将分散在自家多处的仓库或多处营业仓库的商品集中存放在配送中心，有利于防止过剩库存但很难杜绝缺货的发生。 （ ）

13. 通过型配送中心具有商品储存功能，大量采购的商品储存在这里，各个工厂或店铺不再持有库存，根据生产和销售需要由配送中心及时组织配送。 （ ）

二、问答题

1. 配送中心的功能有哪些？

2. 配送的作用是什么？

3. 拣货作业有哪几种方法，各有什么特点？

4. 配送的一般流程有哪些？

5. 拣选作业的一般流程有哪些？

6. 退货、补货作业内容是什么？

单元 4

配送中心的库存控制

 知识目标

1. 理解库存的含义和分类。
2. 理解库存控制的概念、库存管理基本概念、库存成本、JIT 存货管理。
3. 了解库存的功能、MRP 库存控制法。
4. 掌握 ABC 分析及重点管理，经济订货批量（EOQ）库存控制模型、定量订货法与定期订货。

 能力目标

1. 掌握 ABC 分析及重点管理、经济订货批量（EOQ）库存控制模型的应用。
2. 熟练运用定量订货法与定期订货。

 情感目标

1. 树立正确库存的观念。
2. 培养团结协作的精神。

大胆的"零库存"管理

在家电业中，人们一直视格兰仕为"打价格战的好手"。经济学家钟朋荣评价说，格兰仕的降价，不是在产品成本之下进行的倾销，也不是以质量下降为前提的价格战，而是建立在成本降低的基础之上，而成本的降低又来自于它的规模优势。对信息技术的有效利用为格兰仕的规模竞争和成本下降打下了基础。

格兰仕"零库存"的管理思想，通过对生产计划和物料的系统规划，实现了材料和产品的库存都按照计划来流动，只保留少量的合理库存。以这种思想作为经营指导战略的，还有大名鼎鼎的个人计算机制造商戴尔，而它的成功早已是享誉全球的商业传奇。

格兰仕企划中心的游丽敏说，"零库存"管理的核心在于尽快地采购最好的原材料、制造更好的产品，并通过反应迅速的营销体系，以最快的速度传递到消费者手中。集团能够对库存进行数字化管理，具体到每个型号的产品在工厂有多少库存、经销商仓库里有多少台产品、每个时期的产品库存周转率，都有了准确的统计数据，决策层在调配资源、落实产销平衡的问题上能够获得充分的依据。其实，"零库存"在应用过程中就是一种信息流的规划，通过这种规划，能够提高我们企业的资金周转率，很好地降低经营风险。

"零库存"管理是建立在整个企业信息化管理基础之上的。经过了多年的信息化建设，格兰仕的集约管理水平进一步提升。伴随着"零库存"管理的思想，格兰仕还向合作伙伴们提出了"商家经营零风险"的策略，使得原材料供应商、销售合作伙伴都主动接受"格兰仕的目标就是我们的目标"的理念。正是"零库存"给了格兰仕在家电制造领域强有力的自信，尽管两年前首次涉水空调产业时，人们纷纷表达了对这个微波炉企业的质疑，但今天格兰仕已经成功地将信息化经验引入空调的生产和营销中，并取得了不俗的业绩。他们新的目标是，把空调生产基地打造成为全球最大的空调生产中心。

（资料来源：http://edu.wuliu800.com/2009/0107/11098.html）

"零库存"管理是建立在整个企业信息化管理基础之上，通过对生产计划和物料的系统规划，实现了材料和产品的库存最小化，实现了降低成本的目标。

什么是零库存？能给企业带来什么效益？为什么现代物流管理却把"零库存"作为追求的目标呢？

4.1 库存控制概述

4.1.1 库存控制

1. 库存控制的概念

库存控制是库存管理的核心问题。所谓库存控制是指在保障供应的前提下，在库存物品的数量最合理时所采取的有效措施。

库存量不是越多越好，也不是越少越好。库存控制的内容包括确定产品的储存数量和储存结构，进货批量与进货周期等。

2．库存控制的目标

库存控制的目标如下：①库存成本最低。②库存保证程度最高。③不允许缺货。④限定资金。⑤快捷。

3．库存控制系统

库存控制系统是以控制库存为共同目的的相关方法、手段、技术、管理及操作过程的集合。

库存控制系统主要完成库存商品分级分类，订购数量和订购点的确定，库存跟踪管理及库存盘点等作业。一个有效的系统要达到的目的：①保证获得足够的货物和物料。②鉴别出超储物品，畅销物品和滞销物品。③向管理部门提供准确，简明和适时的报告。④使用最低的成本金额。

4．库存控制系统的制约条件

库存控制是受许多环境条件制约的，库存控制系统内部也存在"交替损益"现象，这些制约因素可以影响控制水平，乃至决定控制的成败。主要制约因素如下：①需求的不确定性，在许多因素影响下，需求可能是不确定的，如突发的热销造成的需求突增等会使控制受到制约。②订货周期，由于通信、差旅或其他自然的、生理的因素，订货周期不确定，会制约库存控制。③运输，运输的不稳定和不确定性必然会制约库存控制。④资金制约，资金的暂缺、资本运动不灵等会使预想的控制方法落空。因而也是一个制约因素。⑤管理水平的制约，管理水平达不到控制的要求，则必然使控制无法实现。⑥价格和成本的制约等。

4.1.2 库存成本

库存成本的构成一般可分为三个部分，如图 4-1 所示。

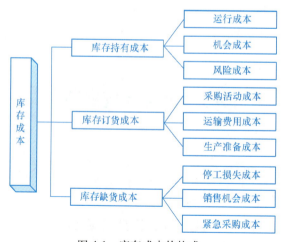

图 4-1 库存成本的构成

　　库存持有成本　即为保有和管理库存而需承担的费用开支，具体可分为：①运行成本。主要包括仓储成本，库存越高，仓储面积越大，仓储成本也越高。此外，运行成本还包括仓库中的设备投资成本和日常运作费用（水、电、人工等）。②机会成本。是指为了得到某种东西而所要放弃另一些东西的最大价值。在库存中指由于库存某类货物而失去的可能价值。③风险成本。顾名思义是从风险的角度出发来考虑的，首先是保险费用，为了减少库存的损失，大多数的企业会为其库存的安全保险，其费用就是库存成本。同时企业可能会为库存的不合理存放而造成损耗或报废，例如食品过期、存放过程中破损、产品滞销、失窃等，这些损失同样是库存的风险成本。

　　库存订货成本　是指从发出订单到收到存货整个过程中所付出的成本。如订单处理成本（包括办公费和文书费）、运输费、保险费以及装卸费、生产准备活动费等。

　　库存缺货成本　简而言之就是由于库存供应中断而造成的损失。包括原材料供应中断造成的停工损失、产成品库存缺货造成的延迟发货损失和销售机会丧失带来的损失、企业采用紧急采购来解决库存的中断而承担的紧急额外采购成本等。

4.2　ABC 分析及重点管理

4.2.1　ABC 分析方法

　　1879 年，意大利人帕累托提出社会财富的 80% 是掌握在 20% 的人手中，而余下的 80% 的人只占有 20% 的财富的理论。渐渐地，这种"关键的少数和次要的多数"的理论，被广泛应用在社会学和经济学中，并被称为帕累托原则，即 80/20 原则。

　　"关键的少数和次要的多数"是普遍存在的，可以说是比比皆是。在一个系统中，少数事物具有决定性的影响。相反，其余的绝大部分事物却不太有影响。很明显，如果将有限的力量主要用于解决具有决定性影响的少数事物上，和将有限力量平均分摊在全部事物上，这两者比较，当然是前者可以取得较好的成效，而后者成效较差。ABC 分析便是在这一思想的指导下，通过分析，将"关键的少数"找出来，并确定与之适应的管理方法，这便形成了要进行重点管理的 A 类事物。

4.2.2　ABC 分类的标准与方法

1．ABC 分类的基本原理

　　将库存物品按品种和占用资金的多少分为特别重要的库存（A 类）、一般重要的库存（B 类）和不重要的库存（C 类），然后针对不同等级分别进行管理与控制，其核心是"抓住重点，分清主次"。

2．ABC 分类的方法

　　依据库存物资所占总库存资金的比例和所占总库存物资品种数目的比例，大致上按

图 4-2 所示的标准进行分类。

3．ABC 分类的具体步骤

ABC 分类的具体步骤如图 4-3 所示。

4.2.3 ABC 分类管理的原则

1．A 类货物的管理

A 类货物品种少，但占用库存资金多，是所谓的"重要的少数"，需要重点管理。应采取下列策略：

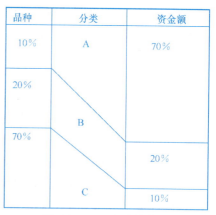

品种	分类	资金额
10%	A	70%
20%	B	
70%		20%
	C	10%

图 4-2 ABC 分类的方法

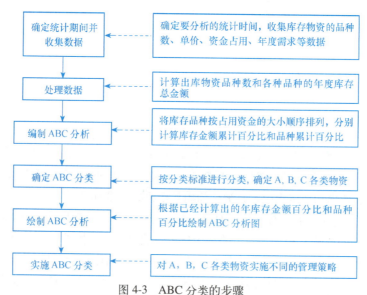

图 4-3 ABC 分类的步骤

1）每件商品皆作编号。

2）尽可能正确地预测需求量。

3）少量采购，尽可能在不影响需求下减少库存量。

4）请求供货单位配合，力求出货量平稳化，以降低需求变动，减少安全库存量。

5）与供应商协调，尽可能缩短订货提前期。

6）采用定期订货方式，对其存货必须作定期检查。

7）必须严格执行盘点，每天或每周盘点一次，以提高库存精度。

8）对交货期加强控制，在制品及发货也必须从严控制。

9）货品放置于易于出库的位置。

10）实施货物包装外形标准化，增加出入库的库位。

11）A 类货品的采购需经高层主管审核。

2．B 类货物的管理

1）正常控制水平，采用比 A 类货物相对简单的管理办法。

2）B 类货物中销售额比较高的品种要采用定期订货方式或定期定量混合方式。

3）每 2 ~ 3 周盘点 1 次。

4）中量采购。

5）采购需经中级主管审核。

3．C 类货物的管理

C 类货品种类多，但占库存资金少，是属于"不重要的大多数"，采取简单的管理策略：

1）将一些货物不列入日常管理的范围，如螺钉、螺母之类的数量大价值低的货物不作为日常盘点的货物，并可规定最少出库的批量，以减少处理次数。

2）为防止库存缺货，安全库存要多，或减少订货次数以降低费用。

3）减少这类物资的盘点次数。

4）订货速度快的货物，可以不设置库存。

5）采购仅需经基层主管审核。

4.2.4 ABC 分类管理举例

【例 4-1】 某企业全部库存商品共计 3424 种，按每一品种年度销售额从大到小顺序，排成如表 4-1 所列的七档，统计每档的品种数和表 4-1 某企业库存商品信息销售金额，要求用 ABC 分析法确定分类。

解：库存物资 ABC 分类可分为数据收集、统计汇总、制作 ABC 分析表、确定 ABC 类别、绘制 ABC 分类管理图和确定管理方法几个步骤。

第一步 数据收集，如表 4-1 所示。

表 4-1 某企业库存商品信息

每种商品年销售额 X/ 万元	品种数	销售额 / 万元
$X > 6$	260	5800
$4 < X \leqslant 6$	68	500
$4 < X \leqslant 5$	55	250
$3 < X \leqslant 4$	95	340
$2 < X \leqslant 3$	170	420
$1 < X \leqslant 2$	352	410
$X \leqslant 1$	2424	670

第二步 统计汇总，根据该题给定数据，做出汇总表，如表 4-2 所示。

第三步 根据 ABC 分类标准，制作 ABC 分析表，如表 4-3 所示。

表 4-2　ABC 分类汇总

每种商品年销售额 X/ 万元	品种数	占全部品种的比例 /%	品种累计(4)	占全部品种的累计比例 /%	销售额 / 万元	占销售总额的比例 /%	销售额累计 / 万元	占销售总额的累计比例 /%
$X > 6$	260	7.59	260	7.59	5800	69.13	5800	69.13
$5 < X \leqslant 6$	68	1.99	328	9.58	500	5.96	6300	75.09
$4 < X \leqslant 5$	55	1.61	383	11.19	250	2.98	6550	78.07
$3 < X \leqslant 4$	95	2.77	478	13.96	340	4.05	6890	82.12
$2 < X \leqslant 3$	170	4.96	648	18.92	420	5.01	7310	87.13
$1 < X \leqslant 2$	352	10.28	1000	29.21	410	4.89	7720	92.01
$X \leqslant 1$	2424	70.79	3424	100	670	7.99	8390	100
合计	3424	100			8390			

表 4-3　ABC 分析

分类	品种数	占全部品种的比例 /%	占全部品种的累计比例 /%	销售额 / 万元	占销售总额的比例 /%	占销售总额的累计比例 /%
A	328	9.6	9.6	6300	75.1	75.1
B	672	19.6	29.2	1420	16.9	92.1
C	2421	70.8	100	670	8	100

分类方法：$X > 5$ 为 A 类，$1 < X \leqslant 5$ 为 B 类，$X \leqslant 1$ 为 C 类。

第四步　根据表 4-3 绘制 ABC 分类管理图，如图 4-4 所示。

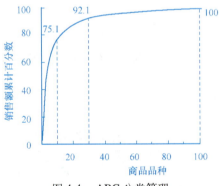

图 4-4　ABC 分类管理

4.3　经济订货批量库存控制模型

4.3.1　经济订货批量法

经济订货批量法（economic order quantity，EOQ）通过费用分析求得在库存总费用为最小时的订货批量，用以解决独立需求物品的库存控制问题。

EOQ 库存控制模型中的费用主要包括：①库存保管费用。②订货费。③缺货费。

EOQ 的控制原理就在于控制订货批量，使年度总库存成本量小。其中

年度总库存成本＝年度采购成本＋库存保管费＋订货费

假设：商品需求量均衡、稳定，年需求量为固定常数，价格固定，年度采购成本（指所采购货物的价值，等于年需求量乘以价格）为固定常数，且与订购批量无关，则年度总库存成本与批量的关系如图 4-5 所示。

从图 4-5 可见，库存保管费随订购量增大而增加，订货费用随订购量增大而减少，而当两者费用相等时，总费用曲线处于最低点，这时的订货量为 EOQ。

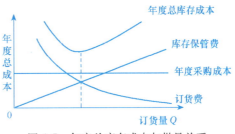

图 4-5　年度总库存成本与批量关系

4.3.2　经济订货批量的应用

1.　理想的经济订货批量

理想的经济订货批量指不考虑缺货，也不考虑数量折扣以及其他问题的经济订货批量。在不允许缺货，也没有数量折扣等因素的情况下，年度总库存成本计算公式为

年度总库存成本＝年度采购成本＋库存保管费＋订货费

$$TC = DP + \frac{DC}{Q} + \frac{QK}{2} \tag{4-1}$$

式中：TC——年度库存总费用；

　　　　D——年需求量，件 / 年；

　　　　P——单位采购成本，元 / 件；

　　　　Q——每次订货批量，件；

　　　　C——单位订货费，元 / 次；

　　　　K，PF——每次货物平均年库存保管费用，元 /（件·年）；

　　　　F——单件货物保管费用与单件货物单位采购成本之比，即年保管费率；

　　　　$Q/2$——年平均存储量；

　　　　EOQ——经济订货批量。

要使 TC 最小，将上式对 Q 求导数，并令一阶导数为 0，得到经济订购批量 EOQ 的计算公式为

$$EOQ = \sqrt{\frac{2CD}{K}} = \sqrt{\frac{2CD}{PF}} \tag{4-2}$$

【例 4-2】　某企业每年需要购买 8000 套儿童服装，每套服装的价格是 100 元，其年储存成本是 3 元 / 件，每次订购成本为 30 元。求最优订货数量，年订购次数和预期每次订货时间间隔（每年按 360 天计算）。

解：$D = 8000$ 件，$C = 30$ 元 / 次，$K = 3$ 元 /（件·年），采用经济订货批量公式

$$EOQ = \sqrt{\frac{2CD}{K}} = \sqrt{\frac{2 \times 30 \times 80}{3}} = 400 \text{（件）}$$

$$\text{年订购次数} = \frac{D}{\text{EOQ}} = \frac{8000}{400} = 20 \ (\text{次})$$

$$\text{间隔} = \frac{360}{20} = 18 \ (\text{天})$$

$$\text{年度库存总费用} = 8000 \times 100 + \frac{8000}{400} + \frac{400 \times 3}{2} = 801\,200 \ (\text{元})$$

即每次订购批量为 400 件时年库存总费用最小，最小费用为 801 200 元。

2．允许缺货的经济订货批量

在实际生产活动中，订货到达时间或每日耗用量不可能稳定不变，因此有时不免会出现缺货的情况。在允许缺货情况下，经济批量是指订货费、保管费和缺货费之和最小时的订货量，计算公式为

$$\text{EOQ} = \sqrt{\frac{2CD}{K}} \cdot \sqrt{\frac{K+C_0}{C_0}}$$

式中：C——每次订货费，元 / 次；

$\quad\quad C_0$——单位缺货费，元 /（件·年）；

$\quad\quad K$——单位货物平均年度库存保管费，元 /（件·年）；

$\quad\quad D$——年需求量。

【例 4-3】 在【例 4-2】中，允许缺货，且年缺货费损失费为 6 元 /（件·年）。若其他条件不变，允许缺货的经济批量是多少？

解：$D = 8000$ 件，$C = 30$ 元 / 件，$K = 3$ 元 /（件·年），$C_0 = 6$ 元 /（件·年），根据上述公式

$$\text{EOQ} = \sqrt{\frac{2CD}{K}} \cdot \sqrt{\frac{K+C_0}{C_0}} = \sqrt{\frac{2 \times 30 \times 80}{3}} \cdot \sqrt{\frac{3+6}{6}} = 490 \ (\text{件})$$

3．有数量折扣的经济批量

为了鼓励大批量购买，供应商往往在订购数量超过一定量时提供优惠的价格。在这种情况下，买方应进行计算和比较，以确定是否需要增加订货量去获得折扣。其判断的准则是：若接受折扣所产生的年度总费用小于经济订购批量所产生的年度总费用，则应接受折扣；反之，应按不考虑数量折扣计算的经济订购批量 EOQ 购买。

【例 4-4】 在上述公式中，供应商给出的数量折扣条件是：若一次订购量小于 600 件时，每件价格是 100 元；若一次订购量大于或等于 600 件时，每件价格是 80 元。若其他条件不变，每次应采购多少？

解：根据供应商给出的条件，分析如下。

第一步 计算按享受折扣价格时的批量即采购 600 件的年度总费用。

此时 $D = 800$ 件，$C = 30$ 元 / 件，$K = 3$ 元 /（件·年），$P = 80$ 元 /（件·年），$Q = 600$ 件，根据公式

$$TC = DP + \frac{DC}{Q} + \frac{QK}{2}$$

$$= 8000 \times 80 + \frac{8000 \times 30}{600} + \frac{600 \times 3}{2}$$

$$= 641\,300 \text{（元）}$$

第二步　按折扣价格计算经济订购批量 EOQ。

此时 $D = 8000$ 件，$C = 30$ 元/件，$K = 3$ 元/（件·年），$P = 80$ 元/件，根据公式

$$EOQ = \sqrt{\frac{2CD}{K}} = \sqrt{\frac{2 \times 30 \times 8000}{3}} = 400 \text{（件）}$$

即价格为 80 元时，经济订购批量 EOQ 仍然为 400 件。

第三步　分析判断。根据第二步中计算结果可知，按价格 80 元/件计算的经济订购批量是 400 件，它小于享受折扣条件规定的数量（一次不小于 600 件），这表明每次订 400 件是不能享受折扣价格的，这时只能按价格 100 元/件计算年度总费用。根据例 4-2 计算结果得知，这种情况下的年度总费用是 801 200 元。再根据第一步中计算结果可以判断，若按享受折扣价格时的 600 件采购批量，年度总费用为 641 300 元，小于按不享受折扣价格时的 400 件采购批量的年度总费用 801 200 元。因此，采购策略应为每次订购 600 件。

4．考虑运输数量折扣的经济批量

当运输费用由卖方支付时，一般不考虑运输费用对年度总费用的影响。但如果由买方支付，则会考虑对年度总费用的影响。此时，年度总费用需在公式的基础上再加上运输费用，即：年度总库存成本＝年度采购成本＋库存保管费＋订货费＋运输费，用公式表示为

$$TC = DP + \frac{DC}{Q} + \frac{QK}{2} + Y \tag{4-3}$$

式中：Y——运输费，元。

简单的比较方法是将有无运价折扣两种情况下的年度总费用进行对比，选择年度总费用较小的方案。

【例 4-5】　在例 4-4 中，若订购批量小于 600 件时，运输价格为 2 元/件，若订购批量大于 600 件时，运输价格为 1.5 元/件。若其他条件不变，最佳订购批量是多少？

解：先按 EOQ 计算年度库存总费用，根据公式

$$TC_1 = DP + \frac{DC}{Q} + \frac{QK}{2} + Y$$

$$= 8000 \times 100 + \frac{8000 \times 30}{400} + \frac{400 \times 3}{2} + 8000 \times 2$$

$$= 817\,200 \text{（元）}$$

再按运价折扣计算年度库存总费用，根据公式

$$TC_2 = DP + \frac{DC}{Q} + \frac{QK}{2} + Y$$

$$= 8000 \times 100 + \frac{8000 \times 30}{400} + \frac{400 \times 3}{2} + 8000 \times 1.5$$

$$= 813\ 300\ (\text{元})$$

最后比较根据第一步和第二步的计算结果可以判断，一次订购 600 件，可以节省年度库存总费用 817 200 元 − 813 300 元 = 3900 元。因此，应该每次订购 600 件。

4.4　定量订货法与定期订货法

4.4.1　定量订货法

1．定量订货法原理

定量订货法是指当库存量下降到预定的最低库存量（订货点 R）时，按规定（数量一般以经济批量 EOQ 为标准）进行订货补充的一种库存控制方法。它主要靠控制订货点和订货批量两个参数来控制订货进货，达到既能最好的满足库存需求，又能使总费用最低的目的。库存量变化如图 4-6 所示。

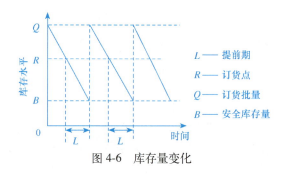

图 4-6　库存量变化

L——提前期
R——订货点
Q——订货批量
B——安全库存量

2．定量订货法控制参数的确定

实施定量订货法需要确定两个控制参数：一个是订货点，即订货点库存量；另一个是订货数量，即经济批量 EOQ。

订货数量，即经济批量 EOQ 的确定，可以按 4.3 小节的方法确定。以下重点介绍订货点的确定。

影响订货点的因素有三个：订货提前期、平均需求量和安全库存。根据这三个因素可以简单地确定订货点。计算公式为

$$\text{订货点} = \text{平均每天的需要量} \times \text{提前期} + \text{安全库存} \tag{4-4}$$

$$\text{安全库存} = (\text{预计每天最大耗用量} - \text{每天正常耗用量}) \times \text{提前期} \tag{4-5}$$

【例 4-6】　某企业甲种物资的经济订购批量为 750 吨，订货提前期为 10 天，平均每日正常需求量为 25 吨，预计日最大耗用量为 40 吨，求订货点。

解：根据式（4-4）、式（4-5）

$$\text{订货点} = 10 \times 25 + (40-25) \times 10 = 400\ (\text{吨})$$

3．定量订货法的优缺点及适用范围

定量订货法的优点 ①控制参数一经确定，实际操作就变得非常简单了。实际中经常采用"双堆法"来处理。所谓双堆法，就是将某商品库存分为两堆，一堆为经常库存，另一堆为订货点库存，消耗完就开始订货，平时用经常库存，不断重复操作。这样可减少经常盘点库存的次数，方便可靠。②当订货量确定后，商品的验收、入库、保管和出库业务可以利用现有标准化器具和计算方式，有效地节约搬运、包装等方面的作业量。③充分发挥了经济批量的作用，可降低库存成本，节约费用，提高经济效益。

定量订货法的缺点 ①要随时掌握库存动态，严格控制安全库存和订货点库存，占用了一定的人力和物力。②订货模式过于机械，不具有灵活性。③订货时间不能预先确定，对于人员、资金、工作业务的计划安排不利。④受单一订货的限制，对于实行多品种联合订货，采用此方法时还需要灵活掌握处理。

适用范围 这种方法适合以下类别的货物：订购单价便宜，且不便于少量订购的物品，如螺栓、螺母；需求预测比较困难的维修物料；品种数量繁多、库存管理事务量大的物品；计算清点复杂的物品；需求量比较平稳的物品。

4.4.2 定期订货法

1．定期订货法的原理

定期订货法是按预先确定的订货时间间隔进行订货补充的库存管理方法。它是基于时间的订货控制方法，定期订货法设定订货周期和最高库存量，从而达到控制库存量的目的。只要订货间隔期和最高库存量控制合理，就可能实现既保障需求、合理存货，又可以节省库存费用的目标。

定期订货法的原理：预先确定一个订货周期和最高库存量，周期性地检查库存，根据最高库存量、实际库存、在途订货量和待出库商品数量，计算出每次订货批量，发出订货指令，组织订货。其库存变化如图4-7所示。

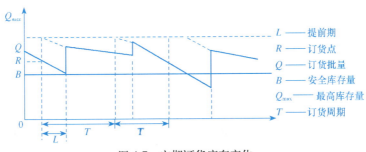

图4-7 定期订货库存变化

2．定期订货法的控制参数

（1）订货周期的确定

订货周期实际上就是定期订货的订货点，其间隔时间总是相等的。订货间隔期的长短直接决定最高库存量的大小，即库存水平的高低，进而也决定了库存成本的多少。所以，订货周期不能太长，否则会使库存成本上升；也不能太短，太短会增加订货次数，使得订货费用增加，进而增加库存总成本。从费用角度出发，如果要使总费用达到最低，我们可以采用经济订货周期的方法来确定订货周期 T，其公式为

$$T^* = \sqrt{\frac{2C}{KM}} \tag{4-6}$$

式中：C——每次订货成本；

K——单位货物的年保管费用；

M——单位时间内库存商品需求量（销售量）；

T^*——经济订货周期。

在实际操作中，经常结合供应商的生产周期来调整经济订货期，从而确定一个合理可行的订货周期。当然也可以结合人们比较习惯的时间单位，如周、旬、月、季、年等来确定经济订货周期，从而与企业的生产计划、工作计划相吻合。

（2）订货量的确定

定期订货法的订货数量是不固定的，订货批量的多少都是由当时的实际库存量的大小决定的，考虑到订货点时的在途到货量和已发出出货指令尚未出货的待出货数量（称为订货余额），每次的订货量的计算公式为

订货量＝平均每天的需求量 × （提前期+订购间隔）＋安全库存 − 实际库存量 (4-7)

安全库存＝（预计每天最大耗用量 − 每天正常耗用量）× 提前期 (4-8)

【例 4-7】 某企业乙种物资的经济订购批量为 750 吨，订购间隔期为 30 天，订货提前期为 10 天，平均每日正常需求量为 25 吨，预计日最大耗用量为 40 吨，订购日的实际库存量为 600 吨，订货余额为 0，求订购数量。

解：根据式（4-7）、式（4-8）

订购量＝ 25 × （10 ＋ 30）＋（40−25）×10−600−0 ＝ 550 （吨）

订货策略为在订货日应订购 550 吨。

3．定期订货法的优缺点及适用范围

定期订货法的优点 ①可以合并出货，减少订货费。②周期盘点比较彻底、精确，避免了定量订货法每天盘存的做法，减少了工作量，提高了工作效率。③库存管理的计划性强，有利于工作计划的安排，实行计划管理。

定期订货法的缺点 ①需要较大的安全库存量来保证库存需求。②每次订货的批量不固定，无法制定出经济订货批量，因而运营成本较高，经济性较差。③手续麻烦、每次订货都得检查储备量和订货合同，并要计算出订货量。

适用范围 一般适用于企业需要严格管理的重要货物。

4.5　JIT 存货管理

4.5.1　JIT

1．JIT 简介

准时生产方式（just in time，JIT），是日本丰田汽车公司在 20 世纪 60 年代实行的一种生产方式，1973 年以后，这种方式对丰田公司渡过第一次能源危机起到了突出的作用，引起其他国家生产企业的重视，并逐渐在欧洲和美国的日资企业及当地企业中推行开来，现在这一方式与源自日本的其他生产、流通方式一起被西方企业称为"日本化模式"，其中，日本生产、流通企业的物流模式对欧美的物流产生了重要影响，近年来，JIT 不仅作为一种生产方式，也作为一种通用管理模式在物流、电子商务等领域得到推行。

JIT 的核心思想是"在需要的时候，按需要的量生产所需的产品"。通过生产的计划和控制及库存的管理，追求一种无库存，或库存达到最小的生产系统。

实施 JIT 过程要求有员工的参与，强调全体员工的参与和管理，要求对生产过程进行持续的改革，对生产过程进行全面的质量管理以改善和提高产品质量，通过检验等手段来发现和解决问题这本身也是一种浪费。要求减少批量，以小的批量规模组织生产。

JIT 目前已被用于重复性生产企业，JIT 模式的生产过程要求有一个稳定的环境，其生产过程不要求大规模大批量的组织生产。

2．JIT 的四个主要要素

零库存　零库存是一种现代库存管理方法，它要求在准确的时间把准确的数量送到准确的地点。超过需要的一切都是浪费，因此，任何库存都是浪费。日本的 JIT 理念认为，库存是由于计划不周、能力不够、供应商过失、订单处理延迟和生产操作不规范、设备保养差等原因所造成。JIT 生产可以发现其他生产方式由于过多地库存和过多人员所隐藏的问题。

备货期短　由于采用小批量供货和较短的供货周期，JIT 使备货时间大大地缩短了。生产提前期的缩短也使成本下降。

高频率小批量供货　高频率小批量供货可以较少和避免存货，当发现问题时容易得到改进，实现均衡作业以及柔性生产等。

高质量和无缺陷　JIT 要求消除各种引起浪费的不合理原因，要求这个生产过程中每一个操作都要精益求精，将质量管理引入每一个操作中，对产品质量进行及时的检测与处理。

4.5.2　JIT 在库存控制中的应用

1．JIT 采购的特点

JIT 采购的特点有：①合理选择供应商，并与之建立战略伙伴关系，要求供应商进入制造商的生产过程。②小批量采购。③实现零库存或少库存。④交货准时，包装标准。⑤信息共享。⑥重视教育与培训。⑦严格的质量控制，产品国际认证。

2．JIT 采购的实施

JIT 采购实施包括：①成立 JIT 采购组织。JIT 采购组织制定 JIT 采购的操作规程，协调企业内部各有关部门的运作、协调企业与供应商之间的运作。②与少数供应商建立伙伴关系。供应商和企业之间互利的伙伴关系，意味着双方充满了一种紧密合作、主动交流、相互信赖的和谐气氛，共同承担长期协作的义务。在这种关系的基础上，发展共同的目标，分享共同的利益。企业可以选择少数几个最佳供应商作为合作对象。③协商建立 JIT 采购规程、机制，通过一定的契约及激励机制来确保 JIT 采购的实现。

4.5.3　实现企业零库存的主要方式

零库存意味着效率的提高和成本的降低，也就成为了企业的追求目标，具体而言，实现零库存的方式有以下几种：

委托保管方式　接受用户的委托，由受托方代存代管所有权属于用户的物资，从而使用户不再保有库存，甚至可不再保有保险储备库存，从而实现零库存。

协作分包方式　协作分包方式即美国的"Sub—Con"方式和日本的"下请"方式。主要是制造企业的一种产业结构形式，这种结构形式可以以若干分包企业的柔性生产准时供应，使主企业的供应库存为零；同时主企业的集中销售库存使若干分包劳务及销售企业的销售库存为零。

轮动方式　轮动方式也称为同步方式，是在对系统进行周密设计前提下，使各个环节速率完全协调，从而根本取消甚至是工位之间暂时停滞的一种零库存、零储备形式。

准时供应系统　在生产工位之间或在供应与生产之间完全做到轮动，这不仅是一件难度很大的系统工程，而且需要很大的投资，同时，有一些产业也不适合采用轮动的方式。因而，广泛采用比轮动方式有更多灵活性、较容易实现的准时方式。准时方式不是采用类似于传送带的轮动系统，而是依靠有效的衔接和计划达到工位之间、供应与生产之间的协调，从而实现零库存。

> **知识链接**
>
> #### MRP 库存控制法
>
> 一、MRP 基本原理
>
> 物料需求计划（material requirement planning，MRP）是基于计算机的库存管理系统，主要输入包括物料清单、总进度计划、库存记录文件的信息。物料清单表明产品的主要组成及相互关系；总进度计划表明产品的需要时间及数量；库存记录文件表明当前库存水平。通过对这些信息的处理，确定计划期间各个时间的净需求。MRP 要回答三个问题：需要什么，需要多少，什么时候需要。MRP 的工作原理就是根据以上三部分的内容产生生产作业计划和采购计划，从而达到降低生产库存，提高生产物流效率的目的。
>
> 二、MRP 记录分析
>
> 表 4-4 为 MRP 的一个记录表，其中包括总需求、已在途订货、计划持有量、净需求、计划收到订货、计划发出订货等六项，下面分别解释。

知识链接

表 4-4　MRP 记录

零件 \ 周数	1	2	3	4	5	6	7	8
总需求								
已在途时间								
计划持有量								
净需求								
计划收到订货								
计划发出订货								

总需求　不考虑当前库存量的情况下，某部件或原材料在各期间的期望总需求。最终产品的总需求量可以在总进度计划上找到，各零部件的总需求量则源于其直接"双亲"的计划发出订货。

已在途订货　各期初始从供应商或供应链上其他结点接受的订货。

计划持有量　各期初始期望的存货持有量，即已在途的订货量加上期末存货。

净需求　各期实际需要量。

计划收到订货　各期初始显示出来的期望接受量。在配套批量订货条件下，它等于净需求；在进货批量订货条件下，它大于净需求。为简化起见，超出部分被架到了下期存货中，尽管实际上它们在本期也可以使用。

计划发出订货　指各期抵消生产提前期影响后的计划收到订货，计划发出订货将产生装配链或生产链下一层的总需求。订货结束，它从"计划发出订货"进入"已在途的订货"。

小结

　　本单元介绍了库存的含义、分类及功能，库存中存在的问题，强调库存控制是库存管理的核心问题，并重点讲解了库存控制的 ABC 分类的基本原理、定量订货法原理和定期订货法原理。

　　所谓库存控制，是指在保障供应的前提下，使库存物品的数量最合理时所采取的有效措施。库存量不是越多越好，也不是越少越好。库存控制的内容包括确定产品的储存数量和储存结构，进货批量与进货周期等。

　　ABC 分类的基本原理：将库存物品按品种和占用资金的多少分为特别重要的库存（A）类、一般重要的库存（B 类）和不重要的库存（C 类），然后针对不同等级分别进行管理与控制。其核心是"抓住重点，分清主次"。而经济订货批量法（EOQ）通过费用分析求得在库存总费用为最小时的订货批量，用以解决独立需求物品的库存控制问题。

　　定量订货法原理：定量订货法是指当库存量下降到预定的最低库存量（订货点 R）时，按规定（数量一般以经济批量 EOQ 为标准）进行订货补充的一种库存控制方法。它主要靠控制订货点和订货批量两个参数来控制订货进货，达到既能最好地满足库存需求，又能使总费用最低的目的。

定期订货法的原理：定期订货法是按预先确定的订货时间间隔进行订货补充的库存管理方法。它是基于时间的订货控制方法，它设定订货周期和最高库存量，从而达到控制库存量的目的。只要订货间隔期和最高库存量控制合理，就可能实现既保障需求、合理存货，又可以节省库存费用的目标。对于 JIT 而言，JIT 的核心思想"在需要的时候，按需要的量生产所需的产品"。

练习题

一、判断题（正确的打"√"，错误的打"×"）

1. 仓储管理的目标可以概括为使仓库空间利用与库存货品的处置成本之间实现平衡。　　（　　）

2. 货品具有供应商、货品特性、数量和进货规定四个特征。　　　　　　　　　　　（　　）

3. 仓储系统的主要构成要素包括储存空间、货品、人员及设备等要素。　　　　　　（　　）

4. 规模极大的仓库中，人员分工比较细，可能包括仓管人员、搬运人员、理货拣货和补货人员等。仓管人员负责盘点作业，拣货人员负责拣货作业，补货人员负责补货作业，搬运人员负责入库、出库搬运作业、翻堆作业。　　　　　　　　　　　　　　　　　　　　　　　　　　（　　）

5. 仓储系统中的设备只是指储存设备。　　　　　　　　　　　　　　　　　　　　（　　）

6. 在选择搬运与输送设备时，需考虑货品特性、货品的单位、容器、托盘等因素，以及作业流程与状况、货位空间的配置等，同时还要考虑设备成本与使用操作的方便性。　　　　　（　　）

7. 储存货品的空间叫做储存空间，储存是仓库的核心功能和关键环节，储存区域规划合理与否直接影响到仓库的作业效率和储存能力。　　　　　　　　　　　　　　　　　　　　　（　　）

8. 储存空间指的是仓库中所有的空间。　　　　　　　　　　　　　　　　　　　　（　　）

9. 作业空间指为了作业活动顺利进行所必备的空间，如作业通道、货品之间的安全间隙等。（　　）

10. 在规划仓库布局的过程中，必须在空间、人力、设备等因素之间进行权衡比较。宽敞的空间总是有利的。　　　　　　　　　　　　　　　　　　　　　　　　　　　　　　　　　（　　）

二、单选题

1. 关于仓库流量计算公式正确的是（　　　）。

　A. 仓库流量＝入库货量／出库货量编

　B. 仓库流量＝出库货量／入库货量＋出库货量

　C. 仓库流量＝（入库货量＋出库货量）／存货量

　D. 仓库流量＝（入库货量＋出库货量）／（入库货量＋出库货量＋存货量）

2. 货品如何处理、如何放置的决定性因素是（　　　）。

　A. 货位分配原则　　　　B. 储存策略　　　　C. 机械设备的作业能力　D. 仓库的面积

3. 随机储存适用的场合除了种类少或体积较大的货品之外还有（　　　）。

　A. 库房空间有限，需尽量利用储存空间　　　B. 易燃货品

　C. 重要货品　　　　　　　　　　　　　　　D. 储存条件对货品储存非常重妥时

4. 分类随机储存兼具分类储存及随机储存的特色，需要的储存空间（　　　）。

　A. 与分类储存相同　　B. 大于分类储存　　　C. 小于随机储存　　　D. 介于两者之间

5. 适用于周转率很小，存放时间较长的货品应该采用的货位编码是（　　　）。

　A. 区段方式　　　　　B. 货品类别方式　　　C. 地址式　　　D. 坐标式

6. 考核进出货人员工作分配及作业速度，以及目前的进出货时间合理的仓储绩效指标是（   ）。

    A. 站台利用率   B. 人员负担和时间耗用

    C. 设施空间利用率   D. 库存周转率

7. 指标分析法中使用最普遍、最简单和最有效的方法是（   ）。

    A. 对比分析法   B. 因素分析法   C. 平衡分析法   D. 帕累托图法

8. CVA 分析法中归为最高优先级的库存产品应采取的管理措施是（   ）。

    A. 不许缺货   B. 允许偶尔缺货   C. 允许合理范围内缺货   D. 允许缺货

9. CVA 分析法中归为较高优先级的库存产品应采取的管理措施是（   ）。

    A. 不许缺货   B. 允许偶尔缺货   C. 允许合理范围内缺货   D. 允许缺货

10. CVA 分析法中归为中等优先级的库存产品应采取的管理措施是（   ）。

    A. 不许缺货   B. 允许偶尔缺货   C. 允许合理范围内缺货   D. 允许缺货

三、多选题

1. 仓储管理的目标中除了空间利用率最大化以外还应包括的目标有（   ）。

    A. 人员及设备的有效使用   B. 所有货品都能随时存取

    C. 货品的有效移动   D. 保证货品的品质

    E. 良好的管理

2. 仓储系统的主要构成要素包括（   ）。

    A. 储存空间   B. 货品   C. 数量   D. 人员   E. 设备

3. 货品的特征包括（   ）。

    A. 供应商   B. 货品特性   C. 成本   D. 进货规定   E. 品种

4. 影响货品在储存空间摆放的因素除了货位单位和货品特性之外还有（   ）。

    A. 货位策略的决定   B. 货位指派原则的运用

    C. 补货的方便性   D. 单位在库时间

    E. 订购频率

5. 在选择搬运与输送设备时，需考虑的因素包括（   ）。

    A. 货品特性   B. 货品的单位

    C. 货品的容器和托盘   D. 作业流程与状况

    E. 货位空间的配置

6. 影响储存空间的主要因素有（   ）。

    A. 作业   B. 使用面积   C. 人员   D. 货品   E. 设备

7. 判定仓储空间规划的成功与否的主要因素有（   ）。

    A. 仓储成本   B. 空间效率   C. 作业时间   D. 货品流量   E. 作业感觉

8. 空间效率反映的是安排布置（   ）。

    A. 储存品特性   B. 储存货品量   C. 出入库设备

    D. 梁柱   E. 通道

9. 货品流量主要指（   ）。

    A. 进货量   B. 保管量   C. 拣货量   D. 补货量   E. 出货量

10. 仓库空间的评价指标包括（   ）。

    A. 仓储成本指标   B. 空间效率指标   C. 时间指标   D. 流量指标

单元 **5**

>>>>>>>>>>>>>

流通加工作业

 知识目标

1. 了解流通加工的含义和类型。
2. 熟悉几种典型的流通加工作业。
3. 了解包装的概念、特性、功能及分类。

能力目标

1. 根据不同的分类方式，准确地对流通加工进行分类。
2. 熟练掌握流通加工相关流程。
3. 熟悉包装材料，包装标记和标志。

 情感目标

1. 树立正确的流通加工的观念。
2. 培养良好的流通加工的情感。

时装 RSD 服务

RSD 服务是时装的接收、分类和配送服务。RSD 是 TNT 澳大利亚公司下属的一家分公司开展的物流服务业务，它可以为顾客提供从任何地方来、到任何地方去的时装流通加工、运输、分送的需要。

时装 RSD 运输服务建立在时装仓库的基础上，最大的特点是具有悬挂时装的多层仓库导轨系统。一般有 2～3 层导轨悬挂的时装，可以直接传输到运送时装的集装箱中，形成时装取货、分类、库存、分送的仓储、流通加工、配送等集成系统。在这个基础上，无论是平装还是悬挂的时装，都可以以最优越的时装运输的条件，进行门到门的运输服务。在先进的时装运输服务基础上，公司开展 RSD 服务，其实质是一种流通加工业务。RSD 服务满足了时装制造厂家、进口商、代理商或零售商的需要，依据顾客及市场的情况对时装的取货、分类、分送（供销）全部负责。

时装 RSD 服务可以完成制衣过程的质量检验等工作，并在时装仓库中完成进入市场前的一切准备工作，即取货（直接到制衣厂上门取时装）—分类（根据时装颜色、式样进行分类）—检查（时装褪色、脱线等质量问题）—装袋（贴标签后装袋、装箱）—配送（按销售计划，直接送达经销商或用户）—信息服务与管理（提供相应的时装信息服务和计算机化管理）。

许多属于生产过程的工作程序和作业可以在仓储过程中完成，这是运输业务的前向延伸，是社会化分工与协作的又一具体体现。这样，服装生产厂家可以用最小的空间（生产场地）、最少的时间、最低的成本来实现自己的销售计划，物流企业也有了相对稳定的业务量。

（资料来源：董千里．物流系统增值服务．www.docm.com/p-12070328.html.）

RSD 服务能为顾客提供从任何地方来、到任何地方去的时装流通加工、运输、分送等。钢材、水泥、木材等在流通过程中同样可以进行相关的简单加工，使得他们总的物流成本更加合理。

流通加工类型与生产加工相比究竟有哪些特点？流通加工在流通中的地位和作用怎样？有哪些与流通加工相关的技术、设备？如何实现流通加工的合理化？这将是本节要学习的主要内容。

5.1　流通加工作业概述

5.1.1　流通加工的含义

流通加工（distribution processing）是流通中的一种特殊形式。

商品流通是以货币为媒介的商品交换，其重要职能是将生产及消费联系起来，起到"桥梁和纽带"作用，完成商品所有权和实物形态的转移。因此，流通与流通对象的关系，一般不是改变其形态而创造价值，而是保持流通对象的已有形态，完成空间的位移，实现其"时间效用"及"场所效用"。

流通加工则与此有较大的区别。总的来讲，流通加工在流通中，仍然和流通总体一样起"桥梁和纽带"作用。但是，它却不是通过"保护"流通对象的原有形态而实现这一作用的，它是和生产一样，通过改变或完善流通对象的原有形态来实现"桥梁和纽带"作用的。

流通加工是为了提高物流速度、促进销售、降低生产及物流成本，在物品进入流通领域后，按物流的需要和客户的要求进行的简单再加工活动。其作用就是直接为流通，特别是为销售服务，起到提高物流系统效率的作用。

中华人民共和国国家标准CB/T18354—2006《物流术语》中对流通加工的解释为：流通加工是物品在从生产地到使用地的过程中，根据需要施加包装、分割、计量、分拣、刷标志、拴标签、组装等简单作业的总称。

知识链接

流通加工与生产制造的区别

如图5-1所示，包装是流通加工的一种形式，而数控加工则是生产制造的一种形式，如图5-2所示。

图5-1　包装

图5-2　数控加工

流通加工和一般生产制造在加工方法、加工组织、生产管理方面无明显区别，但在加工对象、加工程度方面差别较大，其主要差别表现在四个方面：

加工对象的差别　流通加工的对象是进入流通过程的商品，具有商品的属性，以此来区别多环节生产加工中的一环。生产制造的对象是原材料、零配件、半成品等，而不是最终商品。

加工程度的差别　流通加工大多是简单加工，而不是复杂加工。一般来讲，如果必须进行复杂加工才能形成人们所需的商品，那么这种复杂加工应专设生产加工过程，生产制造理应完成大部分加工活动，流通加工对生产制造则是一种辅助及补充。流通加工绝对不是生产制造的取消和替代。

价值体现不同　从价值观点看，生产制造的目的是创造价值和使用价值，而流通加工的目的则在于完善其使用价值，并在不做大改变的情况下提高价值。

加工实施人员不同　流通加工的实施人员是从事流通工作的人，实施人员能密切结合流通的需要进行这种加工活动，从加工单位来看，流通加工由商品流通企业完成，而生产制造由生产企业完成。生产制造的实施人员是有生产制造专业知识和专业设备的工厂工人。

5.1.2　流通加工的类型

1. 为弥补生产领域加工不足的深加工

有许多产品在生产领域的加工只能达到一定程度，这是由于存在许多限制因素限制了生产领域不能完全实现终极的加工。例如钢铁厂的大规模生产只能按标准规定的规格生产，以使产品有较强的通用性，使生产能有较高的效率和效益；木材如果在产地完成成材制成木制品的话，就会造成运输的极大困难，所以原生产领域只能加工到圆木、板方材这个程度，进一步的下料、切裁、处理等加工则由流通加工完成。这种流通加工实际是生产的延续，是生产加工的深化，对弥补生产领域加工不足有重要意义。

2. 为满足需求多样化进行的服务性加工

从需求角度看，需求存在着多样化和变化两个特点，为满足这种要求，经常是用户自己设置加工环节，例如，生产消费型用户的再生产往往从原材料初级处理开始。就用户来讲，现代生产的要求，是生产型用户尽量减少流程，尽量集中力量从事较复杂的技术性较强的劳动，而不愿意将大量初级加工包揽下来。这种初级加工带有服务性，由流通加工来完成，生产型用户便可以缩短自己的生产流程，使生产技术密集程度提高。对一般消费者而言，则可省去烦琐的预处置工作，而集中精力从事较高级能直接满足需求的劳动。

3. 为保护产品所进行的加工

在物流过程中，用户对产品投入使用前都存在对产品的保护问题，防止产品在运输、储存、装卸、搬运、包装等过程中遭到损失，使其使用价值能顺利实现。和前两种加工不同，这种加工并不改变进入流通领域的"物"的外形及性质。这种加工主要采取稳固、改装、冷冻、保鲜、涂油等方式。

4. 为提高物流效率，方便物流的加工

有一些产品本身的形态使之难以进行物流操作。如鲜鱼的装卸、储存操作困难；过大设备搬运、装卸困难；气体物运输、装卸困难等。进行流通加工，可以使物流各环节易于操作，如鲜鱼冷冻、过大设备解体、气体液化等；这种加工往往改变"物"的物理状态，但并不改变其化学特性，并最终仍能恢复原物理状态。

5. 为促进销售的流通加工

流通加工可以从若干方面起到促进销售的作用。如将过大包装或散装物分装成适合一次销售的小包装的分装加工；将原以保护产品为主的运输包装改换成以促进销售为主的装潢性包装，以起到吸引消费者、指导消费的作用；将零配件组装成用具、车辆以便于直接销售；将蔬菜、肉类洗净切块以满足消费者要求等。这种流通加工可能是不改变"物"的本体，只进行简单改装的加工，也有许多是组装、分块等深加工。

6. 为提高加工效率的流通加工

许多生产企业的初级加工由于数量有限加工效率不高，也难以投入先进科学技术。流通加工以集中加工形式，解决了单个企业加工效率不高的弊病。以一家流通加工企业代替了若干生产企业的初级加工工序，促使生产水平提高。

7. 为提高原材料利用率的流通加工

流通加工利用其综合性强、用户多的特点，可以实行合理规划、合理套裁、集中下料的办法，这就能有效提高原材料利用率，减少损失浪费。

8. 衔接不同运输方式，使物流合理化的流通加工

在干线运输及支线运输的结点设置流通加工环节，可以有效解决大批量、低成本、长距离干线运输多品种、少批量、多批次末端运输和集货运输之间的衔接问题，在流通加工点与大生产企业间形成大批量、定点运输的渠道，又以流通加工中心为核心，组织对多用户的配送。也可在流通加工点将运输包装转换为销售包装，从而有效衔接不同目的的运输方式。

9. 以提高经济效益，追求企业利润为目的流通加工

流通加工的一系列优点，可以形成一种"利润中心"的经营形态，这种类型的流通加工是经营的一环，在满足生产和消费要求基础上取得利润，同时在市场和利润引导下使流通加工在各个领域中能有效地发展。

10. 生产—流通一体化的流通加工形式

依靠生产企业与流通企业的联合，生产企业涉足流通，或者流通企业涉足生产，形成的对生产与流通加工进行合理分工、合理规划、合理组织，统筹进行生产与流通加工的安排，这就是生产—流通一体化的流通加工形式。这种形式可以促成产品结构及产业结构的调整，充分发挥企业集团的经济技术优势，是目前流通加工领域的新形式。

5.1.3　几种典型的流通加工作业

1. 钢材的流通加工

各种钢材（钢板、型钢、线材等）的长度、规格有时不完全适用于客户，如热轧厚钢板等板材最大交货长度可达 7 ~ 12 米，有的是成卷交货，对于使用钢板的用户来说，如果采用单独剪板、下料方式，设备闲置时间长、人员浪费大、不易采用先进方法，那么采用集中剪板、集中下料方式，可以避免单独剪板、下料的一些弊病，提高材料利用率。

剪板加工是在固定地点设置剪板机进行下料加工或设置种种切割设备将大规格钢板裁小，或切裁成毛坯，降低销售起点，便利用户。

钢板剪板及下料的流通加工，可以选择加工方式，加工后钢材的晶体组织很少发生变

化，可保证原来的交货状态，有利于进行高质量加工；加工精度高，可以减少废料、边角料，减少再进行机械加工的切削量，既提高了再加工效率，又有利于减少消耗；由于集中加工可保证批量及生产的连续性，可以专门研究此项技术并采用先进设备，从而大幅度提高效率和降低成本；使用户能简化生产环节，提高生产水平。

和钢板的流通加工类似，还有薄板的切断，型钢的熔断，厚钢板的切割，线材切断等集中下料，线材冷拉加工等。为此，国外有专门进行钢材流通加工的钢材流通中心，不仅从事钢材的保管，而且进行大规模的设备投资，使其具备流通加工的能力。中国物资储运企业20世纪80年代便开始了这项流通加工业务。中国储运股份有限公司近年与日本合作建立了钢材流通加工中心，利用现代剪裁设备从事钢板剪板和其他钢材的下料加工即钢板剪切流通加工。

如汽车、冰箱、冰柜、洗衣机等生产制造企业每天需要大量的钢板，除了大型汽车制造企业外，一般规模的生产企业如若自己单独剪切，难以解决因用料高峰和低谷的差异引起的设备忙闲不均和人员浪费问题，如果委托专业钢板剪切加工企业，可以解决这个矛盾。专业钢板剪切加工企业能够利用专业剪切设备，按照用户设计的规格尺寸和形状进行套裁加工，精度高、速度快、废料少、成本低；专业钢板剪切加工企业在国外数量很多，大部分由流通企业经营。这种流通加工企业不仅提供剪切加工服务和配送服务，还出售加工原材料和加工后的成品。

2．木材的流通加工

木材流通加工可依据木材种类、地点等，决定加工方式。在木材产区可对原木进行流通加工，使其成为容易装载、易于运输的形状。

磨制木屑、压缩输送　这是一种为了实现流通的加工。木材是容重轻的物资，在运输时占有相当大的容积，往往使车船满装但不能满载，同时，装车、捆扎也比较困难。从林区外送的原木中有相当一部分是造纸材，木屑可以制成便于运输的形状，以供进一步加工，这样可以提高原木利用率、出材率，也可以提高运输效率，具有相当可观的经济效益。例如，美国在林木生产地就地将原木磨成木屑，然后压缩使其成为容重较大、容易装运的形状，而后运至靠近消费地的造纸厂，这种方法取得了较好的效果。根据美国的经验，采取这种办法比直接运送原木节约一半的运费。

集中开木下料　在流通加工点将原木锯截成各种规格锯材，同时将碎木、碎屑集中加工成各种规格板，甚至还可进行打眼、凿孔等初级加工。过去用户直接使用原木，不但加工复杂、加工场地大、加工设备多，更严重的是资源浪费严重，木材平均利用率不到50%，平均出材率不到40%。实行集中下料、按用户要求供应规格料，可以使原木利用率提高到95%，出材率提高到72%左右，有相当好的经济效果。

3．煤炭的流通加工

煤炭流通加工有多种形式：除矸加工、煤浆加工、配煤加工等。

除矸加工　除矸加工是以提高煤炭纯度为目的的加工形式。一般煤炭中混入的矸石有一定发热量，混入一些矸石是允许的，也是较经济的。但是，有时则不允许煤炭中混入矸石，在运力十分紧张的地区要求充分利用运力、降低成本，多运"纯物质"，少运矸石，在这种情况下，可以采用除矸的流通加工方法排除矸石。除矸加工可提高煤炭运输效益和经济效益，减少运输能力浪费。

煤浆加工 用运输工具载运煤炭，运输中损失浪费比较大，又容易发生火灾。采用管道运输是近代兴起的一种先进技术。管道运输方式运输煤浆，减少煤炭消耗、提高煤炭利用率。目前，某些发达国家已经开始投入运行，有些企业内部也采用这一方法进行燃料输送。

在流通的起始环节将煤炭磨成细粉，本身便有了一定的流动性，再用水调和成浆状，则具备了流动性，可以像其他液体一样进行管道输送。将煤炭制成煤浆采用管道输送是一种新兴的加工技术。这种方法不和现有运输系统争夺运力，输送连续、稳定、快速，是一种经济的运输方法。

配煤加工 在使用地区设置集中加工点，将各种煤及一些其他发热物质，按不同配方进行掺配加工，生产出各种不同发热量的燃料，称为配煤加工。配煤加工可以按需要发热量生产和供应燃料，防止热能浪费和"大材小用"，也防止发热量过小，不能满足使用要求。工业用煤经过配煤加工还可以起到便于计量控制、稳定生产过程的作用，具有很好的经济和技术价值。

煤炭消耗量非常大，进行煤炭流通加工潜力也很大，可以大大节约运输能源，降低运输费用，具有很好的技术和经济价值。

4. 水泥的流通加工

水泥熟料的流通加工 在需要长途运入水泥的地区，变运入成品水泥为运进熟料这种半成品，即在该地区的流通加工（磨细工厂）磨细，并根据当地资源和需要的情况掺入混合材料及外加剂，制成不同品种及标号的水泥供应给当地用户，这是水泥流通加工的一种重要形式。在国外，采用这种物流形式的企业已有一定的比重。

在需要经过长距离输送供应的情况下，以熟料形态代替传统的粉状水泥有很多优点：①可以大大降低运费、节省运力。②可按照当地的实际需要大量掺加混合材料。③容易以较低的成本实现大批量、高效率的输送。④可以大大降低水泥的输送损失。⑤能更好地衔接产需，方便用户。

集中搅拌混凝土 改变以粉状水泥供给用户，由用户在建筑工地现场拌制混凝土的习惯方法，而采用将粉状水泥输送到使用地区的流通加工点，搅拌成混凝土后再供给用户使用的方法，这是水泥流通加工的另一种重要加工方法。这种流通加工方式，优于直接供应或购买水泥在工地现场搅拌制作混凝土的技术经济效果。因此，这种流通加工方式已经受到许多国家的重视。

这种水泥流通加工方法有如下优点：①将水泥的使用从小规模的分散形态改变为大规模的集中加工形态，因此可以利用现代化的科技手段，组织现代化大生产。②集中搅拌可以采取准确的计量手段，选择最佳的工艺，提高混凝土的质量和生产效率，节约水泥。③可以广泛采用现代科学技术和设备，提高混凝土质量和生产效率。④可以集中搅拌设备，有利于提高搅拌设备的利用率，减少环境污染。⑤在相同的生产条件下，能大幅度降低设备、设施、电力、人力等费用。⑥可以减少加工据点，形成固定的供应渠道，实现大批量运输，使水泥的物流更加合理。⑦有利于新技术的采用，简化工地的材料管理，节约施工用地等。

5. 食品的流通加工

食品的流通加工的类型种类很多。只要我们留意超市里的货柜就可以看出，那里摆放的各类洗净的蔬菜、水果、肉末、鸡翅、香肠、咸菜等都是流通加工的结果。这些商品的分类、清洗、贴商标和条形码、包装、装袋等是在摆进货柜之前完成的，这些流通加工都不是在产地进行，已经脱离了生产领域，进入了流通领域。食品流通加工的具体项目主要有如下几种：

冷冻加工 这种加工指为了保鲜而进行的流通加工，为了解决鲜肉、鲜鱼在流通中保鲜及装卸搬运的问题，采取低温冻结方式的加工。这种方式也用于某些液体商品、药品等。

分选加工 这种加工指为了提高物流效率而进行的对蔬菜和水果的加工，如去除多余的根叶等。农副产品规格、质量离散情况较大，为获得一定规格的产品，采取人工或机械分选的方式加工称为分选加工。这种方式广泛用于果类、瓜类、谷物、棉毛原料等。

精制加工 农、牧、副、渔等产品的精制加工是在产地或销售地设置加工点，去除无用部分，甚至可以进行切分、洗净、分装等加工，可以分类销售。这种加工不但大大方便了购买者，而且还可以对加工过程中的淘汰物进行综合利用。比如，鱼类的精制加工所剔除的内脏可以制成某些药物或用作饲料，鱼鳞可以制高级黏合剂，头尾可以制鱼粉等；蔬菜的加工剩余物可以制饲料、肥料等。

分装加工 许多生鲜食品零售起点较小，而为了保证高效输送出厂，包装一般比较大，也有一些是采用集装运输方式运达销售地区。这样为了便于销售，在销售地区按所要求的零售起点进行新的包装，即大包装改小包装，散装改小包装，运输包装改销售包装，以满足消费者对不同包装规格的需求，从而达到促销的目的。

此外，半成品加工、快餐食品加工也成为流通加工的组成部分。这种加工形式，节约了运输等物流成本，保护了商品质量，增加了商品的附加价值。如葡萄酒是液体，从产地批量地将原液运至消费地配制、装瓶、贴商标，包装后出售，既可以节约运费，又安全保险，以较低的成本卖出较高的价格，附加值大幅度增加。

6. 机电产品的流通加工

多年以来，机电产品的储运困难较大，主要原因是不易进行包装，如进行防护包装，包装成本过大，并且运输装载困难，装载效率低，流通损失严重。但是这些货物有一个共同的特点，即装配比较简单，装配技术要求不高，主要功能已在生产中形成，装配后不需要进行复杂的检测及调试。所以，为了解决储运问题，降低储运费用，可以采用半成品大容量包装出厂，在消费地拆箱组装的方式。组装一般由流通部门在所设置的流通加工点进行，组装之后随即进行销售，这种流通加工方式近年来已在我国广泛采用。

5.1.4 流通加工的合理化

1. 不合理流通加工若干形式

流通加工是在流通领域中对生产的辅助性加工，从某种意义来讲它不仅是生产过程的延续，实际是生产本身或生产工艺在流通领域的延续。这个延续可能有正、反两方面的作用，即一方面可能有效地起到补充完善的作用，但是也必须估计到另一个可能性，即对整个过程的负效应。各种不合理的流通加工都会产生抵消效益的负效应。

几种不合理流通加工形式如下。

流通加工地点设置的不合理　流通加工地点设置即布局状况是使整个流通加工是否能有效的重要因素。一般而言，为衔接单品种大批量生产与多样化需求的流通加工，加工地设置在需求地区，才能实现大批量的干线运输与多品种末端配送的物流优势。

如果将流通加工地设置在生产地区，其不合理之处在于：①多样化需求要求的产品多品种、小批量由产地向需求地的长距离运输会出现不合的理的情况。②在生产地增加了一个加工环节，同时增加了近距离运输、装卸、储存等一系列物流活动。

所以，在这种情况下，不如由原生产单位完成这种加工而无需设置专门的流通加工环节。一般而言，为方便物流，流通加工环节应设在产出地，即设置在进入社会物流之前，如果将其设置在物流之后，即设置在消费地，则不但不能解决物流问题，又在流通中增加了一个中转环节，因而也是不合理的。

即使是产地或需求地设置流通加工的选择是正确的，还有流通加工在小地域范围的正确选址问题，如果处理不善，仍然会出现不合理的情况。这种不合理主要表现在交通不便，流通加工与生产企业或用户之间距离较远，流通加工点的投资过高（如受选址的地价影响），加工点周围社会、环境条件不良等。

流通加工方式选择不当　流通加工方式包括流通加工对象、流通加工工艺、流通加工技术、流通加工程度等，流通加工方式的确定实际上是与生产加工的合理分工。分工不合理，本来应由生产加工完成的作业，却错误地由流通加工完成，本来应由流通加工完成的作业，却错误地由生产过程去完成，都会造成不合理性。流通加工不是对生产加工的代替，而是一种补充和完善。所以，一般而言，如果工艺复杂，技术装备要求较高，或加工可以出生产过程延续或轻易解决的都不宜再设置流通加工，尤其不宜与生产过程争夺技术要求较高、效益较高的最终生产环节，更不宜利用一个时期市场的压迫力使生产者变成初级加工或前期加工，而流通企业完成装配或最终形成产品的加工。如果流通加工方式选择不当，就会出现与生产夺利的恶果。

流通加工作用不大，形成多余环节　有的流通加工过于简单，或对生产及消费者作用都不大，甚至有时流通加工的盲目性同样未能解决品种、规格、质量、包装等问题，相反却实际增加了环节，这也是流通加工不合理的重要形式。

流通加工成本过高，效益不好　流通加工之所以能够有生命力，重要优势之一是有较大的产出投入比，因而有效起着补充完善的作用。如果流通加工成本过高，则不能实现以较低投入实现更高使用价值的目的。除了一些必须的、从政策要求即使亏损也应进行的加工外，都应看成是不合理的。

2. 流通加工合理化

流通加工合理化的含义是实现流通加工的最优配置，不仅做到避免各种不合理，使流通加工有存在的价值，而且要做到最优的选择。

为避免各种不合理现象，对是否设置流通加工环节，在什么地点设置，选择什么类型的加工，采用什么样的技术装备等问题，需要做出正确抉择。目前，国内企业在进行这方面合理化的考虑中已积累了一些经验，取得了一定成果。

实现流通加工合理化主要考虑以下几方面。

加工和配送结合　这是将流通加工设置在配送点中，一方面按配送的需要进行加工，另一方面加工又是配送业务流程中分货、拣货、配货中的一环，加工后的产品直接投入配货作业，这就无需单独设置一个加工的中间环节，使流通加工有别于独立的生产，而使流通加工与中转流通巧妙结合在一起。同时，由于配送之前有加工，可使配送服务水平大大提高。这是当前对流通加工做合理选择的重要形式，在煤炭、水泥等产品的流通中已表现出较大的优势。

加工和配套结合　在对配套要求较高的流通中，配套的主体来自各个生产单位，但是，完全配套有时无法全部依靠现有的生产单位，进行适当流通加工，可以有效促成配套，大大提高流通的桥梁与纽带的能力。

加工和合理运输结合　前文已提到过流通加工能有效衔接干线运输与支线运输，促进两种运输形式的合理化。利用流通加工，在支线运输转干线运输或干线运输转支线运输这本来就必须停顿的环节，不进行一般的支转干或干转支，而是按干线或支线运输合理的要求进行适当加工，从而大大提高运输及运输转载水平。

加工和合理商流相结合　通过加工有效促进销售，使商流合理化，也是流通加工合理化的考虑方向之一。加工和配送的结合，通过加工，提高了配送水平，强化了销售，是加工与合理商流相结合的一个成功的例证。此外，通过简单地改变包装加工，增加购买量，通过组装加工解除用户使用前进行组装、调试的难处，都是有效促进商流的例子。

加工和节约相结合　节约能源、节约设备、节约人力、节约耗费是流通加工合理化重要的考虑因素，也是目前我国设置流通加工，考虑其合理化的较普遍形式。

对于流通加工合理化的最终判断，是看其是否能实现社会效益和企业本身效益，而且是否取得了最优效益。对流通加工企业而言，与一般生产企业一个重要不同之处是，流通加工企业更应树立社会效益为第一的观念，只有在以补充完善为己任前提下才有生存的价值。如果只是追求企业的微观效益，不适当地进行加工，甚至与生产企业争利，这就有违于流通加工的初衷，或者其本身已不属于流通加工范畴了。

> **小故事**
>
> **伊利奶粉分装项目**
>
> 内蒙古伊利实业集团股份有限公司是一家极具创新精神和社会责任感的乳品企业，是唯一一家符合奥运标准、为奥运会提供乳制品的中国企业。权威机构调查数据表明，奥运企业伊利集团的品牌价值由 2007 年的 167.29 亿飙升至 2008 年的 201.35 亿，大涨 34.06 亿，以绝

5.2 商品包装

5.2.1 包装的概念

包装（packaging）是在物流过程中保护产品，方便储运，促进销售，按一定技术方法采用容器、材料及辅助物等将物品包封并予以适当标志的工作总称。简言之，包装是包装物及包装操作的总称。简单的工艺包装如图 5-3 所示。

图 5-3 简单的工艺包装

5.2.2 包装在物流中的地位

在社会再生产过程中，包装处于生产过程的末尾和物流过程的开头，既是生产的终点，又是物流的始点。

在现代物流观念形成以前，包装被理所当然地看成生产的终点，因而一直是生产领域的活动，包装的设计往往主要从生产终结的要求出发，因而常常不能满足流通的要求。物流的研究认为，包装与物流的关系，比其与生产的关系要密切得多，其作为物流始点的意义比其作为生产终点的意义要大的多。因此，包装应进入物流系统之中，这是现代物流的一个新观念。

5.2.3 包装的特性与功能

想一想

包装有什么功能，为什么社会生活中的每一件商品都需要包装？

1．包装的特性

包装的三大特性：保护性、单位集中性及便利性。

2．包装的功能

包装的四大功能：保护商品、方便物流、促进销售、方便消费。

保护商品 商品包装的一个重要功能就是要保护包装内的商品不受损伤。在商品运输、储存过程中一个好的包装，能够抵挡侵袭因素。在设计商品的包装时，要做到有的放矢。要仔细分析商品可能会受到哪些方面的侵扰，然后针对这些方面来设计商品的包装。

方便物流 商品包装的一个重要作用就是提供商品自身的信息，比如商品的名称、生产厂家和商品规格等，以帮助工作人员区分不同的商品。在传统的物流系统中，商品包装的这些功能可以通过在包装上印刷商品信息的方式来实现。如今，随着信息技术的发展，更多使用的是条形码技术。条形码技术可以极大地提高物流过程的整体效率。

促进销售 一般来说，商品的外包装必须要适应商品运输的种种要求，更加注重包装的实用性。而商品的内包装要直接面对消费者，必须要注意它的外表的美观大方，要有一定的吸引力，促进商品的销售。商品的包装就是企业的面孔，优秀的、精美的商品包装能够在一定程度上促进商品的销售，提高企业的市场形象。

方便消费 企业对商品包装的设计工作应该适合顾客的应用，要与顾客使用时的搬运、存储设施相适应。

5.2.4 包装的分类

1. 按包装在物流中发挥的不同作用划分

商业包装 或称消费者包装或内包装，其主要目的就是为了吸引消费者、促进销售。一般来说，在物流过程中，商品越接近顾客，越要求包装起到促进销售的效果。因此，这种包装的特点是造型美观大方，拥有必要的修饰，包装上有对于商品详细的说明，包装的单位适合于顾客的购买以及商家柜台摆设的要求，如图 5-4 所示。

工业包装 或称运输包装或外包装，是指为了在商品的运输、存储和装卸的过程中保护商品所进行的包装。它更强调包装的实用性和费用的低廉性，如图 5-5 所示。

图 5-4 商业包装

图 5-5 工业包装

2. 按照包装材料的不同划分

按包装材料的不同，可以将包装分为纸制品包装、塑料制品包装、木制容器包装、金属容器包装、玻璃陶瓷容器包装、纤维容器包装、复合材料包装和其他材料包装。

3．按照包装保护技术的不同划分

按照商品包装保护技术的不同，可将包装分为防潮包装、防锈包装、防虫包装、防腐包装、防震包装以及危险品包装等。

做一做

能列举下社会生活中的工业和商业包装吗？

5.2.5　包装材料

常用包装材料有以下几种：①纸及纸制品。牛皮纸、玻璃纸、植物羊皮纸、沥青纸、板纸、瓦楞纸板。②塑料及塑料制品。聚乙烯、聚丙烯、聚苯乙烯、聚氯乙烯、钙塑材料。③木材及木制品。④金属：镀锡薄板、涂料铁、铝合金。⑤玻璃、陶瓷。⑥复合材料。

做一做

纸张可以成为日常生活中哪些包装材料？

5.2.6　包装标记和标志

小故事

添一点——乌变鸟，18万元付东洋

《人民日报》1987年5月6日载：乌鲁木齐市粮食局挂面厂，1980年从日本一家工厂引进一套挂面生产线，随后又花18万元从日本购进1000卷重10吨的塑料包装袋，袋面图案挂面厂请人设计，样品制出后，经挂面厂和新疆维吾尔自治区外经贸厅机械进出口公司审查，交付日方印制。1986年3月，当这批塑料袋漂洋过海运到乌鲁木齐时，细心的人们发现"乌"字上多了一点，乌鲁木齐变成了"鸟鲁木齐"。于是这一点之差，使18万元的塑料袋成了一堆废品。真是一点值万金。

思考　为什么一点如此值钱？

商品包装时在外部印刷、粘贴或书写的标志，其内容包括：商品名称、牌号、规格、等级、计量单位、数量、重量、体积等；收货单位，发货单位，指示装卸、搬运、存放注意事项、图案和特定的代号。

做一做

请为你身边的小商品设计一个包装标记。

包装的标志是判别商品特征、组织商品流转和维护商品质量的依据，对保障商品储运安全、加速流转、防止差错有着重要作用。

包装的标记是指根据包袋内装物商品的特征和商品收发事项，在外包装上用字和阿拉伯数字标明的规定记号。它包括：①商品标记。这是注明包装内的商品特征的文字记号，反映的内容主要是商品名称、规格、型号、计量单位、数量。②重量体积标记。这是注明整体包装的重量和体积的文字记号，反映的内容主要是毛重、净重、皮重和长、宽、高尺寸。③收发货地点和单位标记。这是注明商品起运、到达地点和收发货单位的文字记号，反映的内容是收发货的具体地点和收发货单位的全称。例如：国外进口商品在外包装表面刷上标记，标明订货年度、进口单位和要货单位的代号、商品类别代号、合同号码、贸易国代号以及进口港的地名等。

5.2.7 包装容器

1. 包装袋

包装袋是柔性包装中的重要技术，包装袋材料是挠性材料，有较高的韧性、抗拉强度和耐磨性。一般包装袋结构是筒管状结构，一端预先封死，在包装结束后再封装另一端，包装操作一般采用充填操作。包装袋广泛适用于运输包装、商业包装、内装、外装，因而使用较为广泛。包装袋一般分成下述三种类型：

集装袋　这是一种大容积的运输包装袋，盛装重量在 1 吨以上。集装袋的顶部一般装有金属吊架或吊环等，便于铲车或起重机的吊装、搬运。卸货时可打开袋底的卸货孔，即可卸货，非常方便。适于装运颗粒状、粉状的货物。

集装袋一般多用聚丙烯、聚乙烯等聚酯纤维纺织而成。由于集装袋装卸货物、搬运都很方便，装卸效率明显提高，近年来发展很快。

一般运输包装袋　这类包装袋的盛装重量是 0.5 ~ 100 公斤，大部分是由植物纤维或合成树脂纤维纺织而成的织物袋，或者由几层挠性材料构成的多层材料包装袋。例如麻袋、草袋、水泥袋等。主要包装粉状、粒状和个体小的货物。

小型包装袋（或称普通包装袋）　这类包装袋盛装重量较少，通常用单层材料或双层材料制成。对某些具有特殊要求的包装袋也有用多层不同材料复合而成。包装范围较广，液状、粉状、块状和异型物等可采用这种包装。

上述几种包装袋中，集装袋适于运输包装，一般运输包装袋适于外包装及运输包装，小型包装袋适于内装、个装及商业包装。

2. 包装盒

包装盒是介于刚性和柔性包装两者之间的包装技术。包装材料有一定挠性，不易变形，有较高的抗压强度，刚性高于袋装材料。包装结构是规则几何形状的立方体，也可裁制成其他形状，如圆盒状、尖角状，一般容量较小，有开闭装置。包装操作一般采用码入或装填方式，然后将开闭装置闭合。包装盒整体强度不大，包装量也不大，不适合做运输包装，适合做商业包装、内包装，适合包装块状及各种异形物品。

3. 包装箱

包装箱是刚性包装技术中的重要一类。包装材料为刚性或半刚性材料，有较高强度且不易变形。包装结构和包装盒相同，只是容积、外形都大于包装盒，两者通常以 10 升容积为分界。包装操作主要为码放，然后将开闭装置闭合或将一端固定封死。包装箱整体强度较高，抗变形能力强，包装量也较大，适合做运输包装、外包装，包装范围较广，主要用于固体杂货包装。主要包装箱有以下几种：

瓦楞纸箱　瓦楞纸箱是用瓦楞纸板制成的箱形容器。按瓦楞纸箱的外型结构分类有折叠式瓦楞纸箱、固定式瓦楞纸箱和异形瓦楞纸箱三种。按构成瓦楞纸箱体的材料来分类，有瓦楞纸箱和钙塑瓦楞箱。

木箱　木箱是流通领域中常用的一种包装容器，其用量仅次于瓦楞箱。木箱主要有木板箱、框板箱、框架箱三种：①木板箱。木板箱一般用作小型运输包装容器，能装载多种性质不同的物品。木板箱作为运输包装容器具有很多优点，例如有抗拒碰裂、溃散、戳穿的性能，有较大的耐压强度，能承受较大负荷，制作方便等。但木板箱的箱体较重，体积也较大，其本身没有防水性。②框板箱。框板箱是先由条木与人造板材制成箱框板，再经钉合装配而成。③框架箱。框架箱是由一定截面的条木构成箱体的骨架，根据需要也可在骨架外面加木板覆盖。这类框架箱有两种形式，无木板覆盖的称为敞开式框架箱，有木板覆盖的称为覆盖式框架箱。框架箱由于有坚固的骨架结构，因此具有较好的抗震和抗扭力，有较大的耐压能力，而且其装载量大。

塑料箱　一般用作小型运输包装容器，其优点是自重轻，耐蚀性好，可装载多种商品，整体性强，强度和耐用性能满足反复使用的要求，可制成多种色彩以对装载物分类，手握搬运方便，没有木刺，不易伤手。

集装箱　由钢材或铝材制成的大容积物流装运设备，从包装角度看，也属一种大型包装箱，可归属于运输包装的类别之中，也是大型反复使用的周转型包装。

4. 包装瓶

包装瓶是瓶颈尺寸有较大差别的小型容器，是刚性包装中的一种，包装材料有较高的抗变形能力，刚性、韧性要求一般也较高，个别包装瓶介于刚性与柔性材料之间，瓶的形状在受外力时虽可发生一定程度变形，外力一旦撤除，仍可恢复原来瓶形。包装瓶结构是瓶颈口径远小于瓶身，且在瓶颈顶部开口。包装操作是填灌操作，然后将瓶口用瓶盖封闭。包装瓶包装量一般不大，适合美化装潢，主要做商业包装、内包装使用，主要包装液体、粉状货。包装瓶按外形可分为圆瓶、方瓶、高瓶、矮瓶、异形瓶等若干种。瓶口与瓶盖的封盖方式有螺纹式、凸耳式、齿冠式、包封式等。

5.. 包装罐（筒）

包装罐是罐身各处横截面形状大致相同，罐颈短，罐颈内径比罐身内颈稍小或无罐颈的一种包装容器，是刚性包装的一种。包装材料强度较高，罐体抗变形能力强。包装操作是装填操作，然后将罐口封闭，可做运输包装、外包装，也可做商业包装、内包装用。包装罐（筒）主要有三种：

小型包装罐　这是典型的罐体，可用金属材料或非金属材料制造，容量不大，一般是做销售包装、内包装，罐体可采用各种方式装饰美化。

中型包装罐　外型也是典型罐体，容量较大，一般做化工原材料、土特产的外包装，起运输包装作用。

集装罐　这是一种大型罐体，外形有圆柱形、圆球形、椭球形等，卧式、立式都有。集装罐往往是罐体大而罐颈小，采取灌填式作业，灌填作业和排出作业往往不在同一罐口进行，而另设卸货出口。集装罐是典型的运输包装，适合包装液状、粉状及颗粒状货物。

5.2.8 选择包装器材应遵循的原则

包装器材与被包装物的特性相适应 根据被包装物的种类、物理化学性能、价格价值、形状形态、体积重量等，在实现包装功能的基础上，应以降低材料费、加工费和方便作业为目的选择包装器材。运输包装中，贵重、易碎、易破损物资，包装容器应相应坚实，用材上应予以保证。一般物资包装器材的选择，只要有一定防护功能、方便功能即可，应注意防止过分包装的倾向。

包装器材与包装类别相协调 运输包装、销售包装在包装器材的选择上不尽相同。运输包装器材的选择着重注意包装的防护与储运方便性，不太讲究美观、促销问题。销售包装器材的选择着重注意商品信息的传递、开启的方便及促销功能，而不太注重防护功能。所以在包装器材的选择上，销售包装常用纸袋、纸盒、纸箱、瓷瓶、玻璃瓶和易拉罐，而运输包装常用托盘、集装箱、木箱、大纸箱和铁皮等。

包装器材与流通条件相适应 包装器材必须保证被包装的商品在经过流通和销售的各个环节之后，最终能数量正确、质量完好地到达消费者手中。因此，要求包装器材的物理性能良好，在运输、堆码、装卸搬运中，包装器材的强度、阻热隔热性、吸湿性不因气候变化而变化；还要求包装器材的化学性能稳定，在日光、空气、温湿度和酸碱盐作用下，不发生化学变化，有抗老化、抗腐蚀的能力；包装器材选择还应有利于实施包装技术和实现包装作业。

有效防止包装物被盗及促进销售 选择包装器材时，应在包装器材的结构与强度上做防盗准备，应该结构牢固，封缄严密；同时包装器材应能起到宣传商品、刺激购买欲、促进销售的作用。

知识链接

包装合理化

合理包装是指能适应和克服流通过程中的各种障碍，在极限范围内的最好的包装。从多个角度来考察，合理包装应满足十个方面的要求：

1）包装应妥善保护内装的商品，使其质量不受损伤。这就要制定相应的适宜的标准，使包装物的强度恰到好处地保护商品质量免受损伤。除了要在运输装卸时经受住冲击、震动外，还要具有防潮、防水、防雷、防锈等功能。

2）包装材料和包装容器应当安全无害。包装材料要避免有聚氯联苯之类的有害物质。包装容器的造型要避免对人造成伤害。

3）包装的容量要适当，要便于装卸和搬运。

4）包装的标志要清楚明了。

5）包装内商品外围空闲容积不应过大。

6）包装费用要与内装商品相适应。

7）提倡节省资源的包装。

8）包装要便于废弃物的治理。

9）包装单位大型化，便于作业机械化。

10）成本低廉。

想一想

企业的商品包装到底应该包括哪些要素？

小结

　　流通加工是指物品在从生产地到使用地的过程中，根据需要施加包装、分割、计量、分拣、刷标志、拴标签、组装等作业的总称。流通加工的类型主要有弥补生产领域加工不足、适应多样化需要、为保护产品提高物流速度所进行、为方便流通促进销售、为提高加工效率和原材料利用率为目的等的加工。

　　流通加工和一般的生产型加工在加工方法、加工组织、生产管理方面并无显著区别，但在加工对象、加工程度方面差别较大，与生产加工相比，流通加工所具有的特点主要表现在加工对象的属性不尽相同、加工的复杂程度和深度不同、加工的主体各异等。

　　流通加工的主要作用体现在进行初级加工方便用户，提高产品档次，增加经济效益；提高材料利用率，增加商品的附加值，减少设备的重复设置；促使物流系统各种运输方式的合理组合，提高物流效率，降低物流成本；提高加工效率及设备利用率。

　　由于产品类型多种多样，各类产品的性质、形状差异很大，因此不同类型的产品其加工过程、工艺及操作方法也有很大差别。因此，以水泥、钢材、木材、机电产品、煤炭等为例，介绍其流通加工方法。

　　不合理流通加工的形式主要表现在加工地点设置的不合理；流通加工方式选择不当；有的流通加工过于简单，或对生产及消费者作用都不大；流通加工成本过高，效益不好。合理化措施一般是将流通加工与配送、配套、合理运输、合理商流、节约资源、降低成本结合。

练习题

一、名词解释

　　流通加工　　包装　　托盘　　集装箱

二、选择题

1. 流通加工主要是为促进与便利（　　）而进行的加工。

　　A. 流通　　　　　　B. 增值　　　　　　C. 流通与销售　　　　D. 提高物流效率

2. 流通加工满足用户的需求，提高服务功能，成为（　　）的活动。

　　A. 高附加值　　　　B. 附加加工　　　　C. 必要附加加工　　　D. 一般加工

3. 流通加工的地点和消费地距离过大，形成多品种的末端配送服务困难，这样的不合理流通加工形式是（　　）造成的。

　　A. 流通加工方式选择不当

　　B. 流通加工地点设置不合理

　　C. 流通加工成本过高，效益不好

　　D. 流通加工作用不大，形成多余环节

4. 流通加工大多数可能是（　　）加工。（多选）

　　A. 附加性　　　　　B. 象征性　　　　　C. 简单性　　　　　　D. 增值性

三、判断题（对的打"√"，错的打"×"）

1. 一般而言，为衔接单品种大批量生产与多样化需求的流通加工，加工地应设置在靠近生产商的地方。 （　　）

2. 流通加工是指物品在从生产地到使用地的过程中，根据需要施加包装、分割、计量、分拣、刷标志、拴标签、组装等作业的总称。 （　　）

3. 流通加工是生产加工的替代。 （　　）

4. 生产加工在于创造价值和使用价值，而流通加工在于完善其使用价值并在不做大改变的情况下提高价值。 （　　）

四、问答题

1. 流通加工与生产加工的区别主要有哪些？

2. 简述流通加工的作用。

3. 流通加工有哪些类型？

4. 试述不合理的流通加工方式有哪些，如何实现流通加工的合理化？

五、思考题

1. 如果从事流通加工业务，必须进行哪些方面的可行性分析？

2. 流通加工在现代物流管理中的重要意义是什么？

六、课堂实训

目的：掌握处理物流客户的订单的能力。

任务：用角色扮演法模拟物流客户服务人员处理客户订单工作过程。

七、实践操作实验

【课题 5-1】　流通加工中心作业参观。

实训项目：流通加工作业参观。

实训目的：熟悉流通加工的类型，理解其在物流活动中的重要性。

实训内容：选择某配送中心或有流通加工作业的场所，参观流通加工作业过程。

实训要求：由实习单位负责人介绍流通加工作业的主要过程，再由相关操作人员进行演示，学生完成实训报告。

【课题 5-2】　流通加工合理化措施。

实训项目：流通加工合理化。

实训目的：找出某流通加工中心流程或设计不合理之处，熟悉流通加工合理化方法。

实训内容：选择某配送中心或有流通加工作业的场所，参观流通加工作业过程，思考其是否存在不合理之处，并提出相应的合理化措施。

实训要求：遵守实习单位的生产安全要求，实习单位负责人介绍该企业的流通加工类型及方法，学生通过观察、询问，试着为其找出不合理之处，提出解决方案，完成实训报告。

八、小组模拟仿真

以小组为单位讨论，制定出策划方案，并完成实践报告。

1．实训目标：灵活运用所学书本知识，解决日常生活工作中所存在的问题，锻炼学生的动脑分析能力、动手操作能力，培养团队合作精神，体现职业教育特征。

2．实训内容：

1）帮助学校分发报纸信函等，并比较哪个组服务的最好，评出最优服务方案。

2）到超市去体验自己作为"流通"的感受，并设想如何进一步改进"流通"。

3．岗位角色：将全班学生分成组，每组 5 人左右。

4．模拟步骤：

1）各小组讨论。

2）各小组制定出策划方案。

3）各小组按方案完成作业。

4）教师进行评价并和学生共同为各小组打分。

5．注意事项：

1）学生分组时要合理搭配。

2）小组成员要相互配合，充分发挥团队精神。

3）学生必须遵守纪律，听从指挥，讲文明，懂礼貌，表现出良好的综合素质。

6．作业展示及点评：

填写考核评分表，如表 5-1 所示。

表 5-1　考核评分

考评人		被考评人	
考评地点		考核时间	
考评内容		校内（校外）实践	
考评标准	具体内容	分值 / 分	实际得分
	讨论情况	20	
	方案设计情况	30	
	任务完成情况	30	
	实践报告完成情况	20	
	合计	100	
	总计得分		

注：考评满分为 100 分，60 ～ 74 分为及格；75 ～ 84 分为良好；85 分以上（包括 85 分）为优秀。

单元 6

物流配送相关技术及配送运输

知识目标

1. 理解电子自动订货技术的含义和特点，比较与传统订货系统的不同，了解电子订货技术的操作特点，明确 EOS 技术在物流中的应用。
2. 理解条形码的含义、特点，了解条形码的类型、选用及其识别技术设备，掌握条形码技术在物流中的应用。
3. 明确 GPS 系统的含义，了解 GPS 系统的组成及基本定位原理，掌握 GPS 技术在物流中的应用。
4. 了解 GIS 的含义、类型、特点和功能，明确 GIS 技术在物流中的应用。

能力目标

1. 对 GPS、GIS、EOS、自动识别技术，自动分拣技术进行准确的理解。
2. 熟练操作电子订货订单。

情感目标

1. 树立使用相关技术提高作业效率的理念。
2. 培养钻研先进技术的精神。

UPS 核心竞争优势——现代物流信息技术

　　成立于 1907 年的美国联合包裹公司是世界上最大的配送公司。2000 年，UPS 年收入接近 300 亿美元，其中包裹和单证流量大约 35 亿件，平均每天向遍布全球的顾客递送 1320 万件包裹。公司向制造商、批发商、零售商、服务公司以及个人提供各种范围的陆路和空运的包裹和单证的递送服务，以及大量的增值服务。表面上 UPS 的核心竞争优势来源于其由 15.25 万辆卡车和 560 架飞机组成的运输队伍，而实际上 UPS 今天的成功并非仅仅如此。

　　20 世纪 80 年代初，UPS 以其大型的棕色卡车车队和及时的递送服务，控制了美国路面和陆路的包裹速递市场。然而，到了 80 年代后期，随着竞争对手利用不同的定价策略以及跟踪和开单的创新技术对 UPS 的市场进行蚕食，UPS 的收入开始下滑。许多大型托运人希望通过单一服务来源提供全程的配送服务，顾客们希望通过掌握更多的物流信息，以利于自身控制成本和提高效率。随着竞争的白热化，这种服务需求变得越来越迫切。正是基于这种服务需求，UPS 从 90 年代初开始致力于物流信息技术的广泛利用和不断升级。今天，提供全面物流信息服务已经成为包裹速递业务中的一个至关重要的核心竞争要素。

　　UPS 通过应用三项以物流信息技术为基础的服务提高了竞争能力：第一，条形码和扫描仪使 UPS 能够有选择地每周 7 天、每天 24 小时地跟踪和报告装运状况，顾客只需拨个免费电话号码，即可获得"地面跟踪"和航空递送这样的增值服务。第二，UPS 的递送驾驶员现在携带着以数控技术为基础的笔记本电脑到排好顺序的线路上收集递送信息。这种笔记本电脑使驾驶员能够用数字记录装运接受者的签字，以提供收货核实。通过电脑协调驾驶员信息，减少了差错，加快了递送速度。第三，UPS 最先进的信息技术应用，是创建于 1993 年的一个全美无线通信网络，该网络使用了 55 个蜂窝状载波电话。蜂窝状载波电话技术使驾驶员能够把适时跟踪的信息从卡车上传送到 UPS 的中央电脑。无线移动技术和系统能够提供电子数据储存，并能恢复跟踪公司在全球范围内的数百万笔递送业务。通过安装卫星地面站和扩大系统，到 1997 年适时包裹跟踪成为了现实。

　　以 UPS 为代表的企业应用和推广的物流信息技术是现代物流的核心，是物流现代化的标志。尤其是飞速发展的计算机网络技术的应用使物流信息技术达到新的水平，物流信息技术也是物流技术中发展最快的领域，从数据采集的条形码系统，到办公自动化系统中的微机、互联网，各种终端设备等硬件以及计算机软件都在日新月异地发展。同时，随着物流信息技术的不断发展，产生了一系列新的物流理念和新的物流经营方式，推进了物流的变革。今天来看，物流信息技术主要由通信、软件、面向行业的业务管理系统三大部分组成，包括基于各种通信方式基础上的移动通信手段、全球卫星定位技术、地理信息技术、计算机网络技术、自动化仓库管理技术、智能标签技术、条形码及射频技术、信息交换技术等现代尖端科技。在这些尖端技术的支撑下，形成以移动通信、资源管理、监控调度管理、自动化仓储管理、业务管理、客户服务管理、财务处理等多种信息技术集成的一体化现代物流管理体系。例如，运用卫星定位技术，用户可以随时"看到"自己的货物状态，包括运输货物车辆所在的位置（某座城市的某条道路上）、货物名称、数量、重量等，从而不仅大大提高了监控的"透明度"，降低了货物的空载率，做到资源的最佳配置；而且有利于顾客通过掌握更多的物流信息，以控制成本和提高效率。

（资料来源：http://www.exam.com）

案例解析

以 UPS 为代表的企业应用和推广的物流信息技术是现代物流的核心，是物流现代化的标志。尤其是飞速发展的计算机网络技术的应用使物流信息技术达到新的水平，物流信息技术也是物流技术中发展最快的领域，从数据采集的条形码系统，到办公自动化系统中的微机、互联网，各种终端设备等硬件以及计算机软件等都在日新月异地发展。今天来看，物流信息技术主要由通信、软件、面向行业的业务管理系统三大部分组成。包括基于各种通信方式基础上的移动通信手段、全球卫星定位技术、地理信息技术、计算机网络技术、自动化仓库管理技术、智能标签技术、条形码及射频技术、信息交换技术等现代尖端科技。

案例思考

UPS 为什么能成功？UPS 是凭借什么样的物流信息技术服务提高其竞争能力？"条形码、EOS"是什么？"RF、GPS、GIS"又是什么？读了这个案例后，你有哪些想法？

6.1 电子订货技术

6.1.1 电子订货系统

1. 电子订货系统的概念

电子自动订货系统（electronic ordering system，EOS）是零售业将各种订货信息，使用计算机并通过网络系统传递给批发商或供应商，完成从订货、接单、处理、供货、结算等全过程在计算机上进行处理的系统。

2. 电子订货系统的分类

从应用层面来分类，电子订货系统可以分为企业内电子订货和企业间电子订货。

从商品特性及订货方式分类电子订货系统可以分为定期性订货商品、日配品、生鲜食品、新产品或促销商品。

企业电子订货系统从应用层面分为企业内部 EOS 和企业间 EOS，分别如图 6-1、图 6-2 所示。

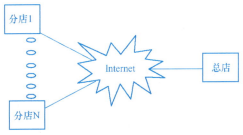

图 6-1　企业内部的 EOS

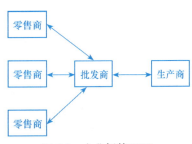

图 6-2　企业间的 EOS

3．电子订货系统的组成与特点

EOS 的组成 EOS 的组成部分为：①供应商。商品的制造者或供应者（生产商、批发商）。②零售商。商品的销售者或需求者。③网络。用于传输订货信息（订单、发货单、收货单、发票等）。④计算机系统。用于产生和处理订货信息。

EOS 的特点 EOS 的特点为：①商业企业内部计算机网络应用功能完善，能及时产生订货信息。②销售终端（point of sale，POS）与 EOS 高度结合，产生高质量的信息。③满足零售商和供应商之间的信息传递。④通过网络传输信息订货。⑤信息传递及时、准确。⑥EOS 是许多零售商和供应商之间的整体运作系统，而不是单个零售店和单个供应商之间的系统。

4．电子订货系统的发展

1）早期的 EOS 通过电话/传真在零售商和供应商之间传递订货信息。

2）基于点对点（point to point）方式的 EOS 零售商和供应商的计算机通过专线或电话线直接相连，相互传递订货信息。

3）基于增值网（value added network，VAN）的 EOS 零售商和供应商之间通过增值网传递订货信息。

4）基于 Internet 的 EOS。

5．电子订货系统的结构

EOS 系统并非是单个的零售店与单个的批发商组成的系统，而是许多零售店和许多批发商组成的大系统的整体运作方式，EOS 系统的结构如图 6-3 所示。

图 6-3 EOS 系统结构

想一想

我们现在所学习的"电子订单"的运作流程与我们传统的"订单"的运作流程有什么区别？

6．电子订货的运作流程

EOS 的运作流程如图 6-4 所示。

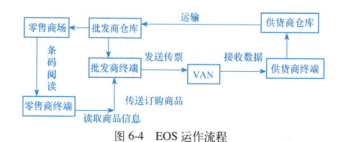

图 6-4 EOS 运作流程

6.1.2 电子订货系统在企业中的应用

1. EOS 系统在企业物流管理中的作用

EOS 系统在企业物流管理中的具体作用如下：

1）对于传统的订货方式，如上门订货、邮寄订货、传真订货等，EOS 系统可以缩短从接到订单到发出订货的时间，缩短订货商品的交货期，减少商品订单的出错率，节省人工费。

2）有利于减少企业的库存水平，提高企业的库存管理效率，同时也能防止商品特别是畅销商品缺货现象的出现。

3）对于生产厂家和批发商来说，通过分析零售商的商品订货信息，能准确判断畅销商品和滞销商品，有利于企业调整商品生产和销售计划。

4）有利于提高企业物流信息系统的效率，使各个业务信息子系统之间的数据交换更加便利和迅速，丰富企业的经营信息。

2. 企业应用 EOS 系统的基础条件

企业应用 EOS 系统的基础条件如下：

1）订货业务作业的标准化，这是有效利用 EOS 系统的前提条件。

2）商品代码的设计。在零售行业的单品管理方式中，每一个商品品种对应一个独立的商品代码，商品代码一般采用国家统一规定的标准，对于统一标准中没有规定的商品则采用本企业自己规定的商品代码。商品代码的设计是应用 EOS 系统的基础条件。

3）订货商品目录账册（order book）的制作和更新。订货商品目录账册的设计和运用是 EOS 系统成功的重要保证。

4）计算机以及订货信息输入和输出终端设备的添置和 EOS 系统设计是应用 EOS 系统的基础条件。

6.2 自动识别技术

自动识别技术就是应用一定的识别装置，通过被识别物品和识别装置之间的接近活动，自动地获取被识别物品的相关信息，并提供给后台的计算机处理系统来完成相关后续处理的一种技术。

自动识别技术家族有一批基于不同原理的自动识别技术，包括条形码技术、射频识别技术、磁识别技术、声音识别技术、图形识别技术、光字符识别技术和生物识别技术等。各种自动识别技术间没有优劣之分，只能根据具体应用确定最适合的自动识别技术。目前，在物流应用中常用的自动识别技术有条形码技术和射频识别技术。

6.2.1 条形码技术

1. 条形码的含义

条形码（见图6-5）或条码（barcode）是将宽度不等的多个黑条和空白，按照一定的编码规则排列，用以表达一组信息的图形标志符。常见的条形码是由反射率相差很大的黑条（简称条）和白条（简称空）排成的平行线图案。条形码可以标出物品的生产国、制造厂家、商品名称、生产日期、图书分类号、邮件起止地点、类别、日期等信息，因而在商品流通、图书管理、邮电管理、银行系统等许多领域都得到了广泛的应用。

图6-5 条形码

2. 条形码的识别原理

条形码扫描物体的颜色是由其反射光的类型决定的，白色物体能反射各种波长的可见光，黑色物体则吸收各种波长的可见光，所以当条形码扫描器光源发出的光在条形码上反射后，反射光照射到条形码扫描器内部的光电转换器上，光电转换器根据强弱不同的反射光信号，转换成相应的电信号输出到条形码扫描器的放大电路增强信号之后，再送到整形电路将模拟信号转换成数字信号。白条、黑条的宽度不同，相应的电信号持续时间长短也不同。然后译码器通过测量脉冲数字电信号0、1的数目来判别条和空的数目。通过测量0、1信号持续的时间来判别条和空的宽度。根据所对应的编码规则，条形码扫描器便可将条形符号换成相应的数字、字符信息，最后由计算机系统进行数据处理与管理，物品的详细信息便可以被识别。

3. 条码的优越性

条码的优越性体现在以下几方面：

可靠性强 条形码的读取准确率远远超过人工记录，平均每15 000个字符才会出现一个错误。

效率高 条形码的读取速度很快，相当于每秒40个字符。

成本低 与其他自动化识别技术相比较，条形码技术仅仅需要一小张贴纸和构造相对简单的光学扫描仪，成本相当低廉。

易于操作 条形码识别设备的构造简单，使用方便。

灵活实用 条形码符号可以手工键盘输入，也可以和有关设备组成识别系统实现自动化识别，还可和其他控制设备联系起来实现整个系统的自动化管理。

知识链接

条码自动识别技术在物流中的应用

条码技术是在计算机应用发展过程中，为消除数据录入的"瓶颈"问题而研究产生的，可以说是最"老"的自动识别技术。条码技术从产生到现在，条码种类有几百种之多，所幸常用的只有十几种。1973 年，美国统一代码委员会（Uniform Code Council, UCC）选定 IBM 公司的条码系统作为北美的通用产品代码应用于食品零售业，利用条码技术进行自动销售系统，大大加快了食品的流通。1981 年，在前欧洲物品编码协会的基础上成立了国际物品编码协会（International Article Numbering Association，简称 EAN）。建立起全球统一的商品标志代码系统及条码标志，以条码识读为基础的 POS 自动销售系统，带来了销售、库存管理、订货、结算方式的变革，同时也促进了条码体系的发展及其更大范围、更多领域的应用，逐步从供应链的零售末端前推到配送、仓储、运输等物流各个环节。近年来，EAN 与 UCC 合作建立了全球统一的开放系统的物品编码体系及条码标识，为全供应链物流环节的条码应用提供了解决方案。不夸张地说，没有条码的物流过程已不可想象。

条码自动识别技术系统由条码标签、条码生成设备、条码识读器和计算机组成。条码标签绝大多数是纸质基材，一般由信息系统控制打印生成，或直接印刷在物品包装上，具有经济、抗电磁干扰能力强等特点，在许多环境恶劣的制造业企业内部物流中也有广泛的应用。有些企业甚至利用条码技术实现了产品从原料到成品的全过程跟踪。条码识读器有光笔识读器、CCD 识读器和激光识读器等几类。光笔识读器一般需与标签接触才能识读条码信息，而 CCD 识读器能近距离（识读距离一般在 10 厘米以下）对标签进行扫描，激光识读器识读时可在距标签较远的距离进行，长距离识读的激光识读器识读距离可达 1 米甚至更远。不同类型的识读器可供不同物流应用选择。

以一个典型的仓储配送过程的条码应用为例。这是一个在世界上具有领导地位的物流公司，用于仓储或货物处理的场所有 480 个之多，占地面积近 1.5 平方英里。公司处理的货物，从木料、纸张到易腐的食物应有尽有。安全、有序地对仓库货物进行管理是十分必要的，该公司首先对仓库进行了专业性分工。此例介绍的是其中一个某消费品仓库，货物使用托盘装载、堆放，仓库空间进行了科学划分，每一部分位置用条码标识，附着于仓库天花板上。所有货物包装上也采用了条码标签，叉车上配备了电脑及可长距离识读条码标签的手持式激光识读器，如图 6-6 所示。货物进出仓库时，工作人员先识读货物包装上的条码标签，然后识读货物存放位置条码标签，准确地对每件货物及其存放位置进行统一管理，并实现了实物与信息管理系统之间实时的数据交换，保证科学、快捷、准确的仓储管理，条码阅读器如图 6-7 所示。

图 6-6　手持终端

在其用于配送的传送带旁，也配有计算机及激光识读器，配送货物的包装上都贴有条码标签，条码识读器通过识读随传送带移动的货物标签信息，使计算机系统自动实现配送信息录入及实时统计，并控制传送带将各货物送到各自的出口。

图 6-7　条码阅读器

知识链接

该公司处理的每一个包装都用条码把目的地及源数据、内装货物信息标志于包装上，利用条码自动识别技术，确保所有的运输货物能按时到达正确的地点，可见条码是承载这些信息的理想载体。

6.2.2 射频识别技术

1. 射频识别技术的含义

射频识别（radio frequency identification，RFID）技术，又称电子标签、无线射频识别，是一种通信技术，可通过无线电讯号识别特定目标并读写相关数据，而无需识别系统与特定目标之间建立机械或光学接触。

利用无线射频识别（radio frequency identification，RFID）技术无需直接接触、无需光学可视、无需人工干预即可完成信息的输入和处理，而且其操作方便快捷，广泛应用于生产、物流、交通、运输、医疗、防伪、跟踪、设备和资产管理等需要收集和处理数据的场合。作为条形码的无线版本，RFID技术具有条形码所不具备的诸多优点，其应用将给零售、物流等产业带来革命性变化。

2. 射频识别系统组成

射频识别系统至少应包括以下几个部分：一是读写器，二是电子标签（或称射频卡、应答器等，本文统称为电子标签），另外还应包括天线，主机等如图6-8所示。RFID系统在具体的应用过程中，根据应用目的和应用环境的不同，系统的组成会有所不同，但从RFID系统的工作原理来看，系统一般都由信号发射机、信号接收机、发射接收天线几部分组成。下面分别加以说明。

信号发射机 在RFID系统中，信号发射机为了不同的应用目的，会以不同的形式存在，典型的形式是标签（tag）。标签相当于条码技术中的条码符号，用来存储需要识别传

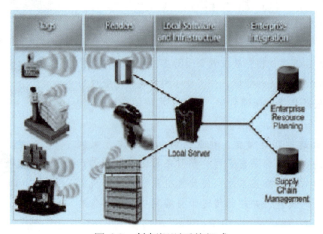

图6-8 射频识别系统组成

输的信息。另外，与条码不同的是，标签必须能够自动或在外力的作用下，把存储的信息主动发射出去。

信号接收机　在 RFID 系统中，信号接收机一般叫作阅读器。根据支持的标签类型不同与完成的功能不同，阅读器的复杂程度是显著不同的。阅读器基本的功能就是提供与标签进行数据传输的途径。另外，阅读器还提供相当复杂的信号状态控制、奇偶错误校验与更正功能等。标签中除了存储需要传输的信息外，还必须含有一定的附加信息，如错误校验信息等。识别数据信息和附加信息按照一定的结构编制在一起，并按照特定的顺序向外发送。阅读器通过接收到的附加信息来控制数据流的发送，一旦到达阅读器的信息被正确的接收和译解后，阅读器通过特定的计算方法决定是否需要发射机对发送的信号重发一次，或者知道发射器停止发信号，这就是"命令响应协议"。使用这种协议，即便在很短的时间、很小的空间阅读多个标签，也可以有效地防止"欺骗问题"的产生。

编程器　只有可读可写标签系统才需要编程器，编程器是向标签写入数据的装置。一般来说编程器写入数据是离线（Off-Line）完成的，也就是预先在标签中写入数据，等到开始应用时直接把标签粘附在被标志项目上。也有一些 RFID 应用系统，写入数据是在线（on-line）完成的，尤其是在生产环境中作为交互式便携数据文件来处理时。

天线　天线是标签与阅读器之间传输数据的发射、接收装置。在实际应用中，除了系统功率，天线的形状和相对位置也会影响数据的发射和接收，需要专业人员对系统的天线进行设计、安装。

3．射频识别系统分类

根据 RFID 系统完成的功能不同，可以粗略地把 RFID 系统分成四种类型：EAS 系统、便携式数据采集系统、物流控制系统、定位系统。

EAS 系统　电子商品防窃系统（electronic article surveillance，EAS）是一种设置在需要控制物品出入的门口的 RFID 技术。这种技术的典型应用场合是商店、图书馆、数据中心等，当未被授权的人从这些地方非法取走物品时，EAS 系统会发出警告。

便携式数据采集系统　便携式数据采集系统是使用带有 RFID 阅读器的手持式数据采集器采集 RFID 标签上的数据。这种系统具有比较大的灵活性，适用于不宜安装固定式 RFID 系统的应用环境。手持式阅读器（数据输入终端）可以在读取数据的同时，通过无线电波数据传输方式（radio frequency data communications，RFDC）实时地向主计算机系统传输数据，也可以暂时将数据存储在阅读器中，再一批一批地向主计算机系统传输数据。

物流控制系统　在物流控制系统中，固定布置的 RFID 阅读器分散布置在给定的区域，并且阅读器直接与数据管理信息系统相连，信号发射机是移动的，一般安装在移动的物体、人员上面。当物体、人员流经阅读器时，阅读器会自动扫描标签上的信息并把数据信息输入数据管理信息系统进行存储、分析、处理，达到控制物流的目的。

定位系统　定位系统用于自动化加工系统中的定位以及对车辆、轮船等进行运行定位支持。阅读器放置在移动的车辆、轮船上或者自动化流水线中移动的物料、半成品、成品上，信号发射机嵌入到操作环境的地表下面。信号发射机上存储有位置识别信息，阅读器一般通过无线的方式或者有线的方式连接到主信息管理系统。

射频识别技术及其在物流中的应用

射频识别技术是相对"年轻"的自动识别技术。20世纪80年代出现，90年代后进入实用化阶段。

射频识别的标签与识读器之间利用感应、无线电波或微波能量进行非接触双向通信，实现标签存储信息的识别和数据交换。

射频识别技术最突出的特点是：可以非接触识读（识读距离可以从十厘米至几十米），可识别高速运动物体；抗恶劣环境能力强，一般污垢覆盖在标签上不影响标签信息的识读，保密性强，可同时识别多个识别对象等。其应用领域广阔，常用于移动车辆的自动识别、资产跟踪、生产过程控制等。由于射频标签较条码标签成本偏高，目前在物流过程，很少像条码那样用于消费品标识，多数用于物流器具，如可回收托盘、包装箱的标志。

射频识别识读器与标签之间的耦合方式有如下三种：

静电耦合系统　识读距离在2毫米以下，常见的"信息钮"就是以静电耦合方式获取信息的，可用于固定货物的巡检等。

感应耦合系统　识读器天线发射的磁场无方向性，可以不考虑货物上射频标签位置和方向，常用于移动物品的识别、分拣。

微波射频识别系　识读微波方向性很强，一般用于高速移动物体，如运输车辆的识别等。

物流过程应用的射频识别一般是感应耦合方式的系统。感应耦合射频识别系统的工作过程通常是这样的：射频识读器的天线在其作用区域内发射能量形成电磁场，载有射频标签的物品在经过这个区域时被读写器发出的信号激发，将储存的数据发送给识读器，识读器接收射频标签发送的信号，解码获得数据，达到识别目的。由于射频识别技术应用涉及使用频率、发射功率、标签类型等诸多因素，目前尚没有像条码那样形成在开环系统中应用的统一标准，因此主要是在一些闭环系统中使用。

做一做

在小组内每人试区别条形码技术和射频技术的特点，说出射频技术的优点。

6.3　自动分拣技术

6.3.1　自动分拣系统概述

1. 自动分拣系统的含义

图6-9　自动分拣机

自动分拣系统（automatic sorting system）一般由控制装置、分类装置、输送装置及分拣道口组成。自动分拣系统是先进配送中心所必需的设施条件之一，具有很高的分拣效率，通常每小时可分拣商品6000～12 000箱。可以说，自动分拣机是提高物流配送效率的一项关键因素，自动分拣机如图6-9所示。

2．自动分拣系统作业描述

自动分拣系统是第二次世界大战后美国、日本的物流中心广泛采用的一种自动分拣系统，该系统目前已经成为发达国家大中型物流中心不可缺少的一部分。该系统的作业过程可以简单描述如下：物流中心每天接收成百上千家供应商或货主通过各种运输工具送来的成千上万种商品，在最短的时间内将这些商品卸下并按商品品种、货主、储位或发送地点进行快速准确的分类，将这些商品运送到指定地点（如指定的货架、加工区域、出货站台等）。同时，当供应商或货主通知物流中心按配送指示发货时，自动分拣系统在最短的时间内从庞大的高层货存架存储系统中准确找到要出库的商品所在位置，并按所需数量出库，将从不同储位上取出的不同数量的商品，按配送地点的不同运送到不同的理货区域或配送站台集中，以便装车配送。

3．自动分拣系统的主要特点

能连续、大批量地分拣货物　由于采用大生产中使用的流水线自动作业方式，自动分拣系统不受气候、时间、人的体力等条件限制，可以连续运行。同时由于自动分拣系统单位时间分拣件数多，因此自动分拣系统的分拣能力是人工分拣系统可以连续运行 100 个小时以上，每小时可分拣 7000 件包装商品，如用人工则每小时只能分拣 150 件左右，同时分拣人员也不能在这种劳动强度下连续工作 8 小时。

分拣误差率极低　自动分拣系统的分拣误差率大小主要取决于所输入分拣信息的准确性大小，这又取决于分拣信息的输入机制，如果采用人工键盘或语音识别方式输入，则误差率在 3% 以上，如采用条形码扫描输入，除非条形码的印刷本身有差错，否则不会出错。因此，目前自动分拣系统主要采用条形码技术来识别货物。

分拣作业基本实现无人化操作　国外建立自动分拣系统的目的之一就是为了减少人员的使用，减轻人员的劳动强度，提高人员的使用效率，因此自动分拣系统能最大限度地减少人员的使用，基本做到无人化操作。分拣作业本身并不需要使用人员，人员的使用仅局限于以下工作：①送货车辆抵达自动分拣线的进货端时，由人工接货。②由人工控制分拣系统的运行。③分拣线末端由人工将分拣出来的货物进行集载、装车。④自动分拣系统的经营、管理与维护。

如美国一家公司配送中心面积为 10 万平方米左右，每天可分拣近 40 万件商品，仅使用 400 名左右员工，这其中部分人员都在从事上述①、②、③项工作，自动分拣系统做到了无人化作业。

6.3.2　自动分拣系统的组成和适用条件

1．自动分拣系统的组成

自动分拣系统一般由控制装置、分类装置、输送装置及分拣道口组成，具体介绍如下。

控制装置　作用是识别、接收和处理分拣信号，根据分拣信号的要求指示分类装置，按商品品种、商品送达地点或货主的类别对商品进行自动分类。这些分拣需求可以通过不同方式达到，如可通过条形码扫描、色码扫描、键盘输入、重量检测、语音识别、高度检测及形状识别等方式，输入到分拣控制系统中去，根据对这些分拣信号判断，来决定某一种商品该进入哪一个分拣道口。

分类装置　作用是根据控制装置发出的分拣指示，当具有相同分拣信号的商品经过该装置时，该装置改变此商品在输送装置上的运行方向，使其进入其他输送机或进入分拣道口。分类装置的种类很多，一般有推出式、浮出式、倾斜式和分支式几种，不同的装置对分拣货物的包装材料、包装重量、包装物底面的平滑程度等有不完全相同的要求。

输送装置　主要组成部分是传送带或输送机，其主要作用是使待分拣商品鱼贯通过控制装置、分类装置，并输送到装置的两侧，一般要连接若干分拣道口，使分好类的商品滑下主输送机（或主传送带）以便进行后续作业。

分拣道口　是已分拣商品脱离主输送机（或主传送带）进入集货区域的通道，一般由钢带、皮带、滚筒等组成滑道，使商品从主输送装置滑向集货站台，在集货站台由工作人员将该道口的所有商品集中后或是入库储存，或是组配装车并进行配送作业。

以上四部分装置通过计算机网络联结在一起，配合人工控制及相应的人工处理环节构成一个完整的自动分拣系统。

2. 自动分拣系统的适用条件

第二次世界大战以后，自动分拣系统逐渐开始在西方发达国家投入使用，成为发达国家先进的物流中心、配送中心或流通中心所必需的设施条件之一，但因其要求使用者必须具备一定的技术经济条件，因此，在发达国家，物流中心、配送中心或流通中心不使用自动分拣系统的情况也很普遍。在引进和建设自动分拣系统时一定要考虑以下条件。

一次性投资巨大　自动分拣系统本身需要建设短则 40~50 米，长则 150~200 米的机械传输线，还有配套的机电一体化控制系统、计算机网络及通信系统等，这一系统不仅占地面积大（动辄 2 万平方米以上），而且一般自动分拣系统都建在自动主体仓库中，这样就要建三四层楼高的立体仓库，库内需要配备各种自动化的搬运设施，这丝毫不亚于建立一个现代化工厂所需要的硬件投资。这种巨额的先期投入要花 10~20 年才能收回，如果没有可靠的货源作保证，则有可能系统大都由大型生产企业或大型专业物流公司投资，小企业无力进行此项投资。

对商品外包装要求高　自动分拣机只适于分拣底部平坦且具有刚性的包装规则的商品。袋装商品、包装底部柔软且凹凸不平、包装容易变形、易破损、超长、超薄、超重、超高、不能倾覆的商品不能使用普通的自动分拣机进行分拣，因此为了使大部分商品都能用机械进行自动分拣，可以采取二种措施：一是推行标准化包装，使大部分商品的包装符合国家标准；二是根据所分拣的大部分商品的统一包装特性定制特定的分拣机。但要让所有商品的供应商都执行国家的包装标准是很困难的，定制特写的分拣机又会使硬件成本上升，并且越是特别的包装其通用性就越差，因此公司要根据经营商品的包装情况来确定是否建或建什么样的自动分拣系统。

> **想一想**
>
> 自动分拣技术的适用范围有哪些？

6.4 全球定位系统技术与地理信息系统技术

6.4.1 全球定位系统技术概述

1. 全球定位系统的含义

全球定位系统（global positioning system，GPS），又称全球卫星定位系统，中文简称为"球位系"，是一个中距离圆型轨道卫星导航系统，结合卫星及通信发展的技术，利用导航卫星进行测时和测距，如图6-10所示。

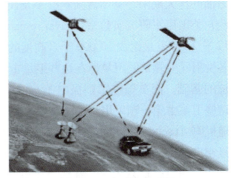

图6-10 全球定位系统

GPS是美国从20世纪70年代开始研制，历时20余年，耗资200亿美元，于1994年全面建成，具有在海、陆、空进行全方位实施三维导航与定位能力的新一代卫星导航与定位系统。经过我国测绘等部门的使用表明，全球定位系统以全天候、高精度、自动化、高效益等特点，赢得广大测绘工作者的信赖，并成功地应用于大地测量、工程测量、航空摄影测量、运载工具导航和管制、地壳运动监测、工程变形监测、资源勘察、地球动力学等多种学科，从而给测绘领域带来一场深刻的技术革命。

目前全球定位系统是美国第二代卫星导航系统，使用者只需拥有GPS终端机即可使用该服务，无需另外付费，GPS终端机如图6-11所示。GPS信号分为民用的标准定位服务（standard positioning service，SPS）和军规的精确定位服务（precise positioning service，PPS）两类。由于SPS无需任何授权即可任意使用，原本美国因为担心敌对国家或组织会利用SPS对美国发动攻击，故在民用讯号中人为地加入误差（selective availability，SA）以降低其精确度，使其最终定位精确度大概在100米左右，军规的精度在10米以下。2000年以后，克林顿政府决定取消对民用讯号的干扰。因此，现在民用GPS也可以达到10米左右的定位精度。

GPS系统并非GPS导航仪，多数人提到GPS系统首先联想到GPS导航仪，GPS导航仪只是GPS系统运用中的一部分。GPS系统是迄今最好的导航定位系统，随着它的不断改进，硬、软件的不断完善，其应用领域正在不断的开拓，目前已遍及国民经济各种部门，并开始逐步深入人们的日常生活。

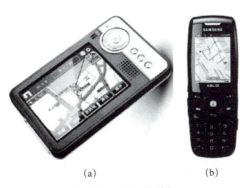

(a)   (b)

图6-11 GPS终端机

2. 全球定位系统的发展历程

自1978年以来，已经有超过50颗GPS和NAVSTAR卫星进入轨道。

（1）前身

GPS 系统的前身为美军研制的一种子午仪卫星定位系统（Transit），1958 年研制，1964 年正式投入使用。该系统用五六颗卫星组成的星网工作，每天最多绕过地球 13 次，并且无法给出高度，在定位精度方面也不尽如人意。然而，子午仪系统使得研发部门对卫星定位取得了初步的经验，并验证了由卫星系统进行定位的可行性，为 GPS 系统的研制做了铺垫。由于卫星定位显示出其在导航方面的巨大优越性及子午仪系统存在对潜艇和舰船导航方面的巨大缺陷，美国海陆空三军及民用部门都感到迫切需要一种新的卫星导航系统。为此，美国海军研究实验室（naval research laboratory，NRL）提出了名为"Tinmation"的用 12 ～ 18 颗卫星组成 10 000 千米高度的全球定位网计划，并于 1967 年、1969 年和 1974 年各发射了一颗试验卫星，在这些卫星上初步试验了原子钟计时系统，这是 GPS 系统精确定位的基础。而美国空军则提出了 621-B 的以每星群四五颗卫星组成 3 ～ 4 个星群的计划，这些卫星中除一颗采用同步轨道外，其余的都使用周期为 24 小时的倾斜轨道。该计划以伪随机码（pseudo random noise code，PRN）为基础传播卫星测距信号，其强大的功能使当信号密度低于环境噪声的 1% 时也能将其检测出来，伪随机码的成功运用是 GPS 系统得以取得成功的一个重要基础。海军的计划主要用于为舰船提供低动态的二维定位，空军的计划能提供高动态服务，然而系统过于复杂。由于同时研制两个系统会造成巨大的费用而且这两个计划都是为了提供全球定位而设计的，所以 1973 年美国国防部将两者合二为一，并由国防部牵头的卫星导航定位联合计划局（JPO）领导，还将办事机构设立在洛杉矶的空军航天处。该机构成员众多，包括美国陆军、海军、海军陆战队、交通部、国防制图局、北大西洋公约组织和澳大利亚的代表。

（2）计划

最初的 GPS 计划在联合计划局的领导下诞生了，该方案将 24 颗卫星放置在互成 120 度的三个轨道上。每个轨道上有 8 颗卫星，地球上任何一点均能观测到 6 ～ 9 颗卫星。这样，粗码精度可达 100 米，精码精度为 10 米。由于预算压缩，GPS 计划部不得不减少卫星发射数量，改为将 18 颗卫星分布在互成 60 度的 6 个轨道上，然而这一方案使得卫星可靠性得不到保障。1988 年又进行了最后一次修改：21 颗工作星和 3 颗备份星工作在互成 30 度的 6 条轨道上。这也是现在 GPS 卫星所使用的工作方式。

（3）计划实施

GPS 计划的实施共分三个阶段：

方案论证和初步设计阶段　1978 ～ 1979 年，由位于加利福尼亚的范登堡空军基地采用双子座火箭发射 4 颗试验卫星，卫星运行轨道长半轴为 26 560 千米，倾角 64 度，轨道高度 20 000 千米。这一阶段主要研制地面接收机及建立地面跟踪网，结果令人满意。

全面研制和试验阶段　1979 ～ 1984 年，又陆续发射了 7 颗称为"BLOCK I"的试验卫星，研制了各种用途的接收机。实验表明，GPS 定位精度远远超过设计标准，利用粗码定位，其精度就可达 14 米。

实用组网阶段　1989 年 2 月 4 日第一颗 GPS 工作卫星发射成功，这一阶段的卫星称为"BLOCK II"和"BLOCK IIA"，此阶段宣告 GPS 系统进入工程建设状态。1993 年底实用的 GPS 网即 GPS 星座已经建成，今后将根据计划更换失效的卫星。

3．全球定位系统的组成部分

（1）全球定位系统组成

系统由监控中心和移动终端组成，监控中心由通讯服务器及监控终端组成。通讯服务器由主控机、全球移动通信系统（global system for mobile communications，GSM）和通用分组无线服务技术（general packet radio service，GPRS）接收发送模块组成。

移动终端由 GPS 接收机，GSM 收发模块，主控制模块及外接探头等组成，事实上 GPS 定位系统是以 GSM、GPS、GIS 组成具有高新技术的"3G"系统。

GPS 接收机的结构分为天线单元和接收单元两大部分。

（2）全球定位系统组成部分

GPS 系统包括三大部分：空间部分——GPS 星座（GPS 星座是由 24 颗卫星组成的星座，其中 21 颗是工作卫星，3 颗是备份卫星）；地面控制部分——地面监控系统；用户设备部分——GPS 信号接收机，如图 6-12 所示。

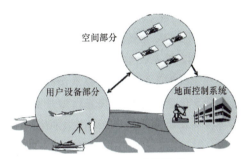

图 6-12　GPS 系统组成

空间部分　GPS 的空间部分由 24 颗工作卫星组成，它位于距地表 20 200 千米的上空，均匀分布在 6 个轨道面上（每个轨道面 4 颗），轨道倾角为 55 度。此外，还有 4 颗有源备份的卫星在轨运行。卫星的分布使得在全球任何地方、任何时间都可观测到 4 颗以上的卫星，并能保持良好定位解算精度的几何图像，这就提供了在时间上连续的全球导航能力。GPS 卫星产生两组电码，一组称为 C/A 码（Coarse/Acquisition Code11 023MHz），一组称为 P 码（Procise Code 10 123MHz），P 码因频率较高，不易受干扰，定位精度高，因此受美国军方管制，并设有密码，一般民间无法解读，主要为美国军方服务。C/A 码人为采取措施而刻意降低精度后，主要开放给民间使用。

地面控制部分　地面控制部分由一个主控站，5 个全球监测站和 3 个地面控制站组成。监测站均配装有精密的铯钟和能够连续测量到所有可见卫星的接收机。监测站将取得的卫星观测数据，包括电离层和气象数据，经过初步处理后，传送到主控站。主控站从各监测站收集跟踪数据，计算出卫星的轨道和时钟参数，然后将结果输送到 3 个地面控制站。地面控制站在每颗卫星运行至上空时，把这些导航数据及主控站指令注入到卫星。这种注入对每颗 GPS 卫星每天进行一次，并在卫星离开注入站作用范围之前进行最后的注入。如果某地面站发生故障，那么在卫星中预存的导航信息还可使用一段时间，但导航精度会逐渐降低。

对于导航定位来说，GPS 卫星是一个动态已知点，卫星的位置依据卫星发射的星历——描述卫星运动及其轨道的参数算得。每颗 GPS 卫星所播发的星历，是由地面监控系统提供的。卫星上的各种设备是否正常工作，以及卫星是否一直沿着预定轨道运行，都要由地面设备进行监测和控制。地面监控系统另一重要作用是保持各颗卫星处于同一时间标准——GPS 时间系统。这就需要地面站监测各颗卫星的时间，求出钟差。然后由地面注入站发给卫星，卫星再由导航电文发给用户设备。GPS 工作卫星的地面监控系统包括一个主控站、三个注入站和五个监测站。

用户设备部分　用户设备部分即 GPS 信号接收机，其主要功能是能够捕获到按一定卫星截止角所选择的待测卫星，并跟踪这些卫星的运行。当接收机捕获到跟踪的卫星信号后，即可测量出接收天线至卫星的伪距离和距离的变化率，解调出卫星轨道参数等数据。根据这些数据，接收机中的微处理计算机就可按定位解算方法进行定位计算，计算出用户所在地理位置的经纬度、高度、速度、时间等信息。接收机硬件和机内软件以及 GPS 数据的后处理软件包构成完整的 GPS 用户设备。接收机一般采用机内和机外两种直流电源，设置机内电源的目的在于更换外电源时不中断连续观测，在用机外电源时机内电池自动充电。关机后，机内电池为随机存储存储器（random access memory，RAM）供电，以防止数据丢失。目前各种类型的接收机体积越来越小，重量越来越轻，便于野外观测使用。

4. 卫星系统

在测试架上的 GPS 卫星是由洛克菲尔国际公司空间部研制的，卫星重 774 千克，使用寿命为 7 年，如图 6-13 所示。卫星采用蜂窝结构，主体呈柱形，直径为 1.5 米。卫星两侧装有两块双叶对日定向太阳能电池帆板（BLOCK I），全长 5.33 米，接受日光面积为 7.2 平方米。对日定向系统控制两翼电池帆板旋转，使板面始终对准太阳，为卫星不断提供电力，

图 6-13　测试卫星

并给三组 15Ah 镉镍电池充电，以保证卫星在地球阴影部分能正常工作。在星体底部装有 12 个单元的多波束定向天线，能发射张角大约为 30 度的两个 L 波段（19 厘米和 24 厘米波）的信号。在星体的两端面上装有全向遥测遥控天线，用于与地面监控网的通信。此外卫星还装有姿态控制系统和轨道控制系统，以便使卫星保持在适当的高度和角度，准确对准卫星的可见地面。

由 GPS 系统的工作原理可知，星载时钟的精确度越高，其定位精度也越高。早期试验型卫星采用由霍普金斯大学研制的石英振荡器，相对频率稳定度为 10～11/ 天，误差为 14 米。1974 年以后，GPS 卫星采用铷原子钟，相对频率稳定度达到 10～12/ 天，误差 8 米。1977 年，BLOCK II 型采用了马斯频率和时间系统公司研制的铯原子钟后相对稳定频率达到 10～13/ 天，误差则降为 2.9 米。1981 年，休斯公司研制的相对稳定频率为 10～14/ 天的氢原子钟使 BLOCK IIR 型卫星误差仅为 1 米。

> **知识链接**
>
> ### 四大 GPS 系统
>
> （1）美国 GPS
>
> 由美国国防部于 20 世纪 70 年代初开始设计、研制，于 1993 年全部建成，如图 6-14 所示。1994 年，美国宣布在 10 年内向全世界免费提供 GPS 使用权，但美国只向外国提供低精度的卫星信号。据信该系统有美国设置的"后门"，一旦发生战争，美国可以关闭对某地区的信息服务。

知识链接

美国媒体声称："GPS是不能倒闭的银行。"美国知名IT杂志《PCWorld》以美国拯救金融危机中濒临破产的银行为例，发表评论称："GPS显然是另一家不能倒闭的银行。……对于欧洲'伽利略'系统的支持者来说，用户对美国GPS丧失信心显然是他们最愿意看到的事情。"

（2）欧盟"伽利略"

欧洲联盟（简称欧盟）于1999年首次公布伽利略卫星导航系统计划，其目的是摆脱欧洲对美国全球定位系统的依赖，打破其垄断，组成"伽利略"卫星定位系统，如图6-15所示。该项目总共将发射30颗卫星，可以覆盖全球，位置精度达几米，亦可与美国的GPS系统兼容，总投入达34亿欧元。

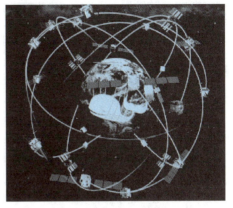

图6-14　美国GPS

因欧盟各成员国存在分歧，计划几经推迟，欧盟伽利略卫星导航系统将从2014年起投入运营。与美国的GPS相比，"伽利略"系统更先进，也更可靠。美国GPS向别国提供的卫星信号，只能发现地面大约10米长的物体，而"伽利略"的卫星则能发现1米长的目标。一位军事专家形象地比喻说，GPS系统只能找到街道，而"伽利略"则可找到家门。

（3）俄罗斯"格洛纳斯"

"GLONASS"是由俄罗斯单独研发部署的

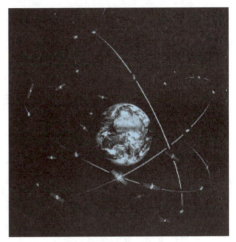

图6-15　欧盟"伽利略"

卫星导航系统，该项目启动于20世纪70年代，俄罗斯目前有22颗Glonass卫星在轨运行，但仅有16颗运转正常。该系统需要有18颗卫星才可满足继续为全俄罗斯提供导航服务的需求，至少需要24颗卫星才提供全球导航服务。

GLONASS系统完成全部卫星的部署后，其卫星导航范围可覆盖整个地球表面和近地空间，定位精度将达到1.5米之内。

（4）中国"北斗"

2003年5月25日0时34分，中国在西昌卫星发射中心用"长征三号甲"运载火箭，成功地将第三颗"北斗一号"导航定位卫星送入太空，前两颗"北斗一号"卫星分别于2000年10月31日和12月21日发射升空，运行至今导航定位系统工作稳定，状态良好。2010年1月17日0时12分，中国在西昌再次成功发射第三颗北斗导航卫星（北斗三号）。这标志着北斗卫星导航系统工程建设又迈重要一步，卫星组网正按计划稳步推进。

"北斗"卫星导航系统是一种全天候、全天时提供卫星导航信息的区域性导航系统如图6-16所示。北斗卫星导航系统组网成功将能够提供与GPS同等的服务，中国的北斗卫星导航系统将成为与GPS并驾齐驱的"卫星导航系统"代名词的新星。不同于GPS的是，

知识链接

图 6-16　北斗卫星导航系统

"北斗"的指挥机和终端之间可以双向交流。2008 年 5 月 12 日四川大地震发生后，北京武警指挥中心和四川武警部队运用"北斗"进行了上百次交流。北斗二号系列卫星已进入组网高峰期，建设自己的卫星导航系统，拥有自己的系统，中国国防将从根本上摆脱美国控制，中国的尖端武器拥有了自己的眼睛，国家的导航系统独立性得到保证，更加可靠。预计在 2015 年形成由三十几颗卫星组成的覆盖全球的系统。

知识链接

GPS 在物流运输行业中的作用

GPS 在物流运输行业中作用很大，具体如下：

1）GPS 车辆监控系统可以提高企业信息化程度，优化管理运作机制，提高管理效率，优化企业资源配置。

2）降低企业成本，提高服务水平。

3）GPS 车辆监控系统使管理更科学、更合理、更透明、更轻松高效。

4）提升企业形象，提高企业市场竞争力。

5）GPS 车辆监控系统为现代物流管理提供了强大有效的工具，是现代化物流发展的必然趋势。

随着经济全球化进程的加快和现代物流对经济发展的重要性加强，GPS 全球定位系统逐步为人们所认识。我国的物流产业正处于一个高速发展的时期，未来的市场竞争给我国传统的物流企业带来了很大的机遇，同时也存在着前所未有的挑战。只有最大限度地满足了客户对物流服务的需求，同时最大限度地降低运输和管理成本，才能获得客户的信任，实现利润。因此，传统物流企业只有及时更新观念，与时俱进，充分利用现代化的物流信息技术手段，才能更快更好的实现经营目标。

GPS 技术应用在物流领域的成功对于整个物流行业来说受益匪浅。

GPS 车辆定位监控系统对物流业最大的贡献之一就是实现了物流运输过程的透明化。结合先进的 GPRS 高速数据处理科技和 GIS（geographic information systern）地理信息处理系统，自主开发的人性化网上查车系统，客户可以做到真正实时的了解司机和货物在运输途中情况，推算出到达目的地所需要花费的时间，解决了传统物流中存在的"货物一发出，什么都不知"的问题。

其次，它解决了物流调度与管理难的问题。工业级 GPS 定位系统不仅能有效提高调度管理工作的效率，而且操作起来简单轻松，管理人员只要预设好运输路线，车内 GPS 硬件设备就能将在途信息数据实时打包发回监控中心服务器，客户坐在家中就能对自己的货物进行有效监控管理，在电子地图上如若发现偏移预设线路将会立即紧急报警。

同时，目前的 GPS 具有相当强的防盗反劫功能。当遭遇劫匪时，司机只需按下报警开关，中心将会及时进入处警状态，同时司机还可以通过手机对车辆进行断油断电处理，迫使劫犯放弃抢劫计划，保证了人身及财产的安全。另外，通过 GPS 的超速统计功能，可以大大加强驾驶员的行车安全性，最大可能的减少车辆因超速而引发的交通事故和爆胎率，从而做到安全快捷的将货物运送到指定地点。

6.4.2 地理信息系统技术概述

1. 地理信息系统技术的基本概念

地理信息系统 GIS 既是管理和分析空间数据的应用工程技术，又是跨越地球科学、信息科学和空间科学的应用基础学科。其技术系统由计算机硬件、软件和相关的方法过程所组成，用以支持空间数据的采集、管理、处理、分析、建模和显示，以便解决复杂的规划和管理问题，地理信息系统如图 6-17 所示。

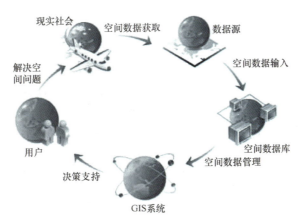

图 6-17 地理信息系统

地理信息系统处理、管理的对象是多种地理空间实体数据及其关系，包括空间定位数据、图形数据、遥感图像数据、属性数据等，用于分析和处理在一定地理区域内分布的各种现象和过程，解决复杂的规划、决策和管理问题。

通过上述的分析和定义可提出 GIS 的如下基本概念：

1）GIS 的物理外壳是计算机化的技术系统，它又由若干个相互关联的子系统构成，如数据采集子系统、数据管理子系统、数据处理和分析子系统、图像处理子系统、数据产品输出子系统等，这些子系统的优劣、结构直接影响着 GIS 的硬件平台、功能、效率、数据处理的方式和产品输出的类型。

2）GIS 的操作对象是空间数据和属性数据，即点、线、面、体这类有三维要素的地理实体。空间数据的最根本特点是每一个数据都按统一的地理坐标进行编码，实现对其定位、定性和定量的描述，这是 GIS 区别于其他类型信息系统的根本标志，也是其技术难点之所在。

图 6-18 三维地理信息系统

3）GIS 的技术优势在于它的数据综合、模拟与分析评价能力，可以得到常规方法或普通信息系统难以得到的重要信息，实现地理空间过程演化的模拟和预测，如图 6-18 所示。

4）GIS 与测绘学和地理学有着密切的关系。大地测量、工程测量、矿山测量、地籍测量、航空摄影测量和遥感技术为 GIS 中的空间实体提供各种不同比例尺和精度的定位数；电子速测仪、GPS 全球定位技术、解析或数字摄影测量工作站、遥感图像处理系统等现代测绘技术的使用，可直接、快速和自动地获取空间目标的数字信息产品，为 GIS 提供丰富和更为实时的信息源，并促使 GIS 向更高层次发展。地理学是 GIS 的理论依托。

有的学者断言，"地理信息系统和信息地理学是地理科学第二次革命的主要工具和手段。如果说 GIS 的兴起和发展是地理科学信息革命的一把钥匙，那么，信息地理学的兴起和发展将是打开地理科学信息革命的一扇大门，必将为地理科学的发展和提高开辟一个崭新的天地"。GIS 被誉为地理科学的第三代语言——用数字形式来描述空间实体。

2．我国地理信息系统发展情况

我国地理信息系统的起步稍晚，但发展势头相当迅猛，大致可分为以下三个阶段。

起步阶段 20 世纪 70 年代初期，我国开始推广电子计算机在测量、制图和遥感领域中的应用。随着国际遥感技术的发展，我国在 1974 年开始引进美国地球资源卫星图像，开展了遥感图像处理和解译工作。1976 年召开了第一次遥感技术规划会议，形成了遥感技术试验和应用蓬勃发展的新局面，先后开展了京津唐地区红外遥感试验、新疆哈密地区航空遥感试验、天津渤海湾地区的环境遥感研究、天津地区的农业土地资源遥感清查工作。长期以来，国家测绘局系统开展了一系列航空摄影测量和地形测图，为建立地理信息系统数据库打下了坚实的基础，解析和数字测图、机助制图、数字高程模型的研究和使用也同步进行。1977 年诞生了第一张由计算机输出的全要素地图，1978 年，国家计划委员会（现名为国家发展和改革委员会）在黄山召开了全国第一届数据库学术讨论会。所有这些为 GIS 的研制和应用作了技术上的准备。

试验阶段 进入 20 世纪 80 年代之后，我国执行"六五"、"七五"计划，国民经济全面发展，很快对"信息革命"作出热烈响应。在大力开展遥感应用的同时，GIS 也进入全面试验阶段。在典型试验中主要研究数据规范和标准、空间数据库建设、数据处理和分析算法及应用软件的开发等。以农业为对象，研究有关质量评价和动态分析预报的模式与软件，并用于水库淹没损失、水资源估算、土地资源清查、环境质量评价与人口趋势分析等多项专题的试验研究。在专题试验和应用方面，在全国大地测量和数字地面模型建立的基础上，建成了全国 1∶100 万地留数据库系统和全国土地信息系统、1∶4 见万全国资源和环境信息系统及 1∶250 万水土保持信息系统，并开展了黄土高原信息系统以及洪水灾情预报与分析系统等专题研究试验，用于辅助城市规划的各种小型信息系统在城市建设和规划部门也获得了认可。

在学术交流和人才培养方面得到很大发展。在国内召开了多次关于 GIS 的国际学术讨论会。1985 年，中国科学院建立了"资源与环境信息系统国家级重点开放实验室"，1988年和 1990 年武汉测绘科技大学先后建立了"信息工程专业"和"测绘遥感信息工程国家级重点开放实验室"。我国许多大学中开设了 RS 方面的课程和不同层次的讲习班，已培养出了一大批从事 GIS 研究与应用的博士和硕士。

全面发展阶段　20 世纪 80 年代末到 90 年代以来，我国的 GIS 随着社会主义市场经济的发展走上了全面发展阶段。国家测绘局正在全国范围内建立数字化测绘信息产业。1：100万地图数据库已公开发售，1：25 万地图数据库也已完成建库，并开始了全国 1：10 万地图数据库生产与建库工作，各省测绘局正在抓紧建立省级 1：1 万基础地理信息系统。数字摄影测量和遥感应用从典型试验逐步走向运行系统，这样就可保证向 GIS 源源不断地提供地形和专题信息。进入 90 年代以来，沿海、沿江经济开发区的发展，土地的有偿使用和外资的引进，急需 GIS 为之服务，有力地促进了城市地理信息系统的发展。用于城市规划、土地管理、交通、电力及各种基础设施管理的城市信息系统在我国许多城市相继建立。

在基础研究和软件开发方面，科技部在"九五"科技攻关计划中，将"遥感、地理信息系统和全球定位系统的综合应用"列入国家"九五"重中之重科技攻关项目，在该项目中投入相当大的研究经费支持武汉测绘科技大学、北京大学、中国地质大学、中国林业科学研究院和中国科学院地理研究所等单位开发我国自主版权的地理信息系统基础软件。经过几年的努力，中国 GIS 基础软件与国外的差距迅速缩小，涌现出若干能参与市场竞争的地理信息系统软件，如 GeoStar，MapGIS，OityStar，ViewGIS 等。在遥感方面，在该项目的支持下，已建立全国基于 IK4 遥感影像土地分类结果的土地动态监测信息系统。国家这一重大项目的实施，有力地促进了中国遥感和地理信息系统的发展。

3．发展背景

35 000 年前，在 Lascaux 附近的洞穴墙壁上，法国的 Cro Magnon 猎人画下了他们捕猎动物的图案，与这些动物图案相关的是一些描述迁移路线和轨迹的线条和符木。这些早期记录符合现代地理信息系统的二元素结构：一个图形文件对应一个属性数据库，18 世纪地形图绘制的现代勘测技术得以实现，同时还出现了专题绘图的早期版本，例如科学方面或户口普查资料。20 世纪初期将图片分成层的"照片石印术"得以发展，直至 60 年代早期，在核武器研究的推动下，计算机硬件的发展引起通用计算机"绘图"的应用。

1963 年，加拿大测量学家 R.F.Tomlinson 首先提出"地理信息系统"这一概念，并建立了世界上第一个地理信息系统——加拿大地理信息系统，用于自然资源的管理与规划。

1965 年，美国哈佛大学土地测量专业的一名学生 J.Dangermond 在其毕业论文中，设计了一个简单的 GIS 系统，并在毕业后于 1969 年成立了 ESRI（Environmental System Research Institute）公司，成为推动 GIS 发展的重要里程碑。

1967 年世界第一个投入实际操作的 GIS 系统由联邦能量、矿产和资源部门在安大略省的渥太华开发出来。这个系统是由 Roger Tomlinson 开发的，被称为"Canadian GIS"（CGIS），CGIS 被用来存储、分析以及处理所收集来的有关加拿大土地存货清单（CLI）数据。CLI 通过在 1∶250 000 的比例尺下绘制关于土壤、农业、休闲、野生生物、水鸟、林业和土地利用等各种信息为加拿大农村测定土地能力，并增设等级分类因素来进行分析。

CGIS 是世界第一个"系统"，并且在"绘图"应用上进行了改进，它具有覆盖、测量、资料数字化/扫描的功能，支持一个跨越大陆的国家坐标系统，将线编码为具有真实的嵌入拓扑结构的"弧"，并且将属性和位置的信息分别存储在单独的文件中。其开发者——地理学家 Roger Tomlinson，被称为"GIS 之父"。

CGIS 一直持续到 20 世纪 70 年代才完成，花费了太长的时间，因此在它最初发展期，不能与如 Intergraph 这样的销售各种商业地图应用软件的供应商竞争。微型计算机硬件的发展使得像 ESRI 和 CARIS 那样的供应商成功地兼并了大多数的 CGIS 特征，并结合了对空间和属性信息的分离的第 1 种世代方法与对组织的属性数据的第 2 种世代方法入数据库结构。20 世纪 80 年代和 90 年代产业成长刺激了应用了 GIS 的 UNIX 工作站和个人计算机飞速增长。至 20 世纪末，CGIS 在各种系统中迅速增长使得其在相关的少量平台已经得到了巩固和规范，并且用户开始提出了在互联网上查看 GIS 数据的概念，这要求数据的格式和传输标准化。

4. GIS 分类

GIS 按研究的范围大小可分为全球性的、区域性的和局部性的；按研究内容的不同可分为综合性的与专题性的。同级的各种专业应用系统集中起来，可以构成相应地域同级的区域综合系统。在规划、建立应用系统时应统一规划这两种系统的发展，以减小重复浪费，提高数据共享程度和实用性，典型的 GIS 功能框如图 6-19 所示。

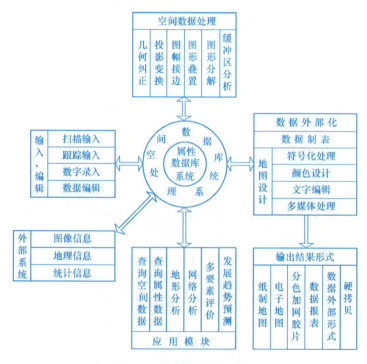

图 6-19　典型的 GIS 功能框

5. GIS 的发展趋势

趋于综合性发展　地理信息系统（GIS）、遥感（RS）和全球定位系统（GPS）3S 集成技术的发展在世界各国引起了普遍重视。RS 主要侧重于信息获取和动态监测；GIS 主要是空间信息的管理、分析；GPS 是空间定位、导航。GIS 的综合性发展趋势还体现在与 OA、Internet、多媒体、虚拟现实等技术的集成。

开放式 GIS　GIS 数据共享和交互式操作促进 GIS 社会化发展。开放式地理信息系统协会（Open GIS Consortium，简称为 OGC）打破当前 GIS 在各地区、各单位、各企业各自为营的局面，促进 GIS 社会化发展。

产业化发展　GIS 产业对象主要包括：硬件、软件、数据采集与数据转换、电子数据、遥感信息获取与处理、系统开发与集成、咨询与技术服务。

向组件式发展　采用面向对象技术开发组件式 GIS 是 GIS 软件发展的必然趋势，GIS 软件的可配置性、可扩展性和开放性将更强，进行二次开发将更方便。

6. GIS 空间分析的基本方法

GIS 空间分析的内涵极为丰富，包括空间查询、空间量测、叠置分析、缓冲区分析、网络分析、空间统计分类等多个方面。GIS 空间分析技术方法包括以下两大类。

空间基本分析　基于空间图形数据的分析计算，即基于图的分析。该分析功能与 GIS 其他功能模块有紧密联系，技术发展也比较成熟。主要有空间信息量算、缓冲区分析、空间拓扑叠置分析、网络分析、复合分析、邻近分析及空间联结、空间统计分析等。

空间模拟分析　空间模拟分析又称为专业型空间分析，该技术解决应用领域对空间数据处理与输出的特殊要求，空间实体和关系通过专业模型得到简化和抽象，而系统则通过模型进行分析操作。目前 GIS 在该领域的研究相对落后，尚未形成一个统一的结构体系。

6.5　配 送 运 输

6.5.1　配送运输概述

1. 配送运输的概念

配送运输是指将顾客所需的货物通过运输工具及一定的运输线路和其他基础设施送达到顾客手中的活动过程。

配送运输可能是从工厂等生产的仓库直接送至客户，也可能通过批发商、经销商或由配送中心、物流中心转送至客户手中。配送运输通常是一种短距离、小批量、高频率的运输形式。配送运输主要由汽车运输，具有城市轨道货运条件的城市可以用轨道运输，对于跨城市的地区配送可以用铁路运输，或者在河道水域用船舶运输。如果单从运输的角度看，它是对干线运输的一种补充和完善，属于末端运输、支线运输。它以服务为目标，以尽可能满足客户要求为优先。

2. 配送运输的特点

时效性 快速及时，即确保在客户指定的时间内交货是客户最重视的因素，也是配送运输服务的充分体现。配送运输是从客户订货到交货的最后环节，也是最容易引起时间延误的环节。影响时效性的因素有很多，除配送车辆故障外，所选择的配送线路不当、中途客户卸货不及时等均会造成时间上的延误，因此，必须在认真分析各种因素的前提下，用系统化的思想和原则，有效协调，综合管理，选择配送线路、配送车辆、送货人员，使每位客户在其所期望的时间能收到所期望的货物。

安全性 配送运输的宗旨是将货物完好无损地送到白的地。影响安全性的因素有货物的装卸作业、运送过程中的机械振动和冲击及其他意外事故、客户地点及作业环境、运送人员的素质等，这些都会影响配送运输的安全性，因此，在配送运输管理中必须坚持安全性的原则。

沟通性 配送运输是配送的末端服务，它通过送货上门服务直接与客户接触，是与顾客沟通最直接的桥梁，代表公司的形象和信誉。在沟通中起着非常重要的作用，所以，必须充分利用配送运输活动中与客户沟通的机会，巩固和发展公司的信誉，为客户提供更优质的服务。

方便性 配送以服务为目标，以最大限度地满足客户要求为优先，因此企业尽可能地让顾客享受到便捷的服务。通过采用弹性的送货系统，如紧急送货、顺道送货与退货、辅助资源回收等，为客户提供真正意义上的便利服务。

经济性 实现既定的经济利益是企业运作的基本目标，因此，对合作双方来说，以较低的费用，完成配送作业是企业建立双赢机制加强合作的基础。所以客户的要求不仅是高质量、及时方便的配送服务，还必须提高配送运输的效率。加强物流配送管理，为客户提供优质、经济的配送服务。

3. 配送运输的基本作业流程

整车运输作业基本程序 划分为基本配送区域——车辆配载——暂定配送先后顺序——车辆安排——选择配送线路——确定最终的配送顺序——完成车辆积载。

操作注意事项 明确订单内容；掌握货物的性质；明确具体配送地点；适当选择配送车辆；选择最优的配送路线；充分考虑各作业点装卸货时间。

4. 配送线路类型

配送线路可化分为如下几种：

往复式行驶线路 包括：①单程有载往复式线路。里程利用率不到50%。②回程部分有载往复式线路。里程利用率大于50%，但小于100%。③双程有载往复式线路。里程利用率为100%。

环形行驶线路 分为简单环形式、交叉环形式、三角环形式、复合环形式。

汇集式行驶线路 分为分送式、聚集式、分送—聚集式。

星形行驶线路 是指车辆以一个物流结点为中心，向其周围多个方向上的一个或多个结点行驶而形成的辐射状行驶线路。

6.5.2 车辆调度

1．车辆调度工作的作用

车辆调度工作的作用包括：①保证运输任务按期完成。②能及时了解运输任务的执行情况。③促进运输及相关工作的有序进行。④实现最小的运力投入。

2．车辆调度工作的特点

车辆调度工作的特点包括：计划性、预防性、机动性。

3．车辆调度工作的原则

车辆运行计划在组织执行过程中常会遇到一些难以预料的问题，如客户需求发生变化、装卸机械发生故障、车辆运行途中发生技术障碍、临时性路桥阻塞等。针对以上情况，需要调度部门有针对性地加以分析和解决，随时掌握货物状况、车况、路况、气候变化、驾驶员状况、行车安全等，确保运行作业计划顺利进行。车辆运行调度工作应贯彻以下原则。

坚持从全局出发，局部服从全局的原则 在编制运行作业计划和实施运行作业计划过程中，要从全局出发，保证重点、统筹兼顾，运力安排应贯彻"先重点、后一般"的原则。

安全第一、质量第一原则 在配送运输生产过程中，要始终把安全工作和质量管理放在首要位置。

计划性原则 调度工作要根据客户订单要求认真编制车辆运行作业计划，并以运行计划为依据，监督和检查运行作业计划的执行情况，按计划配送货物，按计划送修送保车辆。

合理性原则 要根据货物性能、体积、重量、车辆技术状况、道路桥梁通行条件、气候变化、驾驶员技术水平等因素合理调派车辆。在编制运行作业计划时，应科学合理地安排车辆的运行路线，有效地降低运输成本。

4．车辆调度方法

（1）表上作业法

用列表的方法求解线性规划问题中运输模型的计算方法，是一种求解方法。当某些线性规划问题采用图上作业法难以进行直观求解时，就可以将各元素列成相关表，作为初始方案，然后采用检验数来验证这个方案，否则就要采用闭回路法、位势法或矩形法等方法进行调整，直至得到满意的结果。这种列表求解方法就是表上作业法。

运输问题不同于一般的线性规划，它一定有最优解，而且它的基变量的个数为（$m+n-1$）个，如何找出（$m+n-1$）个变量，使其构成基变量呢？下面介绍两种初始基可行解的取法：

西北角法 以平衡表 6-1 为例。

表 6-1　平衡（1）

销地 产地	1	2	3	4	5	产量
1	2	1	3	1	2	600
2	4	2	1	3	1	400
3	2	1	1	3	4	500
销量	200	250	300	550	200	1500

首先在表 6-1 的西北角方格（即左上角方格，对应变量 x_{11}），尽可能取最大值

$$x_{11} = \min\{200, 600\} = 200$$

将数值 200 填入该方格，如表 6-2 所示。由此可见 x_{21}，x_{31} 必须为 0，即第一列其他各方格都不能取非零值，划去第一列。在剩下的方格中，找出其西北角方格 x_{12}

$$x_{12} = \min\{250, 600-200\} = 250$$

表 6-2　平衡（2）

销地 产地	1	2	3	4	5	产量
1	2 200	1 250	3 150	1	2	600
2	4	2	1 150	3 250	1	400
3	2	1	1	3 300	4 200	500
销量	200	250	300	550	200	1500

将 250 填入它所对应方格，于是第二列也划去。再找西北角方格 x_{13}

$$x_{13} = \min\{300, 600-200-250\} = 150$$

将 150 填入 x_{13} 所对应方格，于是第一行其他方格不能取值，划去该行。继续寻找西北方格为 x_{23}

$$x_{23} = \min\{300-150, 400\} = 150$$

将 150 填入 x_{23} 所对应方格，第三列饱和，划去该列。剩下方格的西北角方格为 x_{24}

$$x_{24} = \min\{550, 400-150\} = 250$$

将 250 填入 x_{24} 所对应方格，第二行饱和，划去第二行。此后的西北角方格为 x_{34}

$$x_{34} = \min\{550-250, 500\} = 300$$

将 300 填入 x_{34} 所对应中，最后剩下 x_{35} 方格，取 $x_{35} = 200$

这样我们就找到了 m + n-1 = 3 + 5-1 = 7 个基变量，它们为：$x_{11} = 200$，$x_{12} = 250$，$x_{13} = 150$，$x_{23} = 150$，$x_{24}=250$，$x_{34} = 300$，$x_{35}=200$。显然它们用折线连接后不形成闭回路，这就是西北角法所找初始基可行解，所对应的目标值为

$$2 \times 200 + 1 \times 250 + 3 \times 150 + 1 \times 150 + 3 \times 250 + 3 \times 300 + 4 \times 200 = 3700$$

我们找到的初始基可行解可通过各行方格中数值之和是否等于产量，各列方格中数值之和是否等于销量来简单验证。

利用西北角法找初始基可行解简单可行，但也存在问题。最简单想法是单价小的情况下多运些货物，这样总运费会更小些，最小元素法就改进了西北角法的缺点。

最小元素法　最小元素法不是从 x_{11} 开始，而是从 c_{ij} 取最小方格开始，当有几个方格同时达到最小，则可任取一方格，我们仍以表 6-3 的例子加以说明。

c_{12}，c_{14}，c_{23}，c_{25}，c_{32}，c_{33} 均为 1，同时达到最小，可任一方格作为基变量。比如取 x_{12} 时，$x_{12} = \min\{250，600\} = 250$，则第二列饱和，划去第二列。在剩下的表格中再找最小的 c_{ij}，$c_{23} = 1$，令 $x_{23} = \min\{300，400\} = 300$，此时第三列饱和，划去第三列。再由 $c_{14} = 1$，令 $x_{14} = \min\{550，600-250\} = 350$，划去第一行。由 $c_{25} = 1$，可令 $x_{25} = \min\{200，100\} = 100$，划去第二行。在剩下的表格中，只能取 $x_{31} = 200$，$x_{34} = 200$，$x_{35} = 100$。这样就得一组基变量。如表 6-3 所示。

表 6-3　平衡（3）

2	1	3	1	2	600
	250		350		
4	2	1	3	1	400
		300		100	
2	1	1	3	4	500
200			200	100	
200	250	300	550	200	

（注：在表 6-3 之后，我们将类似表 6-2 中的产地、销地编号省去，将产量写在表格右边，将销量写在表格下方，不加文字说明。）

在这样的初始基可行解下，对应的目标值为

$$1\times250 + 1\times350 + 1\times300 + 1\times100 + 2\times200 + 3\times200 + 4\times100 = 2400$$

由此可见，用最小元素法求出的初始基可行解比西北角法更好。

（2）图上作业法

图上作业法是在运输图上求解线性规划运输模型的方法。交通运输以及类似的线性规划问题，都可以首先画出流向图，然后根据有关规则进行必要调整，直至求出最小运输费用或最大运输效率的解。这种求解方法，就是图上作业法。图上作业法的内外圈流向箭头，要求达到重叠且各自之和都小于或等于全圈总程度的一半，这时的流向图就是最佳调运方案。

（3）经验调度法和运输定额比法

在有多种车辆时，车辆使用的经验原则为尽可能使用能满载运输的车辆进行运输。如运输 5 吨的货物，安排一辆 5 吨载重量的车辆运输。在能够保证满载的情况下，优先使用大型车辆，且先载运大批量的货物。一般而言大型车辆能够保证较高的运输效率和较低的运输成本。

例如，某建材配送中心，某日需运送水泥 580 吨、盘条 400 吨和不定量的平板玻璃。该中心有大型车 20 辆，中型车 20 辆，小型车 30 辆。各种车每日只运送一种货物，运输定额如表 6-4 所示。

表 6-4 运输定额

车辆种类	运送水泥	运送盘条	运送玻璃
大型车	20	17	14
中型车	18	15	12
小型车	16	13	10

经验派车法如表 6-5 所示。

表 6-5 经验派车法

车辆种类	运送水泥	运送盘条	运送玻璃	车辆总数
大型车	20			20
中型车	10	10		20
小型车		20	10	30
货运量/吨	580	400	100	

车辆运输定额比法如表 6-6 所示。

表 6-6 车辆运输定额比

车辆种类	运水泥/运盘条	运盘条/运玻璃	运水泥/运玻璃
大型车	1.18	1.21	1.43
中型车	1.2	1.25	1.5
小型车	1.23	1.3	1.6

定额比优化派车法如表 6-7 所示。

表 6-7 定额比优化派车

车辆种类	运送水泥车辆数	运送盘条车辆数	运送玻璃车辆数	车辆总数
大型车	5	6	9	20
中型车		20		20
小型车	30			30
货运量/吨	580	400	126	

6.5.3 车辆积载

1. 影响配送车辆积载的因素

影响配送车辆积载的因素包括：货物特性因素；货物包装情况；不能拼装运输；由于装载技术的原因，不能装足吨位。

2. 车辆积载的原则

车辆积载的原则包括：轻重搭配的原则；大小搭配的原则；货物性质搭配原则；到达同一地点的适合配装的货物应尽可能一次积载；确定合理的堆码层次及方法；装载时不允许超

过车辆所允许的最大载重量；装载易滚动的卷状、桶状货物，要垂直摆放；货与货之间，货与车辆之间应留有空隙并适当衬垫，防止货损；装货完毕，应在门端处采取适当的稳固措施，以防开门卸货时，货物倾倒造成货损；尽量做到"后送先装"。

3. 提高车辆装载效率的具体方法

提高车辆装载效率的具体办法 包括：研究各类车厢的装载标准，根据不同货物和不同包装体积的要求，合理安排装载顺序，努力提高装载技术和操作水平，力求装足车辆核定吨位；根据客户所需要的货物品种和数量，调派适宜的车型承运，这就要求配送中心根据经营商品的特性，配备合适的车型结构；凡是可以拼装运输的，尽可能拼装运输，但要注意防止差错。

【例 6-1】 某仓库某次需运送水泥和比例两种货物，水泥质量体积为 0.9 立方米 / 吨，玻璃是 1.6 立方米 / 吨，计划使用的车辆的载重量为 11 吨，车厢容积为 15 立方米，如何装载使车辆的载重量能力和车厢容积都被充分利用？

解：设水泥的装载量为 W_a，玻璃的装载量为 W_b。其中：$V=15$ 立方米，$W=11$ 吨，$R_a=0.9$ 立方米 / 吨，$R_b=1.6$ 立方米 / 吨，则

$$W_a = \frac{V - W \times R_b}{R_a - R_b} = \frac{15 - 11 \times 1.6}{0.9 - 1.6} = 3.71 吨$$

$$W_b = \frac{V - W \times R_a}{R_b - R_a} = \frac{15 - 11 \times 0.9}{1.6 - 0.9} = 7.29 吨$$

该车装载水泥 3.71 吨，玻璃 7.29 吨时车辆到达满载。

> **练一练**
>
> 需配送两种货物，A 类货物，容重为 10 千克 / 立方米，A 类货物单件体积为 2 立方米 / 件；B 类货物容重 7 千克 / 立方米，B 类货物单件体积为 3 千克 / 件；车辆载重量为 103 千克，车最大容积为 13 立方米，计算最佳配装方案，各装多少件？

6.5.4 装载与卸载

装载与卸载作业是指在同一地域范围进行的，以改变货物的储存状态及空间位置为主要内容和目的的活动。装卸作业是为运输服务的，是联结各种货物运输方式、进行多式联运的作业环节，也是各种运输方式运作中各类货物发生在运输的起点、中转和终点的作业活动。

1. 装卸的基本要求

装卸总的要求是"省力、节能、减少损失、快速、低成本"。

装卸的基本要求包括：①装车前应对车厢进行检查和清扫。②确定最恰当的装卸方式。③合理配置和使用装卸机具。④力求减少装卸次数。⑤防止货物装卸时的混杂、散落、漏损、砸撞。⑥装车的货物应数量准确，捆扎牢靠，做好防丢措施；卸货时应清点准确，码

放、堆放整齐，标志向外，箭头向上。⑦提高货物集装化或散装化作业水平。⑧做好装卸现场组织工作。

2．装车堆积

堆积的方式　有行列式堆码方式和直立式堆码方式。

堆积应注意的事项　包括：①堆码方式要有规律、整齐。②堆码高度不能太高。③货物在横向不得超出车厢宽度，前端不得超出车身，后端不得超出车厢的长度为大货车不超过 2 米；载重量 1 000 千克以上的小型货车不得超过 1 米；载重量 1 000 千克以下的小型货车不得超过 50 厘米。④堆码时应重货在下，轻货在上；包装强度差的应放在包装强度好的上面。⑤货物应大小搭配，以利于充分利用车厢的载容积及核定载重量。⑥按顺序堆码，先卸车的货物后码放。

想一想

配送运输的基本作业流程。

3．绑扎

绑扎的形式　包括单件捆绑；单元化、成组化捆绑；分层捆绑；分行捆绑；分列捆绑。

绑扎的方法　包括平行绑扎；垂直绑扎；相互交错绑扎。

绑扎注意事项　绑扎端点要易于固定而且牢靠；可根据具体情况选择绑扎形式；应注意绑扎的松紧度，避免货物或其外包装损坏。

小结

　　本单元对电子自动订货技术，自动识别技术，自动分拣技术，全球定位系统技术与地理信息系统技术及配送运输的概念、基本作业流程、配送运输车辆调度及配送运输线路优化进行了讨论，具体要点如下：①电子订货系统的运作流程。②条形码技术和射频技术各自的特点以及在物流中的应用。③自动分拣技术的特点和适用范围。④GPS 和 GIS 的技术特点及应用。⑤配送方法和车辆运输调度，包括车辆调度内容、原则及调度方法，其中车辆调度方法是车辆调度工作重点，包括表上作业法、经验调度法和运输定额比法，重点是分送式配送运输线路优化。

　　电子自动订货系统（electronic ordering system，EOS）是零售业将各种订货信息，使用计算机并通过网络系统传递给批发商或供应商，完成从订货、接单、处理、供货、结算等全过程在计算机上进行处理的系统。电子订货系统从应用层面来分类可以分为：企业内电子订货和企业间电子订货。依据商品特性及订货方式分类可以分为：定期性订货商品、日配品、生鲜食品、新产品或促销商品。

　　自动识别技术就是应用一定的识别装置，通过被识别物品和识别装置之间的接近活动，自动地获取被识别物品的相关信息，并提供给后台的计算机处理系统来完成相关后续处理的一种技术，包括条码技术和射频识别技术。

　　自动分拣系统一般由控制装置、分类装置、输送装置及分拣道口组成。自动分拣系统

（automatic sorting system）是先进配送中心所必需的设施条件之一，具有很高的分拣效率，通常每小时可分拣商品 6000 ～ 12 000 箱。

GPS 即全球定位系统，又称全球卫星定位系统，中文简称为"球位系"，是一个中距离圆型轨道卫星导航系统，结合卫星及通讯发展的技术，利用导航卫星进行测时和测距。GIS 即地理信息系统既是管理和分析空间数据的应用工程技术，又是跨越地球科学、信息科学和空间科学的应用基础学科。其技术系统由计算机硬件、软件和相关的方法过程所组成，用以支持空间数据的采集、管理、处理、分析、建模和显示，以便解决复杂的规划和管理问题。

配送运输是指将顾客所需的货物通过运输工具及一定的运输线路和其他基础设施送达到顾客手中的活动过程。配送运输可能是从工厂等生产的仓库直接送至客户，也可能通过批发商、经销商或由配送中心、物流中心转送至客户手中。配送运输通常是一种短距离、小批量、高频率的运输形式。配送运输主要由汽车运输，具有城市轨道货运条件的城市可以用轨道运输，对于跨城市的地区配送可以用铁路运输，或者在河道水域用船舶运输。如果单从运输的角度看，它是对干线运输的一种补充和完善，属于末端运输、支线运输。其以服务为目标，以尽可能满足客户要求为优先。

练习题

一、名词解释

电子订货系统　　GPS　　GIS　　自动分拣技术　　配送运输

二、问答题

1. 配送运输具有哪些特点？
2. 配送运输基本作业程序包括哪些环节？
3. 电子订货系统与传统的订货系统有何不同？
4. 比较条形码技术和射频技术的异同。
5. 自动分拣技术有何特点？
6. GPS 和 GIS 在物流业分别有何作用？

单元 7

物流配送成本

知识目标

1. 了解配送成本的含义，特征及其分类。
2. 理解配送成本的构成及其影响因素。
3. 掌握配送成本核算及相关配送成本核算表格的填写。
4. 掌握配送成本预算与决策及如何控制配送成本。

能力目标

1. 熟练掌握各种相关配送成本预算方法。
2. 能根据相关数据配送成本核算及分析各种数据。
3. 能根据相关的成本核算结果，对配送方案做出准确的决策。

情感目标

1. 培养物流配送成本分析意识，实现配送成本最优化。
2. 树立降低物流成本，提高经济效益的精神。

7-11 配送系统降低物流成本

7-11（Seven-Eleven）便利店是全球最大的连锁便利店。截至 2003 年底，7-11 在美国和加拿大拥有门店 5800 多家，同时在包括美国本土以外的 17 个国家和地区特许授权了大约 20 000 家门店。7-11 在 2003 年的销售增长率为 10.1%，全球的 7-11 门店的销售额超过了 360 亿美元。作为全球最大的连锁企业，7-11 取得今天的成功，除了其有效的品牌运作、先进的管理方式之外，其快捷的物流配送体系也是取胜的关键所在。

作为全球最大的连锁便利店，7-11 具有门店分布广、营业面积小、摆放品种多的特点，这就要求物流配送过程必须遵循小批量、多批次、高频度、高效率的物流配送原则。日本 7-11 有效地实现了这一目标，并创建了连锁企业物流配送的成功模式。7-11 从以下几方面降低配送成本：①高密度开店模式为 7-11 集中化物流配送提供了条件。地域划分一般是在中心城市商圈附近 35 公里，其他地方市场为方圆 60 公里，各地区设立一个共同配送中心，以实现高频度、多品种、小单位配送。②高端信息化设施为快捷的物流配送体系提供了平台。物流系统进一步由使用因特网和卫星通信系统连接以及新的人员沟通取代，不仅仅是为了削减商品库存量和提高利润率，而是用来整合商店横向需求链的相关数据。③多媒体配送多元化物流配送形式。多媒体配送也是 7-11 的一大特色，它是指通过卫星通信系统将多媒体广告、天气预测以及云层图，甚至是电子产品配送到各店铺，做到信息的多媒体化，产品销售以及配送的多媒体化，这些都大大提高了 7-11 的配送效率。④快速的顾客需求反应系统提高了物流配送的效率。物流配送是商品从生产者流通到消费者手中的最后一个环节，物流配送的速度和效率会直接影响消费者的满意度。一方面，提高消费者满意度，最大限度地满足消费者的需求就必须要有快捷的物流配送体系；另一方面，快速的顾客需求反应系统可以提高物流配送效率，提高消费者满意度。

（资料来源：http://www.liutongye.org）

作为全球最大的连锁便利店，7-11 具有门店分布广，营业面积小、摆放品种多的特点，这就要求物流配送过程必须遵循小批量、多批次、高频度、高效率的物流配送原则，并有效实施，取得成功。

近年来，我国连锁企业获得了飞速的发展，但是与快速的物流配送体系发展不相适应的就是我国物流配送的滞后。7-11 的配送系统降低配送成本从而降低物流成本，获得更大的经济效益，我们应从本案例中获得什么提示呢？

7.1 配送成本概述

7.1.1 配送成本的含义与特征

1. 配送成本的含义

配送是物流企业重要的作业环节,它是指在经济合理区域范围内,根据客户要求,对物品进行拣选、加工、包装、分割、组配等作业,并按时送达指定地点的物流活动。通过配送,物流活动才得以最终实现,但完成配送活动是需要付出代价的,即需配送成本。配送成本的高低会直接影响到配送中心的利润,进而影响连锁企业利润的高低。因此如何以最少的成本"在适当的时间将适当的产品送到适当的地方",这个问题对配送成本进行控制有着十分重要的作用。

配送成本是配送过程中所支付的费用总和。根据配送流程及配送环节,配送成本实际上是含配送运输费用、分拣费用、配装及流通加工费用等全过程。配送成本费用的核算是多环节的核算,是各个配送环节或活动的集成。配送各个环节的成本费用核算都具有各自的特点,如流通加工的费用核算与配送运输的费用核算具有明显的区别,其成本计算的对象及计算单位都不同。这是根据配送中心的运营情况来核算,但广义的配送成本还包括配送中心建设和配送中心设施购置成本。

2. 配送成本的特征

从配送成本的管理过程中可以看出配送成本往往表现出以下三个特征。

配送成本的隐蔽性 如同物流成本冰山理论中所说的一样,如果把配送成本从企业的财务会计成本完全分离出来,通常的财务会计不是完全不能掌握配送成本,而是通过"销售费用"、"管理费用"科目可以看出部分的配送成本。但是这些科目反映的费用仅仅是全部配送成本的一部分,即企业对外支付的配送费用。而且这些费用是与其他费用一起核算,并不是单独设立"配送费用"科目进行独立核算。

具体来讲,与连锁店之间进行配送所发生的费用是计算在销售费用中的情况类似,同样,备货时支付的费用最终也会归入销售费用;而配送中发生的人工费用与其他部门的人工费用一起分列入管理费用和销售费用;与配送有关的利息和企业内的其他利息一起计入营业外费用。这样企业支出的有关配送费用实际上就隐藏在各种财务会计科目中,管理人员很难意识到配送管理的重要性。

配送成本削减具有乘数效应 假定销售额为 1000 元,配送成本为 100 元。如果配送成本降低 10%,就可以得到 10 元的利润。这种配送成本削减的乘数效应是显而易见的。假如这个企业的销售利润率为 2%,则创造 10 元的利润,需要增加 500 元的销售额,即降低 10% 的配送成本所起的作用相当于销售额增加 50%。可见,配送成本的下降会产生极大的经济效益。

配送成本的"二律背反" 物流上的二律背反定律是指在物流的各要素间物流成本此消彼长。如若利用整体货运方式降低运输成本,但却使库存增加,从而增加库存费用;或者是减少包装费用，但装卸搬运过程中的损害上升，从而造成浪费。这种状态在配送活动中也是存在的，例如，尽量减少库存结点以及库存，必然引起库存补充频繁，从而增加运输次数；同时仓库的减少会导致配送距离变长，运输费用进一步增大。此时一方成本降低，另一方成本增大，形成成本二律背反状态。如果运输费的降低部分超过保管费的降低部分，总的成本反而会增加，这样减少库存结点以及库存就变得毫无意义。例如，简化包装可降低包装作业成本强度，进而降低包装成本，但与此同时却导致仓库里货物堆放不能过高，降低了保管效率。而且由于包装简化，在装卸和运输中容易出现包装破损，导致搬运效率降低，破损率增加也会造成损失。

7.1.2 配送成本的分类

1. 按支付形态分类

按支付形态不同来进行配送成本的分类，主要是以财务会计中发生的费用为基础，通过乘以一定比率来加以核算。此时配送成本可分为以下几种：

材料费 是指因物料消耗而发生的费用。由物资材料费、燃料费、消耗性工具、低值易耗品摊销及其他物料消耗费组成。

人工费 是指因人力劳务的消耗而发生的费用，包括工资、奖金、福利费、医药费、劳保费以及职工教育培训费和其他一切用于职工的费用。

公益费 是指向电力、煤气、自来水等提供公益服务的部门支付的费用。

维护费 是指土地、建筑物、机械设备、车辆搬运工具等固定资产的使用、运转和维修保养所产生的费用，包括维修保养费、折旧费、房产税、土地使用税、车船使用税、租赁费、保险费等。

一般经费 是指差旅费、交通费、资料费、零星购进费、邮电费、城市维护建设税、能源建税及其他税款，还包括商品损耗费、事故处理费及其他杂费等一切一般支出。

特别经费 是指采用不同于财务会计的计算方法计算出来的配送费用，包括按实际使用年限计算的折旧费和企业内利息等。

对外委托费 是指企业对外支付的包装费、运费、保管费、出入库装卸费、手续费等业务费用。

其他企业支付费用 在配送成本中还应包括向其他企业支付的费用。比如商品购进采用送货制时，包含在购买价格中的运费，和商品销售采用提货制时，因顾客自己提货而从销售价格中扣除的运费。在这些情况下，虽然实际上本企业内并未发生配送活动，但却发生了相关费用，故也应把其作为配送成本计算在内。

2. 按功能分类

按功能分类是指通过观察配送费用是由配送的哪种功能产生的而进行分类。按前面所述的支付形态进行配送成本分析，虽然可以得出总额，但还不能充分说明配送的重要性。若想降低配送费用，就应把总额按照其实现的功能进行详细区分，以便掌握配送的实际状态，了解在哪个功能环节上有浪费，达到有针对性的成本控制。按照配送功能进行分类，配送成本大体可分为物品流通费、信息流通费和配送管理费三大类。

物品的流通费 是指为了完成配送过程中商品、物资的物理性流动而发生的费用，可进一步细分为备货费、保管费、分拣及配货费、装卸费、短途运输费、配送加工费。

信息流通费 因处理、传输有关配送信息而产生的费用，包括与储存管理、订货处理、顾客服务有关的费用。在企业内处理、传输的信息中，要把与配送有关的信息与其他信息的处理、传输区分开来往往极为周难，但是这种区分在核算配送成本时却是十分必要的。

配送管理费 进行配送计划、调整、控制所需要的费用，包括作业现场的管理费和企业有关管理部门的管理费。

3．按适用对象分类

按不同的功能来计算配送成本可实现对配送成本的控制，但作为管理者还希望能分别掌握对不同的产品、地区、顾客产生的配送成本以便对未来发展作出决策，这就需要按适用对象来计算配送成本。通过按不同对象归集配送成本以分析出产生不同配送成本的不同对象，进而帮助企业确定不同的销售策略。

按营业单位计算配送成本 就是要算出各营业单位配送成本与销售金额或毛收入的对比，了解各营业单位配送中存在的问题，以便加强管理。

按顾客计算配送成本 可分为按标准单价计算和按实际单价计算两种计算方式。按顾客计算成本可以作为确定目标顾客、确定服务水平等营销战略的参考。

按商品计算配送成本 把按功能计算出来的成本，以各自不同的基准，分配给各类商品，以此计算配送成本。这种方法可用来分析各类商品的盈亏，进而为确定企业的产品策略提供参考。按功能计算配送成本，可以从功能的角度掌握；按支付形态计算出来的配送成本，在将物流部门费用按不同的功能详细划分的时候，其分配基准比例由于行业和企业情况的不同而不同。因此根据企业的实际情况找出分配基准是很重要的。

还可以按单位（配送一件或拣选一个）计算功能配送成本，再就各个功能配送成本的构成比例或金额与上一年度进行比较，弄清增减原因，研究制定整改方案。

7.2 配送成本分析

7.2.1 配送成本的构成与影响因素

1．配送成本的构成

配送活动需要资本和劳动的投入，这些资本和劳动的投入就是配送成本的构成。配送成本主要由配送中心建设与配送设施购置、配送中心运营两个环节的成本组成。配送作为一个整体活动有着共同的成本支出，但每个环节都有各自的成本构成。总的来说，配送成本包括：资金成本分摊、支付利息、员工工资福利、行政办公费用、商务交易费用、自由车辆设备运行费、保险费或者残损风险、工具以及耗损材料费、分拣装卸搬运作业费、车辆租赁费等。以上各项成本可归类为固定成本和变动成本两类。

固定成本 从理论上说，当只有一单位配送量时，固定成本就需要完全由该一单位配送量来承担。因而说固定成本是必需的支出，分配到每单位的固定成本，就需要每单位配送的收益贡献率来弥补。固定成本是由企业规模、生产方式、资金成本来确定的。规模越大、生产的技术手段越先进、资本越密集，其固定成本也就越高。

变动成本 这里的变动成本是就总配送量的成本总额而言的。若从单位配送量的变动成本来看，它是固定的，即它不受配送量增减变动的影响。变动成本主要由劳动力成本、固定资产的运行成本和社会资源的使用成本确定。变动成本和固定成本会因为经营方式的不同发生转化，如自购车辆配送时，购车成本为固定成本；而采用租车运输时，使用车辆的租金成为变动成本。

2. 配送成本的影响因素

影响物流配送成本的因素是多种多样的，既有客观方面的因素，也有主观方面的因素；既有历史方面的因素，也有现实方面的因素；既有宏观方面的因素，也有微观方面的因素。具体影响因素如下：

（1）从一般物流配送活动看

从一般物流配送活动看，影响物流配送成本的因素有：

配送服务水平 由于配送服务水平与物流配送成本的高低是悖反的，配送服务水平要求越高，则为之所付出的配送成本也就越高，反之，则为之所付出的配送成本也就越低。

配送对象的特性 企业所需要配送的商品的密度、体积和重量的大小等都会给配送活动带来不同的难度，进而影响到物流配送成本的高低。

物流配送距离 配送距离越远，配送总成本就越高；但配送距离越远，单位距离的配送成本反而越低，这就是配送活动中运输的距离经济，即运输距离越远，单位运输距离所负担的固定成本就越低，从而单位运输成本就会降低。

配送时间 对配送时间的要求不同，就会影响企业所选择的配送方式和配送运输工具等，进而也会影响到物流配送成本的高低。通常时间要求越紧，所发生的配送成本往往就越高。

物流配送管理水平 企业的各项物流配送活动管理水平也影响着配送成本的高低，企业管理水平越高，配送方案设计科学，配送线路选择合理，配送车辆搭配得当，各种资源利用得充分，配送活动中的各种消耗就会减少，物流配送效率就越高，物流配送成本就会降低。

配送中心的位置和劳动效率 配送中心设置的密度越大，配送的距离就越近，配送成本往往就越低，而且商品供应的保障性就越高，但这很有可能会增加库存总量，并且增加企业对配送中心设施设备的投资额。除以上因素外，影响企业物流配送成本的因素还有，企业的经营规模和技术装备水平，企业专业化和劳动者技术熟练程度，企业拥有的各种资源及其利用效率，企业所处的地理位置，企业所面临的市场环境等。

（2）从物流配送环节看

从物流配送环节看，影响物流配送成本的因素有：

采购过程中的因素 如采购距离的远近，采购批量的大小，采购次数的多少。

分拣整理中的因素 商品验收入库、分拣整理，是一项复杂的工作，可以进行人工分拣，也可以进行机器自动分拣，机器自动分拣准确性好，效率高，可以降低配送中的分拣成本，但企业要支付昂贵的设备购置费。

储存过程的因素 储存货物的数量对企业物流配送系统的各项成本都有重要影响。一般来说，随着物流配送系统中储存货物数量的增加，配送运输成本就会降低而储存成本将会增加。

包装过程的因素 商品包装材料不同，包装技术工艺不同，物流配送过程中的成本就不相同，好的包装材料、包装工艺和技术所发生的包装成本较高，反之包装成本就低。但是，好的包装可以减少商品在储存、运输、装卸搬运时的损耗，可以降低物流配送活动中这方面的成本。

配装过程的影响 在物流配送过程中企业应注意商品送货的顺序，进而确定配装的顺序，并要尽可能地提高装载效率和作业效率。

送货过程的影响 配送过程的送货就是货物的运输，影响送货成本的因素有所送货物的种类、送货距离、送货量、送达时间要求等。

7.2.2 物流成本核算

配送中心承担了连锁企业绝大部分乃至全部的物流任务，因此其物流成本管理实际上是把连锁企业的利润目标具体化，这便要求推行以预算管理为核心的物流成本计划和统筹管理，并通过成本差异分析发现问题，提出解决问题的方法。

配送中心实施物流成本预算管理，必须按照承担管理责任的各个部门或个人编制预算，明确责任，同时配合进行业绩分析和评定。在配送中心物流成本管理中，要注意协调总体成本最低同个别物流费用降低之间的关系，坚持总体成本最低的思想。物流成本分析的方法很多，下面简述一下全面核算和详细核算的主要内容。

1. 配送中心物流成本的全面核算

计算出配送中心物流成本之后，可以计算出以下各种比率，再用这些比率与上一季度或上一年比较来考察配送中心物流成本的实际状况，还可以与同行业其他企业比较，或与其他行业比较。

单位销售额物流成本率 计算公式为

$$单位销售额物流成本率 = （物流成本 / 销售额）\times 100\%$$

这个比率越高则其对价格的弹性越低，从连锁企业历年的数据中，大体可以了解其动向。另外，通过与同行业和其他行业进行比较，可以进一步了解配送中心的物流成本水平。该比率受价格变动和交易条件变化的影响较大，因此作为考核指标还存在一定的缺陷。

单位成本物流成本率 计算公式为

$$单位成本物流成本率 = （物流成本 / 总成本）\times 100\%$$

这是考察物流成本占总成本比率的一个指标，一般作为连锁企业内部的物流合理化目标或检查企业是否达到合理化目标的指标来使用。

单位营业费用物流成本率　计算公式为

单位营业费用物流成本率＝［物流成本／（销售额＋一般管理费）］×100%

通过物流成本占营业费用（销售费＋一般管理费）的比率，可以判断连锁企业物流成本的比重，而且，这个比率不受进货成本变动的影响，得出的数值比较稳定，因此，适合于做连锁企业配送中心物流合理化指标。

物流职能成本率　计算公式为

物流职能成本率＝（物流职能成本／物流总成本）×100%

该指标可以明确装费、运输费、保管费、装卸费、流通加工费、信息流通费、物流管理费等各物流职能成本占物流总成本的比率。

2．配送中心物流成本的详细核算

通过全面核算，我们可以了解物流成本的变化情况及变化趋势，但是对引起物流成本变化的原因，我们还要进一步按照职能分类，对物流成本进行详细分析，然后提出对策。详细分析所用的指标有四类，通过这四类指标的序时分析或按配送中心内的部门、设施分类比较以及与同行业其他企业进行比较，就可以掌握物流成本的发展趋势及其差异。

与运输、配送相关的指标　计算公式为

装载率＝（实际载重量／标准载重量）×100%

车辆开动率＝（月总开动次数／拥有台数）×100%

运行周转率＝（月总运行次数／拥有台数）×100%

单位车辆月行驶里程＝月总行驶里程／拥有台数

单位里程行驶费＝月实际行驶三费／月总行驶里程

（行驶三费＝修理费＋内外胎费＋油料费）

单位运行运费＝运输费／运输总量

有关保管活动指标　计算公式为

仓库利用率＝存货面积／总面积×100%

库存周转次数＝年出库金额（数量）／平均库存金额（数量）

或＝年出库金额（数量）×2/（年初库存金额＋年末库存金额）

有关装卸活动指标　计算公式为

单位人时工作量＝总工作量／装卸作业人时数

装卸作业人时数＝作业人数×作业时间

装卸效率＝标准装卸作业人时数／实际装卸作业人时数

装卸设备开工率＝装卸设备实际开动时间／装卸设备标准开动时间

单位工作量修理费＝装卸设备修理费／总工作量

单位工作量卸装费＝装卸费／总工作量

有关物流信息活动指标　计算公式为

物流信息处理率＝物流信息处理数据传票张数等／标准物流信息处理数传票张数等

单位产品物流信息流通费＝物流信息流通费／总产量

7.2.3 配送成本相关核算表格

配送成本汇总表是反映配送环节在一定时期（年、季、月）的成本的构成、成本的水平和成本计划执行情况的综合性指标报表。利用配送成本汇总表，可以分析、考核各项计划执行情况和各种消耗定额完成情况，研究降低成本的途径，从而不断改善经营管理水平，提高配送盈利水平。

1. 配送运输成本表

（1）配送运输成本汇总表的编制

配送运输成本汇总表是总括反映配送部门在月份、季度、年度内配送车辆成本的构成、水平和成本计划执行结果的报表，如表 7-1 所示。配送运输成本计算表是月报表，表内列有配送车辆的车辆费用和配送间接费用及各成本项目的计划数、本月实际数和本年累计实际数。计划数只在 12 月填列，实际数根据"配送支出"账户明细账月终余额填列，周转量根据统计部门提供的资料填列，成本降低额和成本降低率的计算公式为

$$配送运输成本降低额 = 配送车辆上年实际单位成本 × 本年配送实际周转量 - 本年配送实际总成本$$

$$配送运输成本降低率 = 配送成本降低额 + 配送车辆上年实际单位成本 × 本年实际配送周转量$$

表 7-1 配送运输成本汇总

编制单位：××   ×× 年 ×× 月 ×× 日

项 目	行 次	计划数 / 元	本期实际数	本年累计实际数 / 元
一、车辆费用	1	5 217 100		5 139 188
1. 工资	2	258 700		258 265
2. 职工福利基金	3	28 700		28 696
3. 燃料	4	1 683 400		1 670 141
4. 轮胎	5	462 000		455 372
5. 保修	6	851 200		835 996
6. 大修	7	487 000		477 960
7. 折旧	8	394 500		380 938
8. 养路费	9	904 600		883 645
9. 公路运输管理费	10	8 500		88985
10. 行车事故损失	11	32 000		34 240
11. 其他	12	30 000		29 950
二、配送运输间接费用	13	967 000		933 254
三、配送运输总成本	14	6 184 100		6 072 442
四、周转量 / 千吨 公里	15	43 452		43 395 134
五、单位成本 / （元 / 千吨 公里）	16	142.32		139.93
六、成本降低额	17	65 601		168 684
七、成本降低率 /%	18	1.05		2.73

续表

项 目	行 次	计划数 / 元	本期实际数	本年累计实际数 / 元
补充资料（年表填列）	19			
上年周转量	20			42 689 642
上年单位成本 /（元 / 千吨 公里）	21			143.83
总行程 / 千车 公里	22	115		10 999
燃料消耗 /（升 / 百吨）	23	7.3		7.36
历史最好水平（单位成本）	24			

（2）配送运输汇总表

配送运输成本汇总表的一般分析，主要是根据表中所列数值，采用比较分析法，计算比较本年计划、本年实际与上年实际成本升降情况，结合有关统计、业务、会计核算资料和其他调查研究资料，查明成本水平变动原因，提出进一步降低物流配送成本的意见。现以表 7-1 所示数值为例进行分析：

1）年度计划配送成本要求比上年实际降低 1.05%，成本降低额为 65 601 元。实际成本降低 168 684 元，成本降低率为 2.73%。成本降低额大幅度超过计划要求，主要原因是配送单位成本的降低。

2）车辆费用和配送间接费用的实际数均低于计划数，表明企业在节约开支方面是有成绩的。

3）养路费计划为 904 600 元，实际为 883 645 元。实际数低于计划数应进一步分析原因。

4）行车事故损失，计划数是 32 000 件，实际数为 34 240 件。虽然实际数比计划数相差不大，但应引起重视，仔细分析原因。

配送运输成本的这种一般分析，只能了解成本水平升降的大致情况，为了进一步揭示成本变动的具体原因，需要从以下几个方面作比较深入的分析：①燃料、材料价格和一些费用比率（如折旧率、大修理基金提存率、养路费率等）变动对成本水平的影响。②各项消耗定额和费用开支标准变动对成本水平的影响。③配送车辆数及其载重量变动和车辆运用效率高低对成本水平的影响等。

2. 分拣成本分析

分拣成本的分析方法与上述配送运输成本的分析相同，也是先编制配送分拣成本汇总表，然后进行差异分析，在此不在赘述。在编制配送分拣成本汇总表时，项目根据分拣成本构成项目进行填列，如表 7-2 所示。

表 7-2 配送分拣成本汇总

编制单位：××   ×× 年 ×× 月 ×× 日

项 目	行 次	计划数 / 元	本期实际数	本年累计实际数 / 元
一、分拣直接费用	1			
1. 工资	2			
2. 职工福利基金	3			

续表

项　目	行　次	计划数 / 元	本期实际数	本年累计实际数 / 元
3.修理费	4			
4.折旧费	5			
5.其他	6			
二、配送分拣间接费	7			
三、配送分拣总成本	8			
四、分拣量	9			
五、单位成本	10			
六、成本降低额	11			
七、成本降低率 /%	12			

　　配装成本以及流通加工成本的分析方法与上述配送运输成本的分析相同，也是先编制成本汇总表，然后进行差异分析，在此不再赘述。在编制成本汇总表时，项目根据各成本构成项目进行填列。

7.3　配送成本的预测与决策

　　配送成本管理是配送管理的重要内容，降低配送成本与提高配送服务水平构成企业配送管理最基本的课题。降低配送成本是通过一定的方法进行的。

7.3.1　配送服务与配送成本的关系

　　物流配送服务与物流配送成本之间关系一直是企业需要很好平衡的问题，而且二者之间的效益是悖反的。所谓效益悖反是指物流配送服务的高水平必然提升客户对企业的满意度，使企业的业务量增加、营业收入增加，经济效益提高，但同时也带来了企业配送成本的增加。也就是说，高水平的物流配送服务是以较高的物流配送成本为支撑的，较高的物流配送成本又会使得企业的效益下降。而且，物流配送服务水平与物流配送成本之间并非成比例变动。当配送成本和服务水平都处在较低水平时，增加一定数量的物流配送成本就可以使配送服务水平有一个较明显的提升，但是，当物流配送服务水平提升到一定程度时，再通过增加物流配送成本来提升物流配送服务水平的效果就不再明显。

　　企业应根据物流配送成本效益悖反的原理，以及企业自身的目标市场定位和企业的市场战略，科学地、有针对性地确定物流配送的服务水平。企业所追求的目标应该是，在尽可能低的总成本条件下实现既定的顾客服务水平。

　　企业物流配送服务水平的高低直接取决于企业的战略定位，所有的企业都必须通过物流配送来达到其业务目标。从战略上看，物流配送的重要程度常取决于是否积极利用物流配送的能力去获得竞争优势，所有的企业都必须努力为顾客创造价值，这种价值是获得并维系忠诚顾客的关键。创造顾客价值的方法之一就是为顾客提供满意的配送。

物流配送活动及企业所能做的是保持配送服务水平和配送服务成本的平衡。如果不考虑企业的成本和效益，企业可以达到任何水平的物流配送服务，在现在的经营环境和技术装备条件下，限制企业物流配送服务水平的因素是经济，而不是技术。也就是说，如果企业愿意承担必要的成本费用，任何物流配送服务水平都是可以达到的。企业在物流配送服务水平和物流配送成本的平衡上，可以采用价值工程即价值分析的方法进行平衡。

7.3.2 配送成本的预测与决策

1．配送成本的预测

配送成本预测是企业物流配送成本管理的重要组成部分，是根据企业物流配送活动的历史资料，考虑预测期的要求和条件变化，对企业未来的物流配送活动进行分析和判断，对配送成本所发生的金额和配送成本水平及变化趋势作出科学的预计和测算。配送成本预测是配送成本管理的基础工作，也是配送成本决策的前提。通过对配送成本进行预测，可以掌握未来配送成本的发生水平及其变动趋势，为企业配送成本决策和利润预测创造条件。

2．配送成本预测的程序

科学准确地预测物流配送成本，必须有一套组织严密、步骤完整，并经实践检验可行的预测程序。物流配送成本预测的程序为：

1）根据企业预测期的经营目标，如营业收入或利润目标明确配送成本的预测目标。

2）围绕企业预测期的经营情况，搜集影响企业预测期营业收入、配送成本、营业利润的各种有关资料。

3）建立进行配送成本预测的预测模型。

4）根据预测模型的预测值，结合企业预测期的有利和不利的内外部因素，再根据企业目标成本管理的要求，确定预测期的配送成本数额和配送成本发展水平及变动趋势。

3．配送成本预测的方法

物流配送成本的预测方法可以根据是否利用模型计算，分为定性预测分析法和定量预测分析法两类。

（1）定性预测分析法

定性预测分析法不需要通过一定的数学、统计等模型经过计算得出结论，它是由物流配送成本预测者通过对市场及其他有关方面的调查而掌握比较全面的资料后，凭借其工作经验和对业务的熟悉情况，应用综合判断能力对未来企业的物流配送成本的发生情况及变动趋势所作的一种客观判断。这种方法多数是在缺乏系统、完整的历史资料，或影响事物发展变化的有关因素难以量化的情况下进行的，其优点是预测时间短，预测费用少，不需要拥有详尽的资料和较高的计算水平。但缺点也较突出，主观性强，而客观性较差，有一定的任意性。

（2）定量预测分析法

定量预测分析法是要通过一定的数据，利用数学、统计等模型，经过计算得出结论。

常见的定量预测分析法包括：简单算术平均法，加权算术平均法，指数平滑法和一元线性回归分析法等，具体如下：

简单算术平均法 简单算术平均法是将过去若干报告期间的物流配送成本按时间顺序进行加总，然后再除以报告期的期数，所得到的商数就是预测期的物流配送成本的预测值。

【例7-1】 某企业 2002～2006 年的物流配送成本分别是 365 万元、378 万元、402 万元、437 万元和 460 万元。2007 年的物流配送成本是多少？

解：根据简单算术平均法得该企业 2007 年的物流配送成本是

$$(365 + 378 + 402 + 437 + 460) \div 5 = 408.4（万元）$$

简单算术平均法的特点是计算简单，容易理解，但缺点是预测值不准确，比较适合各期配送成本变动较小的情况下使用。

加权算术平均法 加权算术平均法是将过去若干报告期间的物流配送成本按时间顺序进行排列，然后根据其与预测期时间的远近不同，赋予其不同的权数，离预测期越近，所赋予的权数越高，反之所赋予的权数越低。

【例7-2】 资料同例 7-1，用加权算术平均法预测该企业 2007 年的物流配送成本。

解：根据加权算术平均法的原理，该企业 2007 年的物流配送成本为

$$(365 \times 1 + 378) 42 + 402 \times 3 + 437 \times 4 + 460 \times 5) \div (5 + 4 + 3 + 2 + 1) = 425（万元）$$

加权算术平均法的特点是计算较简单，容易理解，预测值较简单算术平均法准确，因为它考虑了过去不同时期的成本对预测期的成本影响，离预测期越近的期间的成本对预测期的影响越大，离预测期越远的年度成本对预测期的成本影响越小，故给予了不同期成本的不同权数。

指数平滑法 也称指数移动平均法，它是利用加权因子即平滑系数对过去不同期间的实际物流配送成本进行加权计算，以显示远期和近期实际物流配送成本对未来期间的物流配送成本预测值的不同影响作用的一种成本预测方法。

采用指数平滑法预测时，首先，由远而近地按照一定的平滑系数计算各期的平滑值；然后，直接以最后一期的平滑值作为下一期的预测值，或在进行趋势修正的基础上确定预测值。指数平滑法预测值的计算公式为

$$y_{t+1} = ax_t + (1-a) \times y_t \tag{7-1}$$

式中：x_t——基期实际成本；

$\quad\quad y_t$——基期成本预测值；

$\quad\quad a$——平滑系数；

$\quad\quad y_{t+1}$——预测期的成本预测值

在采用指数平滑法预测物流配送成本时，平滑系数通常由预测者根据过去的成本实际值与预测值之间的大小而定，一般在 0 与 1 之间，即 $0 \leqslant a \leqslant 1$，平滑系数 a 值的大小，体现了不同时期的实际配送成本与配送成本预测值的差异的大小。

【例7-3】 某企业 2006 年所发生的实际物流配送成本为 386 万元，而 2005 年预测的 2006 年的物流配送成本为 394 万元。若平滑系数取 0.3，2007 年的物流配送成本是多少。

解：

$$y_{t+1} = ax_t + (1-a) \times y_t = 0.3 \times 386 + (1-0.3) \times 394 = 391.6（万元）$$

在运用指数平滑法预测物流配送成本时，若预测值与实际值之间的差异较大，可适当增大平滑系数 a 的值，以相应提高近期实际值对预测值的影响。反之，则应适当缩小平滑系数 a 的值。

一元线性回归分析法 也叫直线趋势法，是根据过去若干期间物流配送成本的实际资料，确定可以反映物流配送成本增减变动趋势的一条直线。一元线性回归分析法是将企业的营业收入视为自变量，利用预测对象随营业收入的变化而变化的数量关系建立直线趋势方程 $y = a+bx$，并以此计算物流配送成本的预测值。

在直线趋势方程 $y = a+bx$ 中，把 a 和 b 看成参数，a 和 b 的求和公式是

$$a = \frac{\sum y - b \sum x}{n}, \quad b = \frac{n \sum xy - \sum x \sum y}{n \sum x^2 - (\sum x)^2} \tag{7-2}$$

【例 7-4】 某企业 2002 ~ 2006 年的营业收入和物流配送成本的资料如表 7-3 所示。

表 7-3　某企业营业收入和配送成本

时　间	营业收入 / 万元	配送成本 / 万元
2002 年	640	524
2003 年	732	610
2004 年	765	634
2005 年	788	687
2006 年	916	730

经预测该企业 2007 年的营业收入为 1080 万元，用 1 元线性回归分析法预测该企业 2007 年的物流配送成本是多少。

解：首先，按一元线性回归分析法的基本要求，对以上资料进行整理加工如表 7-4 所示。

表 7-4　整理后营业收入和配送成本表

时　间	x	y	xy	x^2
2002 年	640	524	335 360	40 960
2003 年	732	610	446 520	535 824
2004 年	765	634	485 010	585 225
2005 年	788	687	541 356	620 944
2006 年	916	730	668 680	839 056
	$\Sigma x = 3841$	$\Sigma y = 3185$	$\Sigma xy = 2476926$	$\Sigma x^2 = 2990649$

其次，求 a 和 b 的值：

$$b = \frac{5 \times 2476926 - 3841 \times 3185}{5 \times 2990649 - 3841^2} = 0.755, \quad a = \frac{3185 - 0.755 \times 3841}{5} = 57$$

最后，计算该企业 2007 年预测营业收入为 1080 万元时的物流配送成本为

$$y = a + bx = 57 + 0.755 \times 1080 = 872.4 \text{（万元）}$$

4．配送成本核算的决策

（1）配送成本决策

所谓配送成本决策，是指企业管理者在现实条件下，为达到预期的配送成本目标而从两个以上的可行性方案中选择最满意的方案的过程。决策作为一个提出问题、分析问题和解决问题的复杂过程，通常包括确定决策目标，取得决策信息，提出备选方案，选定最优方案等若干基本步骤。物流配送成本决策的目标是为了实现成本最优化，使企业的经营活动在未来一定期间里的各种耗费达到最低，实现成本最小化，是实现利润最大化的基础，也是圆满实现企业经营目标所不可缺少的。在实际工作中，为了通过配送成本决策实现成本最优化，企业管理者必须全面且正确地把握其物流配送服务所面临的市场环境、竞争环境、燃料能源供应环境，必须把握本企业的经营目标、经营策略、经营管理现状，必须把握企业实际拥有的人力、物力、财力以及各种经济资源在可预见的未来的增减变动情况。

（2）配送成本决策过程中涉及的成本概念

配送成本决策过程中涉及的成本概念包括：

差别成本 差别成本是指若干备选方案预期成本之间的差额，它是配送成本决策分析中广泛使用的一个成本概念。差别成本通常是由于配送活动中的运输方式或储存商品的种类发生改变所导致的有关方案预期成本在数量上的差异。

例如，某公司利用现有的加工能力可以为 A 公司加工商品，其预计总成本是 11 万元；也可以为 B 公司加工商品，其预计总成本是 12 万元。在这里，为 A、B 两家公司加工成本差额 1 万元，即是为 A、B 两家公司提供加工的差别成本。

差别成本同差别收入是紧密相连的。所谓差别收入是指若干备选方案预期收入之间的差额。如上述为 A、B 两家公司加工的收入分别是 15.6 万元和 16 万元，则二者的收入相差 0.4 万，这就是为 A、B 两家公司提供加工的差别收入。

差别成本和差别收入是进行差别分析的主要方面，它们之间的比较形成了差别利润，通过差别利润可以衡量各个方案的优劣。上例为 A、B 两家公司的加工，其差别成本是 1 万元，而差别收入是 0.5 万元，为 A 公司提供的加工差别利润是 0.6 万元，而为 B 公司提供运输的差别损失是 0.6 万元。在利用差别成本、差别收入和差别利润进行决策时的原理通常是：当差别收入大于差别成本时，选择后一个方案；当差别收入小于差别成本时，选择前一个方案；差别收入等于差别成本时，选择哪个方案都可以。

机会成本 机会成本是指企业在若干备选方案中，选定某一方案而放弃另一方案时所丧失的潜在收益，它是因决定选择某一行动方案而付出的一种代价。一般情况下，决策者总是在至少两个以上的可行性方案中选取最优行动方案而放弃"次优"方案。这样，被放弃的方案的预期收益，就构成被选取的最优方案的全部成本的一部分；即将已淘汰的次优方案可能获得的收益，作为已选定的最优方案的机会成本。

例如，某批发中心在工厂采购回来的商品可直接销售，但为了更好地满足顾客需要，增加商品的附加值，也可以经过流通加工后再销售，直接销售的收入是 17 万元，而流通加工后再销售的收入是 21 万元，但还要支付 2.2 万元的追加加工成本。决策者只能在是否加工上选择一个方案，选择其中的一个方案，必然要放弃另一个方案。如果决策者选择对商品进行流通加工，那么，其收入为 21 万元，而成本由两部分构成，一部分是流通加工追加成本 2.2 万元，另一部分是放弃直接销售的机会成本 17 万元。

之所以要将被淘汰的有关方案的潜在收益作为被选取的某一方案的机会成本，是因为企业实际拥有的经济资源是有限的，用在一个方面，就不可能同时用在另一方面。在分析、评价有关备选方案的可行性时，只有把已失去的机会可获得的收益也考虑进去，才能真正对所选定的方案的优劣作出科学的、全面的、客观的评价。

边际成本　边际成本是指因业务量变动一个单位所引起的配送成本的变动数额，它是由于多（或少）提供一个单位的业务量而相应增加（或减少）的成本额。

例如，企业原来加工产品 12 000 件，其加工成本是 18 000 元，现在该企业实际加工的产品是 12 001 件，其加工总成本是 18 001 元，总成本的变动额为 1 元，因业务量增加 1 单位所导致总成本增加 1 元，那么这 1 元就成为边际成本。边际成本可以用来判断增加或减少某种业务量的数量在经济上是否合算。在现有经营能力没有得到充分利用的情况下，任何新增加的业务量，只要收费价格高于边际成本，就会增加企业的利润或减少企业的亏损。

边际成本同边际收入是密切联系的。所谓边际收入是指因提供的业务量变动 1 个单位所引起的营业收入的变动数额，它是由于多（或少）提供 1 个单位的业务量而增加（或减少）的营业收入额。如上述企业加工业务增加 1 件，收入则增加 1 元。

如上述某企业原为用户提供的储存量是 12 260 吨，收费是 2 574 600 元，现为用户提供的储存量是 12 261 吨，收费是 2 574 780 元。由于储存量增加 1 吨而增加的储存收入 180 元，即为边际收入。

边际成本和边际收入是进行边际分析的主要因素，这种分析方法可以在劳务提供量、劳务定价等决策中发挥重要作用。这是因为，当企业的边际成本和边际收入相等或相近时，企业所从事的经营活动所获得的利润为最大额，此时企业所完成的业务量也是最佳业务量。

沉落成本　沉落成本是指一经发生即无法收回或不能得到补偿的成本，它是现实决策所不能改变的。例如，某物流公司有一条加工线，购置价为 42 万元，累计已提折旧 23 万元，还有账面净值 26 万元，现在因公司业务结构发生变化，该设备被闲置，公司打算将其出售或出租。那么，企业无论是将该设备出租还是出售，以及其收入分别是多少，都不需要考虑该装卸设备的净值 26 万元，则其为沉落成本。沉落成本实际上是一种一经耗费便一去不复返的成本，它与目前所进行的决策没有什么关系，所以，企业在分析、评价有关方案的经济性时无须考虑。

可避免成本与不可避免成本　可避免成本是指同某特定备选方案直接相联系的成本，其发生与否，完全取决于与之相联系的备选方案是否被选定。这就是说，如果某备选方案不被采纳，某项成本就不会随之发生；而如果某备选方案被采纳，某项成本就会随之发生。此时，该项成本就是可避免成本。

如企业对 A 产品进行加工，如果企业还对 B 产品进行加工，则企业要对车间进行改造，需发生改造成本 17 万元，改造成本 17 万元是否发生，完全取决于企业是否经营 B 产品的加工业务，故此处的 17 万元的改造费用就是同是否经营加工 B 产品业务这一方案直接相联系的可避免成本。可避免成本与不可避免成本是相对应的，所谓不可避免成本是指不同某一特定备选方案直接相联系的成本，其发生与否，并不取决于有关方案是否被选定。也就是说，不论决策者最终选定哪个方案，也不论某个方案是否被选中，该项成本依旧会发生。例如某企业每年所发生的财产保险费 2 万元，无论企业下年度从事 A 产品的配送，还是从事 B 产品的配送活动，该项财产保险费 2 万元仍然要发生，它不取决于企业选择经营什么种类的商品配送活动，故这里的 2 万元的保险费就是不可避免成本。

可避免成本与不可避免成本在企业成本决策中的作用是完全不同的，在选择备选方案时，只需考虑可避免成本，而对于不可避免成本是不需要考虑的，否则，它会干扰企业正常的配送成本决策。

特定成本与共同成本　特定成本是指专门同某种业务直接相联系的有关固定成本，它是有具体而明确的归属对象的。例如，企业租入一台分拣设备，专门用于甲商品的分拣，该设备每年的租金等费用为 26 000 元，在此，该分拣设备每年的租金等费用 26 000 元，即为经营甲商品的特定成本。特定成本同共同成本是相对应的。所谓共同成本，是指同时和若干种配送业务都有联系的固定成本，它没有具体的、明确的归属对象，通常应由几种业务共同分担。

相关成本与非相关成本　相关成本是指同备选方案有密切关系，在决策分析时必须加以考虑的有关成本。如以上的差别成本、机会成本、边际成本、可避免成本、特定成本等都是相关成本。非相关成本是指同备选方案没有直接联系，在决策分析时可以不必考虑的有关成本。如以上的沉没成本、不可避免成本和共同成本等，都属于非相关成本。

（3）物流配送成本决策分析方法

在物流配送成本的决策中，常用的决策分析方法主要有以下几种：

差量成本决策法　是通过对若干可行性方案的预测的总成本或变动成本的计算和比较，以其所求得的成本差额的性质和大小来衡量有关方案优劣程度的一种成本决策分析方法。

当有关备选方案既有固定成本，又有变动成本，且固定成本不一致时，衡量各方案优劣程度的标准就是总成本，通常以预期总成本最小的方案为最优方案。当有关备选方案既有固定成本，又有变动成本，但固定成本相等时，或者有关备选方案没有固定成本，只有变动成本时，衡量各个方案优劣程度的标准就是变动成本，通常以预期变动成本总额最小的方案为最优方案。

【例 7-5】　某物流企业现在有一批 5000kg 货物加工订单，该业务额为 10.2 万，现在有两种方式可对订单处理。一种是委托加工，每公斤加工成本为 15.5 元，只需要 5 个工作日；一种是自行加工，每公斤加工成本为 15 元，要 15 个工作日完成。资金占用成本为 15%。若每提前一天完工则可得到 0.8% 的价格优势，该批货物应采用哪一种加工方式更加合理？

解：这个问题其实是比较差量成本决策法，看哪种方式成本更加合理。

委托加工的总成本

$$5000 \times 15.5 = 77\,500\ （元）$$

自行加工的总成本

$$5000 \times 15 + 102\,000 \times （15-5）\times 15\%/360 + 102\,000 \times （15-5）\times 0.8\%$$
$$= 75\,000 + 425 + 8\,160$$
$$= 83\,585\ （元）$$

根据以上的计算可以得出，虽然自行加工的成本较低，但其他费用较高，总成本仍然比委托加工高，所以在本例中企业应选择委托加工是合理、经济的。这个例子也告诉我们选择方案不能以某一种价格来比较，而是加上其他费用再比较其差量成本。

临界成本决策分析法 是通过对两个或两个以上可行性方案的固定成本和变动成本的计量与比较，确定各方案预期总成本临界时（即总成本相等时）的业务量，并以此临界业务量为标准，来衡量有关方案优劣程度的一种决策分析方法。

采用这一方法的基本考虑是：不同的备选方案，其预期固定成本总额可能是不相同的，预期单位业务量的变动成本也可能是不同的。但是，基于变动成本总额为单位变动成本与业务量的乘积这一事实，在某一特定的业务量上，不同备选方案的预期总成本却有可能趋于相等。在临界成本决策法下，选取最优方案的原则（标准）为：当预期业务量小于临界点的业务时，应以预期固定成本低，而单位业务量变动成本较高的备选方案为优。当预期业务量大于成本临界点的业务量时，应以预期固定成本高，而单位业务量变动成本较低的备选方案为优。

【例 7-6】 某企业为了更好地满足市场的多样化需求，增加商品的附加值，在商品配送过程中，对所配送的商品 A 进行流通加工，市场上有两种配送加工设备可供企业选择，即：全自动设备加工和半自动化设备加上的年使用固定成本分别为 57 万元和 40 万元，经技术部门和财务部门测算，两种设备由于加工的效率不同，且加工精度及材料消耗等也不同，其单位加工变动成本每件分别为 4 元和 6 元，该企业应选择哪种设备？

解： 该问题两种设备的固定成本和单位业务量变动成本都不同，我们无法从固定成本总额或单位变动成本上看出哪种设备优劣。全自动化设备年固定成本高，但单位变动成本低，而半自动化设备年固定成本低，但单位变动成本高。我们只能找到使这两种设备总成本相等的业务量，然后，根据企业每年的流通加工量，来判断企业选择哪种设备有利。假设这两种设备使用总成本相等时的业务量是 X，则

全自动化设备年使用总成本＝半自动化设备年使用总成本

即

$$570\,000 + 4x = 400\,000 \text{ 元} + 6x$$

解得 $\qquad x = 85\,000$ （件）

这就是说，当企业每年的流通加工量为 85 000 件时，选择全自动设备还是半自动化设备，其流通加工效益是无差别的，若企业每年的流通加工量大于 85 000 件时，选择全自动化设备更有利，反之，选择半自动化设备更经济。

经济批量决策分析法 经济批量分析法常常使用在存货的采购决策和流通加工的投入批量的决策上。在物流配送的活动中存货采购量的确定常使用经济批量法进行决策。

一般情况下的经济订货批量。这里所说的一般情况是一种理想的情形，即每次订货一次全部到达，提前期为零，陆续均衡耗用的条件下，不存在缺货问题。故年存货总成本中便不含缺货成本。另外，为简化计算，也暂不考虑存货的价格折扣，也就是说存货的年购入成本对订货量不发生影响。

在企业配送经营活动中，某项存货全年的需要量是可以预测的，每次订货数量越多，年订货次数就越少，平均库存量就越大，从而使订货成本相应减少，储存成本相应增加。

反之，如果每次订货数量越少，那么订货次数就越多，平均库存量就越小，因而订货成本将相应增加，储存成本则相应减少。此时，企业的管理者要从企业的整体利益出发，在订货成本和储存成本此消彼长的矛盾中，通过一定的分析和计量，确定使用二者之和为最低的订货量即经济订货量。

数量折扣条件下的经济订货批量。所谓数量折扣是指每次采购某种存货的数量达到或超过一定限度时，即可享受到价格上的优惠，这种价格优惠通常称为数量折扣。在有数量折扣的条件下对采购企业而言，可以获得商品降价的好处、运费上的节约、采购订货费用的减少等经济上的利益，但也存在储存费用增加、资金积压、利息增加的情况，有时可能出现存货价格下跌，使企业面临市场风险。所以企业应全面衡量接受数量折扣的利弊。存货数量折扣决策分析的一般方法是成本比较法，即对有数量折扣条件下的存货总成本，与没有数量折扣条件下仅经济订货量采购存货的总成本进行比较，从中选取总成本低的为决策行动方案的一种成本决策分析法。

边际贡献决策分析法　边际贡献决策法的前提条件是将企业的所有成本按与业务量的关系分为固定成本和变动成本两部分，在此基础上进行分析。所谓边际贡献是指营业收入减去变动成本的差额，即边际贡献额＝营业收入－变动成本（单位边际贡献＝单位收费价格－单位变动成本）。企业经营活动的边际贡献的意义就是补偿固定成本，然后为企业带来利润。利用边际贡献决策分析法往往可以解决企业的剩余经营能力的利用问题。在应用边际贡献决策分析时，若几个方案的固定成本是相同的，那么，此时的固定成本就是无关成本，哪个备选方案的边际贡献多，哪个就是最优的方案。

【例 7-7】　某企业利用现有的仓储能力，可以经营以下几种商品中的任一种储存业务，有关资料如表 7-5 所示，该企业选择哪种商品储存的利益最大。

表 7-5　某企业三种储存业务

储存出货种类	甲	乙	丙
储存存货数量／吨	2500	2800	3320
单位存货收费	285	264	236
单位存货变动储存费用	213	196	162
专属固定成本			3120
共同固定成本	120 000		

解：该企业的共同固定成本是 120 000 元，无论企业选择哪一种存货的仓储业务，其都是要发生的，所以是无关成本。而丙种存货的 3120 元为专属固定成本，甲、乙两种存货不用考虑，则

甲种存货的边际贡献为

$$2500 \times （285-213） = 180\ 000 （元）$$

乙种存货的边际贡献为

$$2800 \times （264-196） = 190\ 400 （元）$$

丙种存货的边际贡献为

$$3320 \times (236-162) - 31\,200 = 214\,480\,（元）$$

根据以上计算可以看出，该企业选择丙种商品储存的利益最大。

7.4　配送成本的控制

物流是企业第三利润源，如何降低商品在流通环节中的物流成本是企业着重要解决的一个突出问题。由于商品在从制造商传送到顾客手中的整个物流过程中，配送中心日益成为一个重要环节，其运营成本在整个物流成本中所占的比例越来越大。因此，降低配送中心的经营成本，提高配送中心的经营效益，就显得尤为重要。

7.4.1　配送中心效益的来源

1. 配送中心产生的效益

规模效益　配送中心对多家厂商和客户起到了中介作用，如果减少供求之间的交易次数，那么相应地增加了交易批量，这正是效益背反的体现。因此在批量进货时，配送中心可以获得价格折扣及功能折扣，并与客户分享这部分利益，实现双赢甚至多赢，寻求长期稳定的合作伙伴。

发挥专业化的分工优势　建立配送中心后可以充分发挥物流业、销售业的专业化优势，利用各种方法和技术有效防止缺货和库存过多；同时，对商品的维护和保养效果也优于分散管理商品的其他企业。

有效控制商品质量　配送中心与多家厂商建立了业务联系，通过物流信息对商品质量控制，质量信息反馈相对有效和迅速，从而实现配送中心的经济利益。

减少客户的库存　各个客户可以按照对配送中心提出的服务要求减少库存持有量，甚至实现零库存，这样配送中心可以为客户节约大量的库存资金，而配送中心也可以与客户共享利润达到双赢的目标。

有效降低物流成本　配送行业的兴起，形成专业的配送中心以及进一步发展的共同配送，对于降低物流成本，可以起到显著的作用。配送中心通过专业分工对各种货物的专业管理，有效地降低了物流成本。

2. 配送中心效益的具体来源

配送中心效益的具体来源如下：

从运输的角度看　配送中心使商流和物流分离，物流线路缩短，减少了运输次数，提高了车辆装卸利用效率，能保证客户最佳的订货量；同时，共同配送有利于降低运输费用，配送中心可以选择最佳的运输手段和工具。

从保管的角度来看　配送中心减少了货物储存的在库点个数，降低了人力、物力和财力的投放；商品统一在库管理，提高了保管质量；充分利用仓储空间，增强了保管效益。

从包装的角度来看　配进中心降低了包装材料费用，提高了材料利用率；包装工艺简洁化、作业流水化,提高了作业效率。同时,包装作业机械化,降低了人力成本。

从装卸的角度来看　配送中心使交易次数、装卸次数明显减少,降低了人力成本,减少了货物损失;另外,采用集装单元化可以提高作业效率、提高货物周转效率及保护效果。

7.4.2 配送中心的成本控制

一般而言,降低配送中心的经营成本可以通过两大途径来实现:一是减少商品的损失,二是降低商品的物流成本。因此,配送中心一方面要降低作业的出错率,另一方面要进行物流跟踪和成本控制。

1. 商品损失成本的控制

在配送中心的运作管理中,信息出错、操作失误会导致商品的损失,因此而形成的成本是配送中心成本控制的一个重要内容。

在传统的配进中心运作和管理中,商品物流信息主要以手工表单、账簿的形式表现出来,商品的进出库及库存情况不能及时地反映出来。同时由于整个作业过程都是手工管理,出错率高,经常出现账货不符、商品货位不清、发送错货等现象,这些都会加大商品损失,并且使作业管理经常处于混乱之中,使得配送中心的经营成本居高不下。为了避免传统的配送中心作业过程中手工操作出错率高的缺点,配送中心作业流程操作的每一步都要准确、及时,并且具备可跟踪性、可控制性和可协调性。随着信息技术的广泛应用,物流企业可以依靠信息技术来控制物流。例如条形码技术是物流中最常用的一种技术,其在配送中心也是很常见的,一些比较先进的配送中心设有射频识别技术。这些技术可以加强配送中心的管理,以提高作业的标准化和准确率,减少因商品损失而带来的物流成本的增加。如国内的海尔物流配送中心和联华物流中心等都采用条形码技术加强物流中心的管理。

2. 采购成本的控制

承担采购职能的配送中心,对采购成本的控制是其成本控制的一个主要内容。采购成本主要包括:进货价格,货物的运输费、包装费,各种手续费及采购人员的差旅费用等。为了控制采购成本,配送中心应加强以下几项工作。

加强对市场采购信息的收集和分析　在目前我国市场经济尚不发达、信息不够畅通的情况下,采购信息掌握的充分与否直接影响着物流企业配送中心的进货成本。市场采购信息是多方面的,主要包括:货源信息,如货源的分布、结构、供应能力等;流通渠道信息,如供应商的相关情报;价格信息,如市场价格的变动情况;运输信息以及管理信息等。配送中心只有全面掌握上述信息,通过比较研究才能选择合适的货源,以最优惠的价格取得进货,并顺利地完成运输。

与供应商建立融洽的关系　配送中心进货量大,销售快,商品结构、品种较为固定,对运作和管理要求较高。因此,有必要与供应厂商特别是大型供应厂商建立融洽的关系,从而获得合作紧密、供应稳定的渠道伙伴。同时在价格上尽可能得到较大的优惠即价格折扣,从而在更好地保证商品质量的同时降低采购成本。

制定适宜的采购计划与合理的采购批量 采购时机与采购批量的合理确定，就是要使采购成本与储存成本最低。上述问题的确定与库存控制就成为一个问题的两个方面，即当库存量达到订货点时即为采购时机，采购批量为经济订货批量。订货期的确定要考虑从配送中心订货到供应厂商发货到达的时间间隔，要考虑配送中心对产品加工、组配并将货物送到连锁门店所需的时间。此外，配送中心还要有一个安全存货，以防止出现运输延误、制造商不能及时交货、天气变化等情况，影响及时配送货物。安全存货水平取决于影响运输交货的因素有多少，一般根据经验来确定。上述这种定量订货方法，适用于常年销售且销售量比较稳定的商品。对于零星销售且销售量不稳定的商品，可采用定期订货的方法，即事先确定一个相对固定的订货周期，预测下一个周期内的需求量，然后根据库存量来确定订货数量。

3. 库存管理成本的控制

（1）库存效益的衡量指标

配送中心库存效益的衡量指标主要有以下几种：

库存周转率 库存周转率是衡量经营绩效以及库存量是否适当的重要指标。周转率越高，库存周转期越短，则表示用较少的库存完成了同样的销售，即提高了资金的使用率。库存周转率的计算方法主要有：①出货量（营业额）÷平均库存量。②售价金额÷库存成本。③销售成本金额÷库存成本。④销售金额÷库存金额等。

在对库存周转率进行衡量时，如果出现问题应及时改进，采取相应对策予以弥补。经常出现的问题及对策包括：①如果出现库存周转率低的情况，物流企业可采取如下几种对策。第一，配送中心应尽量缩减存货量，尽量缩短库存天数，增加采购次数，避免资金积压。建立预测与实际的跟踪模型，控制库存。第二，配送中心应尽量缩减单品的存货量，增加储存品种数。第三，配送中心应尽量缩短订货前置期。②如果库存周转率过大，库存周转速度过快，可能引发因库存不足而导致的缺货。针对这种情况，物流企业可以采取如下几种对策。第一，配送中心的采购周期及频率应尽量配合库存周转率，最好每月控制采购次数，使其等于库存周转率。第二，每次采购量基本配合补充期间的销售量。

库存周转天数 这是从流动资金的角度管理库存，因为影响流动资金的两个重要因素是应收账款和应付账款，而库存天数又与它们有着密切的关系，因此，控制库存周转天数就能有效管理资金的流动。库存周转天数的计算方法主要有：①年库存周转天数（365天）÷年库存周转率。②月库存周转天数（30天）÷月库存周转率两种。

交叉比例系数 这是从提高综合赢利能力的角度，考察库存的合理性。交叉比例系数的计算方法主要有：①库存周转率×毛利率。②毛利÷库存金额两种。

库存计划控制度 这是通过设置有效的库存周转率标准，以达到库存控制的目的。库存计划控制度的计算方法为：实际库存周转率÷标准库存周转率。

在对库存计划控制度进行衡量时，配送中心应针对问题，提出对策，随时加以改进。主要对策有：配合库存周转率，修正目前设置的标准库存，以符合实际运营需求；加强实物管理，在仓库的货架上贴标签，标明货品编号、商品名称、最高库存量及最低库存量，每天定时巡视；采用最恰当的库存管理方式。

（2）库存管理成本的衡量及改进

库存管理成本的衡量主要是通过库存管理费率这一指标进行的，它衡量的是公司每单位存货的库存管理费用。库存管理费率的计算方法为：库存管理费用÷平均库存量。

如果库存管理费率值过高，则表示库存管理费用没有得到良好的控制，配送中心应积极寻找改善对策。主要是通过审核以下库存管理费用以发现改进的机会：①仓库管理费。入出库验收、盘点调查及整理等人事费、警卫费、仓库照明费、空调费、调温费、建筑物及其附属设备和器具的维修费用。②损耗费。货物品质恶化、破损损失、盘点损失等费用。③资金费用。货物变价、机会成本损失和库存价值损失。④商品淘汰费用。促销商品、季节商品过时退化费用。⑤税收折旧。仓库建筑物、升降机等附属设备的固定资产税、贷款资产税、折旧费。⑥保险费、仓库租金等。

（3）库存损失的衡量及改进

库存损失的衡量是用呆滞货品报损率指标来进行的，它是用来测定货品耗损造成资金积压的状况。呆滞货品报损率的计算方法主要有：①呆滞商品件数÷平均库存量。②呆滞商品销售金额÷库存成本。③呆滞商品成本金额÷库存成本。④呆滞商品销售金额÷库存金额等。

一般来说，若货物停滞仓库时间超出其周转天数，则可视为呆滞货品，其改善对策主要有：①验收严格把关，防止不合格品混入。②加强保持期管理。③推行标准化与简单化，减少商品品种改变的损失。

7.4.3 降低配送成本策略

物流配送使企业的流通加工、整理、拣选、分类、配货、装配、运送等一系列活动实现了集合，同时配送活动也增加了产品价值，有利于提高企业的竞争力。对配送的管理就是在配送的目标即满足一定的顾客服务水平与配送成本之间寻求平衡，在一定的配送成本下尽量提高顾客服务水平，或在一定的顾客服务水平下实现配送成本最小化。以下是在一定的顾客服务水平下使配送成本最小化的五种策略。

1. 混合策略

混合策略是指配送业务中只有一部分由企业自身完成。尽管采用单一策略（即配送活动要么全部由企业自身完成，要么完全外包给第三方物流完成）容易形成一定的规模经济，简化管理。但由于产品品种多变、规格不一、销量不等情况，采用单一配送策略的方式一旦超出一定范围不仅不能取得规模效益，反而还会造成规模不经济。而采用混合策路，即合理安排企业自身完成的配送和外包给第三方物流完成的配送，则能最大限度利用企业和社会的配送资源，使配送成本实现最小化。

例如，广州的一家服装生产企业为了满足其在全国 3000 家连锁店面的配送需要，分别建造了 5 间大型的配送中心，并拥有自己的车队。随着市场的扩大，企业的配送系统满足不了企业的发展。但是在做计划预算的时候却发现建立一个新型的配送中心需要 3000 万元，而且这样建立起来的配送中心的仓库还满足不了需求。于是企业把部分职能转向第三方物流，租用别人的公共仓库，结果发现，如果企业在附近租赁公共仓库，增加一些必要的设备，再加上原有的仓储设施，企业所需的仓储空间就足够了。这样费用算下来才287万，比起3000万元的建设费节省了很多。

2. 差异化策略

差异化策略的指导思想是根据不同产品特征，提供差异化的顾客服务水平。当企业拥有多条产品线时，不能对所有产品都按同一标准的顾客服务水平进行配进，而应按照产品的特点、销售水平，来设置不同的库存、运输方式以及储存地点，为顾客提供差异化的服务。忽视产品的差异性，盲目配送就会增加不必要的配送成本。

例如，一间制造企业，为降低成本，按各种产品的销售量比重进行ABC分类：A类产品的销售量占总销售量的70%以上，B类产品占20%左右，C类产品则为10%左右。对A类产品，公司在各销售网点都备有库存；B类产品只在地区分销中心备有库存，而在各销售网点不备有库存，C类产品连地区分销中心都不设库存，仅在工厂的仓库才有存货，这样可以大大控制库存量减少资金的积压。经过一段时间的运行，事实证明这种方法是成功的，企业总的配送成本下降了20%。

3. 合并策略

合并策略包含两个层次，一方面是配送方法上的合并，另一方面则是共同配送。

(1) 配送方法上的合并

企业在安排车辆的配送任务时，充分利用车辆的容积和载重量，做到满载满装，是降低成本的重要途径。由于产品品种繁多，不仅包装形态、储运性能不一，在重量方面，也往往相差甚远。一辆运输车上如果只装重量大的货物，往往是达到了载重量，但容积空余很多；只装重量小的货物则相反，看起来车装得满满的，实际上并未达到车辆载重量，这两种情况实际上都造成了浪费。实行合理的轻重配装，容积大小不同的货物搭配装车，不但可以在载重方面达到满载，而且也能充分利用车辆的有效容积，取得最优效果。最好是借助计算机计算货物配车的最优解。

(2) 共同配送

共同配送是一种产权层次上的共享，也称集中协作配送。它是几个企业联合、集小批量为大批量、共同利用同一配送设施的配送方式。共同配送的标准运作形式是：在中心机构的统一指挥和调度下，各配送主体以经营活动（或以资产）为纽带联合行动，在较大的地域内协调运作，共同对某一个或某几个客户提供系列化的配送服务。这种配送有两种情况：一是中小型生产企业、零售企业之间分工合作实行共同配送，即同一行业或在同一地区的中小型生产、零售企业单独进行配送的运输量少、效率低的情况下进行联合配进，这样不仅可减少企业的配送费用，使配送能力得到互补，而且有利于缓解城市交通拥挤的情况，提高配送车辆的利用率；第二种是几个中小型配送中心之间的联合，针对某一地区的用户，由于各配送中心所配物资数量少、车辆利用率低等原因，几个配送中心将用户所需物资集中起来，共同配送。

例如，本单元开头案例导入中提到的日本连锁企业7-11充分利用了共同配送来减低配送成本。日本的7-11连锁便利店曾在14年之内将送货卡车从72辆减至12辆，交通流量削减了83%，其通过共同配送系统配送的商品占所有商品的85%。目前，日本共同配送业务十分普及。

我国的共同配送有横向和纵向两种类型。

横向共同配送 具体形式如下：①同产业的共同配送，是指同产业的生产或经营企业，通过配送中心或物流中心集中运输货物的一种方式，其具体做法有两种形式，一是委托统一配送。另一种形式是完全的统一化。②异产业间的共同配送，从它的形成来看可以分为三种形式：一种是以大型超市主导的异产业共同配送；再有是以地域中坚型批发企业为主导的异产业共同配送；还有一种是以产、批组合型异产业共同配送。③共同集配，是指以大型运输企业为主导的合作型共同配送，即由大型运输企业统一集中货物，合作参与企业或批发商将商品让渡给指定运输业者，再由各运输企业分别向全国配送。共同集配非隶属于配送中心，可以说这是一种运输企业主导型物流。

纵向共同配送 具体形式为：①批发与厂商间的物流共同化，有两种形式，一是厂商力量较强的产业，厂商自身代行批发功能，或利用自己的信息网络，对批发企业多频率、小单位配送服务给予支援；二是厂商是以中小企业为主、批发商力量较强的产业。②零售与批发之间的物流共同化，有两种类型，一是目前大型零售业建立自己的物流中心批发商经销的商品都必须由该中心，再向零售企业的各店铺进行配送；二是对于中型零售企业来讲它们不是自己建立物流中心，而是由批发商建立零售商专用型的物流中心，并借以进行零售物流。

共同配送是现代物流配送作业经过长期发展和探索优化出来的一种配送形式，也是美国、日本等发达国家广泛采用、影响面较大的一种先进的物流合理化形式。这种配送形式正在我国物流行业中加以探索和实践，相信这种配送形式在全国物流业较为发达的珠三角地区大有发展前景。

4．延迟策略

传统的配送计划安排中，大多数的库存是按照对未来市场需求的预测量设置的，这样就存在着预测风险，即当预测量与实际需求量不符时，就会出现库存过多或过少的情况，从而增加配进成本。延迟策略的基本思想就是对产品的外观、形状及其生产、组装、配送应尽可能推迟到接到顾客订单后再确定。一旦接到订单就要快速反应，因此采用延迟策略的一个基本前提是信息传递要非常快。

（1）实施延迟策略的企业应具备的几个基本条件

实施延迟策略的企业应具备的几个基本条件为：①产品特征。模块化程度高，产品价值密度大，有特定的外形，产品特征易于表述，定制后可改变产品的容积或重量。②生产技术特征。模块化产品设计、设备智能化程度高、定制工艺与基本工艺差别不大。③市场特征。产品生命周期短、销售波动性大、价格竞争激烈、市场变化大、产品的提前期短。

（2）实施延迟策略经常采用的方式

配送中心经常采用的延迟策略可分为生产延迟（或称形成延迟）和物流延迟（或称时间延迟）两种。因为配送中往往存在着流通加工活动，所以实施配送延迟策略既可采用形成延迟方式，也可采用时间延迟方式。具体操作时，常常发生在诸如贴标签（形成延迟）、包装（形成延迟）、装配（形成延迟）和发送（时间延迟）等领域。

例如，美国一家生产金枪鱼罐头的企业就通过采用延迟策略改变配送方式，降低了库存水平。历史上这家企业为提高市场占有率曾针对不同的市场设计了几种标签，产品生产出来后运到各地的分销仓库储存起来。由于顾客偏好不一，几种品牌的同一产品经常出现某种品牌的畅销而缺货，而另一些品牌却滞销压仓。为了解决这个问题，该企业改变以往的做法，在产品出厂时都不贴标签就运到各分销中心储存，当接到各销售网点的具体订货要求后，才按各网点指定的品牌标志贴上相应的标签，这样就有效地解决了此缺彼涨的矛盾，从而降低了库存。

5．标准化策略

标准化策略就是尽量减少品种多变而导致附加配送成本，尽可能多地采用标准零部件、模块化产品。例如，广东中山的一家生产红木家具的企业，按统一规格生产出标准的服装，直到顾客购买时才按顾客的身材调整尺寸大小。采用标准化策略要求厂家从产品设计开始就要站在消费者的立场去考虑怎样节省配送成本，而不要等到产品定型生产出来了才考虑采用什么技巧降低配送成本。

小结

配送成本（distribution cost）是配送过程中所支付的费用总和。配送成本的核算会影响到企业的其他成本，影响整个企业的运作情况。根据配送流程及配送环节，配送成本实际上是含配送运输费用、分拣费用、配装及流通加工费用等全过程配送成本，是物流成本的重要组成部分，也是降低物流成本所考虑的重要因素。配送成本预测是企业物流配送成本管理的重要组成部分，是根据企业物流配送活动的历史资料，考虑预测期的要求和条件变化，对企业未来的物流配送活动进行分析和判断，对配送成本所发生的金额和配送成本水平及变化趋势作出科学的预计和测算，物流是企业第三利润源，如何降低商品在流通环节中的物流成本是企业着重要解决的一个突出问题。由于商品在从制造商传送到顾客手中的整个物流过程中，物流配送使企业的流通加工、整理、拣选、分类、配货、装配、运送等一系列活动实现了集合，同时配送活动也增加了产品价值，有利于提高企业的竞争力。对配送的管理就是在配送的目标即满足一定的顾客服务水平与配送成本之间寻求平衡，在一定的配送成本下尽量提高顾客服务水平，或在一定的顾客服务水平下实现配送成本最小化，掌握在一定的顾客服务水平下使配送成本最小化的五种策略。

配送中心日益成为一个重要环节，通过本章的学习对配送成本有一个全面的认识，掌握配送成本的核算方法以及控制配送成本的策略。

练习题

一、名词解释

配送成本　　二律背反　　差别成本　　机会成本　　边际成本

二、计算题

1. 某企业预计全年需要购进某种存货 24 000 件，每件存货的市场价格为 60 元，平均每次订货费用为 1000 元，每件存货的年储存费用是 12 元。该企业每次订这种货物的经济订货量是多少？若供应商为了多销售，鼓励客户多采购，规定每次采购量在 300 件（含 300 件）至 4000 件之间时，销售价格可优惠 2%，每次采购量在 4000 件及以上可优惠 3%，该企业每次订货量应该为多少件？

2. 某企业的存货储存方法可以采用自建仓库解决，也可以采用租赁仓库解决。若自建仓库，每年需发生仓库折旧费用 120 000 元，每年仓库维护费用 26 000 元，水电费 23 000 元，管理人员工资 144 000 元，办公费 25 200 元，每吨货物年养护费为 5.6 元。若租赁仓库储存货物，每年每吨货物只需支付 23.8 元，该企业在何种情况下应自建仓库？在何种情况下应租赁仓库使用？

三、问答题

1. 如何理解管理物流配送成本的意义？
2. 影响物流配送成本的因素有哪些？
3. 企业配送服务水平与配送成本的关系如何？作为企业如何处理这种关系？
4. 如何进行配送成本核算？
5. 企业常用的配送成本预算方法有哪些？
6. 如何对配送成本进行控制？

单元 8

物流配送绩效考核管理

 知识目标

1. 了解企业绩效、物流绩效、配送中心绩效的概念。
2. 了解配送绩效考核的评价指标。
3. 了解配送中心经营绩效考核的评价指标。
4. 掌握影响配送中心绩效的因素，以及配送中心绩效评价的作用和方法。

 能力目标

1. 运用不同的分析方法，对配送中心绩效评价指标进行分析。
2. 能提出改善绩效的有效对策。

 情感目标

1. 建立完善的物流配送绩效考核管理体系。
2. 通过绩效考核体系的建立，提高物流配送中心的服务质量。

日本可口可乐千叶配送中心的经营业绩

日本可口可乐千叶配送中心占地面积 14 800 平方米,总建筑面积为 10 696 平方米,其中包括自动仓库 1208 平方米,高约 30 米,储存着小批量的各种饮料,满荷库存 5000 箱,日常储备量在 3500 箱左右;处理事务用房 1744 平方米,分拣配送作业区 5177 平方米,备有自动分拣系统,每小时可处理 2500 箱;立体停车场 2197 平方米,中心拥有 66 辆卡车,每天担负向半径为 25 公里内的 8700 家店铺和 4100 台自动售货机分送饮料的任务,从中心出货到店铺收货在 2 小时左右;空容器放置区 380 平方米。整个投资成本预计 5 年全部回收,可见,物流效益不一般。

该中心采用三种方式接收客户订单:①EOS(电子订货系统)。②电子传真。③电话。中心接单后,发出指令在 48 小时内分送到各店铺,如店铺要求可在 24 小时内送到。如遇店铺急需补货,备有一台自动拣选系统和轨道输送机,任何一批配送的货物,从中心接到紧急补货指令到完成出货装上运送的卡车,只需 20 分钟。配货结束后,由自动输送带以托盘为单元输送,并用塑料薄膜塑封机自动塑封。这个流通中心建成前周围有 10 余家小型流通中心在分送这些饮料,为了进一步推进客户服务,降低成本,提高效率,改善流通中心环境,体现集约化的规模效应,集中在目前的新址投资 35 亿日元建立了一个非常现代化的可口可乐千叶流通中心,以取代原来的 10 余个小型流通中心的功能。

这种集约化配送,比之以前节约 50 名劳动力,店铺接货时间缩短 21.4%,物流活动效率提高 26.5%,库存商品压缩 25%,取得较好的效率和效益。

(资料来源:www.lbexps.com)

案例解析

从日本可口可乐千叶配送中心的案例可以看出,现代物流配送中心采用了一系列的专业物流机械设备,通过合理的订货、收货等方法,已经基本取代了传统流通中心的地位。它不仅可以提高物流作业效率,节约企业运作成本,更能与多种营运方式高效结合,促进配送中心经营业绩的提高。

案例思考

什么是企业绩效?提高配送中心绩效的方法有哪些?读了这个案例后,你有哪些想法?

8.1　配送绩效考核管理概述

现代物流配送中心是在市场经济条件下,以加速商品流通和创造规模效益为核心,以商品代理和配送为主要功能,集商流、物流、信息流于一体的现代综合流通企业。设计物流配送中心绩效考核管理及评价指标体系,可以全面客观反映物流配送中心的发展状况,促进物流配送中心调整经营结构,创造规模效益。

8.1.1　绩效考核基本概念

企业绩效　绩效一词在英文里的含义为"表现",企业绩效是指在一定的经营期间内企业经营效益和经营者的业绩。企业经营效益主要表现在盈利能力、资产运营水平、偿债能力和后续发展能力等方面。经营者业绩主要表现为经营者在经营管理企业的过程中对企业的经营、发展所取得的成果和所做出的贡献。

企业绩效评价　企业绩效评价是运用数理统计和运筹学方法，采用特定的指标体系，依据统一的评价标准，按照一定的程序，通过定量、定性分析，对企业在一定的经营期间内的经营效益和经营者的业绩，做出客观、公正和准确的综合判断。评价内容重点在盈利能力、资产运营水平、偿债能力和发展能力等方面。

物流绩效　物流绩效通常是指物流活动中一定量的劳动消耗和劳动占用与符合社会需要的劳动成果的对比关系，即投入与产出的比较。物流活动是指运输、仓储、装卸、搬运、包装、流通加工、物流信息、配送等要素或功能的物流服务，包含物流增值服务；劳动成果是物流服务的内容、质量、水平及客户满意度。

配送中心绩效　配送中心绩效指配送中心依据客户订单在组织配送运作过程中的劳动消耗和劳动占用与所创造的物流价值的对比关系，或者是配送运作过程中配送中心投入的配送资源与创造的物流价值的对比。

8.1.2 配送绩效考核管理的必要性

配送中心绩效高低主要由物流配送时间、物流配送成本和物流配送质量来衡量。中国物流配送由于受多方面因素的影响，配送中心总体配送水平比较低。

物流配送时间长　根据有关资料介绍，工业生产中物流配送活动所占时间为整个供应过程的 90% 以上，物流配送过程中运输以及生产、销售准备过程中的存储所占时间比重又相对较高，而中国现行运输管理体制也制约了不同运输方式之间的高效衔接，一定程度上减缓了物流配送速度。目前，全国铁路货运列车的平均技术速度仅为 45 公里/小时；因散装、集装箱运输技术尚未普及，装卸效率低，铁路货车中转停留时间约为 5 小时。公路运输营运货车平均车日日程仅 200 公里左右，车辆工作率约 60%。城市内运输由于道路面积增长与车辆增长不适应，车辆运输速度不断下降，严重影响了城市物流配送的绩效。

物流配送成本高　我国每年因包装造成的损失约 150 亿元，因装卸、运输造成的损失约 500 亿元，保管不善造成的损失在 30 亿上下，公路货运因缺乏合理的物流组织，空驶率多年来保持在 50% 左右；铁路因能力不足，使相当数量的商品失去销售机会或无法保证企业提供客户满意的服务；水运因运输组织方式原因而不能完全适应市场需求变化，使许多产品失去了低价运输的途径。落后的物流组织方式与管理水平是我国物流配送成本占产品价格百分比远高于经济发达国家的重要原因。

物流配送质量低　在总体上分析计算物流配送质量是一个十分困难的问题。社会经济活动中的物流配送过程非常复杂，物流配送活动的不同内容和形式，必须采用不同的方法去分析物流配送质量。我们可以用全社会物流费用占 GDP 比重来衡量国家总体物流效率。据有关资料介绍，美国、日本、欧盟等发达资本主义国家基本在 10% 左右，并且在近几年依然有下降趋势，而我国约为 20% 左右，远远超过同期发达国家的比例。

想一想

影响我国配送中心总体配送水平的因素是怎样产生的？

因此，中国物流配送领域急需建立一套完整、严谨的配送中心绩效考核的管理机制和评价指标体系来衡量和约束各个配送中心在经营、运作中存在的问题。

8.1.3 影响配送中心绩效的几个因素

订单处理对配送中心绩效的影响 订单处理的成效深深影响着物流配送的后续作业乃至整个物流配送系统的活动效率。根据订单组织企业的物流配送活动，以需求拉动物流配送运作、组装和运输的方式，能大大减轻存货风险，免除中间不必要的库存。以订单组织物流配送的方式与传统生产配送模式相比，首先，其最大差异在于极大地改变了交货的速度，交货时间由原来 40 ～ 50 天缩短为数天内完成，缩短存货的持有时间；其次，较低的库存等级，其存货反映的是立即的真实需求，而其他中间渠道商则更多的扮演增值服务角色；再次，产品是在收到货款后才组装的，不存在商品跌价问题。依据客户需求下订单给加工厂生产，客户产品选择性大，满意度高，能满足客户的多样化需求和对产品或服务的个性化要求。

知识链接

George Stalk 经过长期咨询实践和理论研究，指出三条著名的时间响应法则：

1）0.5-5 法则。即完整的物流配送流程中处理各项作业所需的实际基于时间的企业物流配送绩效研究，时间只占整个流程时间的 0.5% ～ 5%，而其余的 95% ～ 99.5% 都是浪费时间。

2）3-3 法则。浪费的时间平均由三部分组成，包括上一活动批量处理所延误的时间、本活动批量处理延误的时间及两种活动的过渡时间。

3）1/4-2-20 法则。即时间每缩短 25%，企业物流配送绩效可以增加一倍，成本可以降低 20%。

由此可知，物流配送流程浪费的时间里，有 2/3 是由于没有效率的订单处理作业所造成，改善订单处理过程，缩短订单处理周期，提高订单处理的效率，提供订单处理全程信息跟踪，可以大大提高客户服务水平与顾客满意度，有效提高企业物流配送绩效。

库存对配送中心绩效的影响 如果说"资金是世界运转的润滑剂"，那么库存就是物流配送运作的润滑剂，库存持有成本是物流配送成本中最昂贵的部分。将实物存货转化为流动资产是很困难的，因此持有库存的投资决策蕴涵着很大的风险。库存成本较容易确定并且客观性强，商品的库存量、商品的库存周转率、仓库的利用率、商品的品种数等都会影响到库存的成本。库存决策需要对特定的存货进行分类，然后将其装运到具体的市场，并以销售量预测来进行一系列的物流配送活动。显然，对存货进行不适当地管理与分类，物流配送就会迷失方向，物流配送服务的顾客满意度就会下降。

库存管理的目标就是在提升客户服务水平的同时增加库存的财务回报。产品可得性是衡量客户服务水平相当重要的一个方面，产品的短缺会影响对客户需求的满足程度，改变企业的物流配送计划，从而影响企业响应客户需求的速度。正如缺货会扰乱企业的配送活动一样，积压同样也会产生种种问题，会由于增加仓储、磨损、保险、税收和陈旧等原因而增加库存成本、减少盈利。

　　运输对配送中心绩效的影响　物流配送管理的核心是产品的存储和运输，因此，合理地组织商品的运输是提高物流配送绩效的主要内容之一。物流配送合理化不仅包括运输的一般问题，如运输方式和运输路线的选择、物品的合理调运，还要对运输工具利用率进行研究，制定出满足客户要求，达到客户服务水平、同时又保持较低运输费用的运输方案等。

　　运输对时间的影响主要表现为运输速度，也就是完成特定的客户运输服务所需要的时间。运输速度和成本的关系，主要表现在两个方面：一是提供更快捷的运输服务实际上也意味着要花费更多的的运输成本；二是运输服务越快，运输中的存货越少，无法利用的运输间隔时间就越短。因此，对运输方式的选择就是对运输服务的速度和成本的平衡。

　　客户服务对配送中心绩效的影响　客户服务是衡量物流配送系统为客户创造时间和空间效应能力的尺度。客户服务水平决定了企业能否留住现有客户以及吸引新客户。而且，客户服务水平直接影响企业所占市场份额和物流配送总成本，并最终影响其盈利能力。

　　因此，对企业而言，将客户进行 ABC 分类可以有效的改善对客户的服务水平。将 A 类设定为重点客户、B 类为有较大发展潜力的客户、C 类是无利可图的客户。企业可用主要精力关注 A 类和 B 类客户，通过加快对客户需求的响应速度及各种增值服务，增加客户的消费效用，提高客户的满意度与忠诚度。

知识链接

顾客满意度

　　顾客满意度包括行为意义上的顾客满意顾客满意度和经济意义上的顾客满意度。行为意义上的顾客满意度是顾客在历次购买活动中逐渐积累起来的连续的状态，是一种经过长期沉淀而形成的情感诉求，它是一种不仅仅限于"满意"和"不满意"两种状态的总体感觉。经济意义上的顾客满意度，可以从其重要性方面加以理解。顾客满意度指数是全面、综合度量顾客满意程度的一种指标，顾客满意度指数（ACSI）模型的结构如图 8-1 所示。

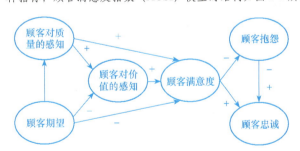

图 8-1　顾客满意度指数（ACSI）结构模型

　　从上述模型结构中可以看出，顾客满意度指数由顾客期望、顾客对质量的感知、顾客对价值的感知、顾客满意度、顾客抱怨和顾客忠诚六种变量构成，其中顾客期望、顾客对质量的感知、顾客对价值的感知是前提变量，由于以上三种变量的作用，产生了顾客满意度、顾客抱怨和顾客忠诚三个结果变量，正负号分别表示正相关和负相关关系。

　　将此模型应用于物流配送可得出如下结论：

　　顾客期望　顾客在购买前对其需求的产品或服务寄予的期待和希望。顾客对物流配送服务的期望，包括对配送服务的响应时间、运输准确性、售前服务、售后服务的期望和要求。

知识链接

　　顾客对质量的感知　指顾客在购买和消费产品或服务过程中对质量的实际感受和认知。客户对物流配送的感知主要是对物流配送服务质量的感知，包括配送的服务态度、配送网点的布局、货款结算和发票；咨询、投诉和理赔质量的方便程度、接待态度和处理结果等。

　　顾客对价值的感知　顾客在购买和消费产品或服务的过程中，对所支付的费用和所获得的实际收益的体验。客户对物流配送的价值感知包括客户在给定价格的前提下对物流配送服务的评价；客户在物流配送服务质量满足其需求的基础上对其定价合理性的评价，从配送服务的过程中所付出的成本和所感受到的价值的评价；在一定的价格和质量上，对其满足心理、文化、社交等价值的感知。

　　顾客满意度　顾客对物流配送服务质量和价值的感知与其所期望的要求相比较所得出的结论。如果可感知效果低于期望，顾客就不会满意；如果可感知效果与期望相匹配，顾客就会满意；如果可感知效果高于期望，顾客就会非常满意。

　　顾客抱怨　当顾客的要求对配送服务质量、价值的感知与所期望的要求相比较所得不被满足的时候，就会产生顾客抱怨。

　　顾客忠诚　顾客在对某一产品或服务的满意度不断提高的基础上，重复购买（光顾）该产品或服务以及向他人热情推荐该产品或服务的一种体现。

> **做一做**
>
> 　　小组内每人试讲一个有关"客户满意度"的小故事。

知识链接

　　据国际权威机构调查：

　　1）客户服务不好，造成 94% 客户离去。

　　2）因为没有解决客户的问题，造成 89% 客户离去。

　　3）每个不满意的客户，平均会向 9 个亲友叙述不愉快的经验。

　　4）在不满意的用户中有 67% 的用户要投诉。

　　5）较好的解决用户投诉，可挽回 75% 的客户。

　　6）及时、高效且表示出特别重视，尽最大努力去解决用户的投诉，将有 95% 的客户还会继续接受你的服务。

　　7）吸引一个新客户是保持一个老客户所要花费费用的 6 倍。

　　8）找任何一个企业家或专业人员，问其企业成功的原因，几乎都会得到这样的回答："因为我提供非常好的客户服务。"

　　事实正是如此。

8.1.4　配送绩效考核举例

　　吉列公司　在拉美地区的业务网点包括设在墨西哥、智利、巴西、哥伦比亚、阿根廷、委内瑞拉、厄瓜多尔及秘鲁的产品制造中心和配送中心。每一年，各个网点工作人员的物流业绩考核是采用 12 项物流绩效指标测评的。这些指标是装运准确性、库存准确性、库存周转率、订单周转时间、供应率、配送中心效率、配送中心储存密度及订单执行绩效等。吉列公司为每个指标设置年度个人奖和集体奖。在颁奖时，每个获奖个人或单位必须向其他人讲授自己怎样经过一年来的努力而获得成功。这样一来，每个配送中心的配送管理水平都得到了提高。

　　施乐公司　致力于配送网络的重新设计，包括配送中心（仓库）的数量、配送中心（仓库）的位置、成品及服务套件配送设施的重新考虑。如何设计高效的配送中心？施乐公司派代表参观其他行业的一系列配送设施，交换关于仓储绩效和仓储配送设施的操作方法及受访企业在这方面的经验与教训的信息。施乐公司的物流工程师设计一个用来衡量每项配送设施的运行状况的指标——每人时产品装运量，选择的基准化合作伙伴是 LL Bean 公司。

知识链接

　　1）企业关键业绩指标。企业关键业绩指标（Key Process Indication，KPI）是通过对组织内部流程的输入端、输出端的关键参数进行设置、取样、计算、分析，衡量流程绩效的一种目标式量化管理指标，是把企业的战略目标分解为可操作的工作目标的工具，是企业绩效管理的基础。KPI 可以使部门主管明确部门的主要责任，并以此为基础明确部门人员的业绩衡量指标。建立明确的切实可行的 KPI 体系，是做好绩效管理的关键。

　　2）确定关键绩效指标的 SMART 原则。SMART 是 5 个英文单词首字母的缩写：S 代表具体（specific），指绩效考核要切中特定的工作指标，不能笼统；M 代表可度量（measurable），指绩效指标是数量化或者行为化的，验证这些绩效指标的数据或者信息是可以获得的；A 代表可实现（attainable），指绩效指标在付出努力的情况下可以实现，避免设立过高或过低的目标；R 代表现实性（realistic），指绩效指标是实实在在的，可以证明和观察，T 代表有时限（time bound），注重完成绩效指标的特定期限。

　　3）建立 KPI 指标的要点。包括：流程性、计划性、系统性。

8.2　配送绩效考核的评价指标

　　开展绩效评估能正确判断配送中心的实际经营水平，提高经营能力和管理水平，从而增加配送中心的整体效益。配送中心的绩效评估是运用数量统计和运筹学方法，采用特定的指标体系，对照统一的评估标准，按照一定的程序，通过定量、定性分析，对配送中心在一定经营期间的经营效益和经营者的业绩作出客观、公平和准确的综合判断。

8.2.1　配送中心绩效评价

　　配送中心绩效评价是对物流价值的事前计划与控制以及事后的分析与评估，以衡量配送中心配送系统和配送活动全过程的投入与产出状况的分析技术与方法。

　　配送中心绩效评价内容　包括三个方面：①配送中心财务方面。包括配送成本、配送业务量、配送业务营业收入、配送利润水平及利润趋势的评价等。②配送中心技术方面。包括配送中心业务流程的评价、配送中心设施设备的配置及运行的评价等。③配送中心资源方面。包括能源利用率、原材料利用率、回收率及资源对环境的影响情况等。

　　配送中心绩效评价目标　包括：①通过评价服务水平和配送成本，并与以往进行比较分析，向管理者和顾客提供绩效评估报告。②应用配送系统标准体系实时对配送系统运作绩效进行控制，以此改进配送运作程序，调整运作方式。③评价配送中心各业务部门和人员的工作绩效，达到激励员工、实现更优化配送运作效率的目的。④评价配送中心作业绩效，了解配送中心空间、人员、设施、物品、订单、时间、成本、品质、作业规划等各个要素的状况，以便采取改进的措施。

配送中心绩效评价的作用　包括：①提出和追踪物流运作目标以及完成情况，并进行不同层次和角度的分析和评价，实现对物流活动的事先控制。②判断配送中心目标的可行性和完成程度，进而调整物流目标。③提升物流绩效。④是企业内部监控的有效工具和方法。⑤分析和评估配送中心资源素质与能力，确定物流发展战略。

8.2.2　配送中心作业绩效考核的评价指标

1. 配送中心作业效率的评估要素

配送中心作业效率的评估要素包括以下几个方面：

设施空间利用率　衡量整个配送中心空间设施是否已充分利用。所谓设施，指除人员、设备以外的一切硬件，包括办公室、休息室、仓储区、拣货区、收货区和出货区等区域空间的安排及一些消防设施等周边硬件。所谓设施空间利用率就是针对空间利用度、有效度做考虑。简而言之，就是提高单位土地面积的使用效率，要考虑货架、仓储区的储存量、每天理货场地的配货周转次数等。

人员利用率　衡量每一个人员有无尽到自己最大的能力。对于人员作业效率的考核分析，是每一个企业经营评估的重要指标。人员利用率担保评估主要从以下几个方面着手：①人员编制。要求人员的分配达到最合理化的程度，避免忙闲不均，这里包括上班作息时间的安排。通常要研究四个方面的问题，即工作需要性，工作量（劳逸合理性），人员流动性，加班合理性。②人员效率。人员效率管理的目的，是为了提高人员的工作效率，使每一个工作人员在作业期间内能发挥最大的生产效率。也就是说，掌握操作人员的作业速度，使配送中心的整体处理量水平相对提高。

设备利用率　衡量资产设备有无发挥最大产能。配送中心的设备主要用于保管、搬运、存取、装卸、配送等物流作业活动。由于各种作业有一定的时间性，设备工时不容易计算，通常从增加设备稼动时间和提高设备每单位时间内的处理量来实现提高设备利用率的目的。

商品、订单效率　衡量商品销售贡献是否达到预定目标。配送中心应该抓好几项工作：①通过对配送中心的出货情况分析，提示采购人员调整水平结构。②要根据客户的需求，快速拆零订单。③严格控制配送中心的库存，留有存货以减少缺货率；同时保证避免过多的存货造成企业资金积压、商品质量出现问题等损失。

作业规划管理能力　衡量目前管理阶层所做的决策规划是否合适。规划是一种手法，用来拟定根据决策目标应采取的行动；规划的目的是为整个物流活动过程选择合理的作业方式、正确的行动方向。要实现订单最佳的产出效果，规划管理人员必须先决定作业过程中最有效的资源组合，才能配合环境设计出最好的资源方式，来执行物流运作过程中每一环节的工作，其中及时修正是很重要的一环。

时间效益率　衡量每一作业有无掌握最佳时间。缩短资源时间，一方面可以使工作效率提高，另一方面可以使交货期限提前。时间是衡量效率最直接的因素，最容易衡量整体作业能力是否降低。例如，某段时间搬运了多少商品？平均每小时配了多少箱商品？平均每天配送了多少家门店的要货等，从而很容易了解配送中心整体经营运作的优劣，促使管理人员去寻找问题的症结。

评估时间效益，主要是掌握单位时间内的收入、产出量、作业单元数及各作业时间率等情况。

成本率　衡量此项作业的成本费用是否合理。配送中心的物流成本，是指直接或间接用于收货、储存保管、拣货配货、流通加工、信息处理和配送作业的费用的总和。

质量水平　衡量配送中心服务质量有无达到客户满意的水准。所谓质量，不仅包括商品的质量优劣，还包括各项物流作业的特殊的质量指标，如耗损、缺货、呆滞品、维修、退货、延迟交货、事故、误差率等。

对于物流质量的管理，除了一方面要建立起合理的质量标准外，另一方面需多加重视存货管理及作业过程的监督，尽可能避免不必要的损耗、缺货、不良率等，以降低成本，提高客户的服务质量。

维持和提高质量标准，其对策不外乎从人员、商品、机械设备和作业方法等四个方面着手。

2．配送中心作业绩效评价指标

（1）进出货作业

进货作业包括把物品等物资做实体上的领取，从货车上将货物卸下、开箱、检查其数量和质量，然后将有关信息书面化等一系列工作。

出货作业是将拣取分类完成的货品作好出货检验后，根据各个车辆或配送路线将货品运至出货准备区，而后装车配送的物流活动。

进出货作业评价指标主要包括：

空间利用率　空间利用率考核站台的使用情况是否因数量不足或规划不佳造成拥挤或低效。计算公式为

站台使用率＝进出货车次装卸货停留总时间／（站台泊位数 × 工作天数 × 每天工作时数）

站台高峰率　计算公式为

$$站台高峰率＝高峰车数／站台泊位数$$

若站台使用率偏高，表示站台停车泊位数量不足，而造成交通拥挤。可采取下列措施：①增加停车泊位数。②为提高效率，要做好时段管理，让进出配送中心的车辆能有序地行驶、停靠、装卸货作业。③增加进出货人员，加快作业速度，减少每辆车停留装卸时间。

若站台使用率低，站台高峰率高，表示虽车辆停靠站台时间平均不高，站台停车泊位数量仍有余量，但在高峰时间进出货仍存在拥挤现象，此种情况主要是没有控制好进出货时间段引起的，关键是要将进出货车辆的到达作业时间岔开。可以采取以下措施：①应要求供应商依照计划准时送货，及规划对客户交货的出车时间，尽量降低高峰时间的作业量。②若无法与供应商或客户达成共识分散尖峰期流量，则应特别安排人力在高峰时间以保持商品快速装卸搬运。

人员负担和时间耗用　计算公式为

$$每人每小时处理进货量 = 进货量 / (进货人员数 × 每日进货时间 × 工作天数)$$
$$每人每小时处理出货量 = 出货量 / (出货人员数 × 每日出货时间 × 工作天数)$$
$$进货时间率 = 每日进货时间 / 每日工作时数$$
$$出货时间率 = 每日出货时间 / 每日工作时数$$

设备移动率　计算公式为

$$每台进出货设备每天的装卸货量 = (出货量 + 进货量) / (装卸设备数 × 工作天数)$$

若此指标数值较低，表示设备利用率差，资产过于闲置。应采取积极开拓业务，增加进出货量等措施；或如果业务工作量不可能扩大，则考虑将部分装卸设备移至他用（出租等）。

（2）储存作业

储存作业指对存货或物品做妥善保管，充分利用仓库空间，注重库存控制，减少资金占用，降低保管成本，减少积压、过期、变质物品的物流活动。

在管理方面要求善于利用仓库空间，有效利用配送中心每平方米的面积；加强存货管理，保证存货可得性，降低存货的缺货率；防止存货过多而占用资源和资金。衡量储存作业的指标主要有：

设施空间利用率　计算公式为

$$储区面积率 = 储区面积 / 配送中心建筑面积$$
$$可使用保管面积率 = 可保管面积 / 储区面积$$
$$储位容积使用率 = 存货总体积 / 储位总容积$$
$$单位面积保管量 = 平均库存量 / 可保管面积$$
$$平均每品项所占储位数 = 料架储位数 / 总品项数$$

平均每品项所占储位数若能规划在 0.5 ～ 2.0，即使无明确的储位编号，也能迅速存取商品，不至于造成储存、拣货作业人员找寻困难，也不会产生同一品项库存过多的问题。

库存周转率　计算公式为

$$库存周转率 = 出货量 / 平均库存量$$
$$库存周转率 = 营业额 / 平均库存金额$$

周转率越高，库存周转期越短，表示用较少的库存完成同样的工作，使积压、占用在库存上的资金减少。也就是说，资金的使用率、企业利润也随货品周转率的提高而增加。通常可采取下列做法来提高库存周转率。包括缩减库存量，即配送中心自行决定采购、补货的时机及存货量；建立预测系统；增加出货量。

存货管理费率　库存管理费率衡量配送中心每单位存货的库存管理费用。计算公式为

$$库存管理费率 = 库存管理费用 / 平均库存量$$

应对库存管理费用的内容逐一检讨分析，寻找问题予以改进。一般库存管理费用包括仓库租金；仓库管理费用（入出库验收盘点等人事费、警卫费、仓库照明费、空调费、温调温控费、建筑物、设备及器具的维修费）；保险费；损耗费（变质、破损、盘损等费用）；货品淘汰费用（流行商品过时、季节性商品换季等造成费用损失）；资金费用（如货品变价损失、机会成本损失等）；

为减少库存管理费用，应尽可能少量、频繁的订货，以减少库存管理的费用。

呆废料率　呆废货品率用来测定配送中心货品损耗影响资金积压的状况。计算公式为

$$呆废料率 = 呆废料件数 / 平均库存量$$

$$呆废料率 = 呆废料金额 / 平均库存金额$$

降低呆废料率的对策包括：①验收时力求严格把关，防止不合格货品混入。②检讨储存方法、设备与养护条件，防止货品变质，特别是对货品的有效期管理更应重视。③随时掌握库存水平，特别是滞销品的处置，减少呆废货品积压资金和占用库存。

（3）盘点作业

经常定期或不定期做检查，及早发现问题，以免造成日后出货的更大损失，这是盘点的目的。在盘点作业中，以盘点过程中所发现的存货数量不符的情况作为评估重点。评价指标具体有：

盘点数量误差率　计算公式为

$$盘点数量误差率 = 盘点误差量 / 盘点总量$$

盘点品项误差率　计算公式为

$$盘点品项误差率 = 盘点误差品项数 / 盘点实施品项数$$

平均盘差品金额　计算公式为

$$平均盘差品金额 = 盘点误差金额 / 盘点误差量$$

降低盘点作业误差率的措施：①加强前台人员对产品的管理和分类。②强调岗位职责，降低盘点差错率，增强责任心。

（4）订单处理作业

订单处理作业指由接到客户订单开始到着手准备拣货之间的作业阶段，包括订单资料确认、存货查询、单据处理等，主要评价指标有：

订单延迟率　计算公式为

$$订单延迟率 = 延迟交货订单数 / 订单数量$$

降低订单延迟率的措施包括：①找出作业瓶颈，加以解决。②研究物流系统前后作业能否相互支持或同时进行，谋求作业的均衡性。③掌握库存情况，防止缺品。④合理安排配送时间。

订单货件延迟率　订单货件延迟率评量配送中心是否应该实施客户重点管理，使自己有限的人力、物力做到最有效的利用。计算公式为

$$订单货件延迟率 = 延迟交货量 / 出货量$$

降低订单货件延迟率的措施为实施顾客 ABC 分析，以确定客户重要性程度，而采取重点管理。例如，根据按订单资料，按客户的购买量占配送中心营业额的百分比做客户 ABC 分析，尽可能减少重要客户延迟交货的次数，以提高服务水平。

紧急订单响应率　紧急订单响应率分析配送中心快速订单处理能力及紧急插单业务的需求情况。计算公式为

$$紧急订单响应率 = 未超过 12 小时出货订单 / 订单数量$$

应对紧急订单响应率的对策包括制定快速作业处理流程及操作规程，制定快速送货计费标准。

客户取消订单率和客户抱怨率　计算公式为

$$客户取消订单率＝客户取消订单数／订单数量$$

$$客户抱怨率＝客户抱怨次数／订单数量$$

缺货率 缺货率衡量库存控制决策是否合理；是否应该调整订购点及订购量的基准。计算公式为

$$缺货率＝接单缺货数／出货量$$

降低缺货率的对策包括加强库存管理；登录并分析存货异动情况；掌握采购、补货时机；督促供应商送货的准时性。

短缺率 计算公式为

$$短缺率＝出货品短缺数／出货量$$

降低短缺率的策略为注重每位员工、每次作业的质量，做好每一作业环节的复核工作。

（5）拣货作业

拣货作业配送作业的中心环节，依据顾客的订货要求或配送中心的作业计划，准确、迅速地将商品从其储位或其他区域拣取出来的作业过程，拣货时间、拣货策略及拣货的精确度影响出货品质。除极少自动化程度较高的配送中心外，大多数配送中心的拣货作业是靠人工配合简单机械化设备的劳动力密集作业，耗费成本较多。

拣货时间率 计算公式为

拣货时间率＝每日拣货时数／每天工作时数

每人时拣取品项数、每人时拣取次数和每人时拣取材积数的计算公式分别为

每人时拣取品项数＝订单总笔数／（拣取人员数 × 每日拣货时数 × 工作天数）

每人时拣取次数＝拣货单位累计总件数／拣取人员数 × 每日拣货时数 × 工作天数

每人时拣取材积数＝出货品材积数／拣取人员数 × 每日拣货时数 × 工作天数

提升拣货效率的方法是：①拣货路径的合理规划。②储位的合理配置。③确定高效的拣货方式。④拣货人员数量及工况的安排。⑤拣货的机械化、电子化。

拣取能量使用率 计算公式为

$$拣取能量使用率＝订单数量／（一天目标拣取订单数 × 工作天数）$$

拣货责任品项数 计算公式为

$$拣货责任品项数＝总品项数／分区拣取区域数$$

拣取品项移动距离 计算公式为

$$拣取品项移动距离＝拣货行走移动距离／订单总笔数$$

批量拣货时间 计算公式为

$$批量拣货时间＝（每日拣货时数 × 工作天数）／拣货分批次数$$

拣货人员装备率、拣货设备成本产出、每人时拣取材积数 计算公式分别为

$$拣货人员装备率＝拣货设备成本／拣货人员数$$

$$拣货设备成本产出＝出货品材积数／拣货设备成本$$

每人时拣取材积数＝出货品材积数／（拣货人员数 × 每日拣货时数 × 工作天数）

每批量包含订单张数、每批量包含品项数、每批量拣取次数、每批量拣取材积数 计算公式分别为

$$每批量包含订单数＝订单数量／拣货分批次数$$

$$每批量包含品项数 = 订单总笔数 / 拣货分批次数$$
$$每批量拣取次数 = 出货箱数 / 拣货分批次数$$
$$每批量拣取材积数 = 出货品材积数 / 拣货分批次数$$

单位时间处理订单数、单位时间拣取品项数、单位时间拣取次数、单位时间拣取材积数 计算公式分别为

$$单位时间处理订单量 = 订单数量 / （每日拣货时数 × 工作天数）$$
$$单位时间拣取品项数 = （订单数量 × 每张订单平均品项数） / （每日拣货时数 × 工作天数）$$
$$单位时间拣取次数 = 拣货单位累计总时数 / （每日拣货时数 × 工作天数）$$
$$单位时间拣取材积数 = 出货品材积数 / （每日拣货时数 × 工作天数）$$

每订单投入的拣货成本、每订单笔数的拣货成本、每拣取次数的拣货成本、单位材积的拣货成本 计算公式分别为

$$每订单投入拣货成本 = 拣货成本 / 订单数量$$
$$每订单笔数投入拣货成本 = 拣货成本 / 订单总笔$$
$$拣取次数投入拣货成本 = 拣货成本 / 拣货单位累计总件数$$
$$单位材积投入拣货成本 = 拣货投入成本 / 出货品材积数$$

拣货差错率 拣货差错率衡量拣货作业的品质，以评估拣货员的细心程度，或自动化设备的正确性功能。计算公式如下

$$拣货差错率 = 拣取错误笔数 / 订单总笔数$$

降低拣货差错率的主要措施是：①选择最合理的拣货方式。②加强拣货人员的培训。③引进条形码、拣货标签或电脑辅助拣货系统等自动化技术，以提升拣货精确度。④改善现场照明度。⑤检查拣货的速度。

(6) 配送作业

配送是从配送中心将货品送达客户处的活动。适量的配送人员、适合的配送车辆、最佳送货路线相结合才能有效地配送。

平均每人的配送量、平均配送距离、平均配送重量、平均配送车次 计算公式为

$$平均每人的配送量 = 出货量 / 配送人员数$$
$$平均每人的配送距离 = 配送总距离 / 配送人员数$$
$$平均每人的配送重量 = 配送总重量 / 配送人员数$$
$$平均每人的配送车次 = 配送总车次 / 配送人员数$$

平均每台车的吨公里数、平均每台车配送距离、平均每台车配送重量 计算公式为

$$平均每台车的吨公里数 = （配送总距离 × 配送总重量） / （自车数量 + 外车数量）$$
$$平均每台车配送距离 = 配送总距离 / （自车数量 + 外车数量）$$
$$平均每台车配送重量 = 配送总重量 / （自车数量 + 外国专家数量）$$

空驶率 计算公式为

$$空驶率 = 空车走行距离 / 配送总距离$$

减少空驶率的关键是做好"回程顺载"工作，可从"回收物流"着手，例如"容器的回收"（啤酒瓶、牛奶瓶）、"托盘、笼车、拣货周转箱的回收"、"原材料的再生利用"（如废纸板箱）以及"退货处理"等。

配送车移动率、积载率、平均每车次配送重量、平均每车次吨公里数 计算公式为

配送车移动率＝配送总车次／［（自车＋外车）× 工作天数］

积载率＝出货品材积数／（车辆总材积数 × 配送移动率 × 工作天数）

平均每车次配送重量＝配送总重量／配送总车次

平均每车次吨公里数＝（配送总距离 × 配送总重量）／配送总车次

外车比例、季节品比率 计算公式为

外车比例＝外车数量／（自车数量＋外车数量）

季节品比率＝本月季节品存量／平均库存量

一般使用外雇车辆的原因是为了应付季节性商品和节假日商品与平日形成的旺淡季供货状况的需求。若季节性商品比例较高，表示配送中心淡旺季的出货量的差别很大，应尽量考虑多雇用外车、减少自车的数量。若季节性商品的比例很低，表示配送中心的淡旺季出货量的差别不大，应选择使用自车来提高配送效率。

配送成本比率、每吨重配送成本、每材积配送成本、每车次配送成本、每公里配送成本 计算公式如下

配送成本比率＝（自车配送成本＋外车配送成本）／物流总费用

每吨重配送成本＝（自车配送成本＋外车配送成本）／配送总重量

每材积配送成本＝（自车配送成本＋外车配送成本）／出货品材积数

每车次配送成本＝（自车配送成本＋外车配送成本）／配送总车次

每公里配送成本＝（自车配送成本＋外车配送成本）／配送总距离

若采用单独行动时的配送成本偏高时，应考虑采用"共同配送"策略，以降低较远距离、较少出货量而造成的过高配送成本。

配送平均速度 计算公式为

配送平均速度＝配送总距离／配送总时间

配送延迟率 计算公式为

配送延迟率＝配送延迟车次／配送总车次

往往造成配送延迟率过高的原因是：车辆、设备故障，路况不佳，供应商供货延迟、缺货以及拣货作业延迟。

（7）采购作业

采购作业指由于出库使库存量减少，当库存量下降到一定点时，应立即进货补充库存，采用何种订购方式、供应商信用、货品品质是进货作业的重要环节。

出货品成本占营业额比率 计算公式为

出货品成本占营业额比率＝出货品采购成本／营业额

采取"集中采购"的方式，可以因一次性采购量大而获得"数量折扣"，还可以减少采购的手续费。

货品采购及管理总费用 计算公式为

货品采购及管理总费用＝采购作业费用＋库存管理费用

对于单价比较高的货品，其采购次数较多时费用较省；单价较低的货品，一次性采购量大些较为便宜。

进货数量误差率、进货不良品率和进货延迟率 计算公式如下

$$进货数量误差率 = 进货误差量 / 进货量$$

$$进货不良品率 = 进货不合格数量 / 进货量$$

$$进货延迟率 = 延迟进货数量 / 进货量$$

（8）非作业面

非作业面指整体评估方面。重点是配送中心资产营运、财务效益、人员等的评估。

固定资产周转率 固定资产周转率衡量配送中心固定资产的运行绩效，评估所投资的资产是否充分发挥效用。计算公式为

$$固定资产周转率 = 营业额 / 固定资产总额$$

产出与投入平衡率 产出与投入平衡率判断是否维持低库存量，与零库存的差距多大。计算公式为

$$产出与投入平衡率 = 出货量 / 进货量$$

产出与投入平衡率是进出货件数比率，而如果想以低库存作为最终目标，且不会发生缺货现象，则产出与投入平衡比率最好控制在 1 左右，而实现整改目标的关键是要切实做好销售预测。

每天营运金额 计算公式为

$$每天营运金额 = 营业额 / 工作天数$$

营业支出与营业额比率 计算公式为

$$营业支出与营业额比率 = 营业支出 / 营业额$$

8.2.3 配送中心经营绩效考核的评价指标

1. 配送中心经营绩效考核的评价指标的设计原则

选出的指标能反映组织整体或个别作业单位的绩效；选出的指标确实反映负责人或经理人的努力程度，同时，对于不是其所能控制的因素也应能适当显示；选出的指标要有助于问题点的分析，这样才能协助企业找到加强改进的方向。因此，本书选取的配送中心绩效评价指标既包含整体评价指标，又包含个别作业单位评价指标。同时，由各个作业的切入，考查各部门人员的努力程度。

设计物流配送中心经营绩效评价体系，应遵循以下几个原则：

客观性原则 客观性体现在两个方面，一是设计物流配送中心经营绩效评价指标体系要能真实反映物流配送中心运转状况和经营情况，提供准确无误的信息；二是体系各部分的设计都应以物流统计或市场调查有关资料为依据，以保证评价结果的真实性。

适用性原则 即所设计的经营绩效评价指标体系必须是用来评价物流配送中心业绩的，所以在设计过程中要考虑物流配送中心的具体特点，评价指标体系从评价物流配送中心的角度出发，对物流配送中心具有专属的适用性。

可操作性原则 设计的指标体系既能够对被评对象进行实际度量，又能便于在评价过程中进行操作。为此，应做好三方面的工作，一是指标条目简明扼要，二是指标要求收集的信息资料有案可查，三是计算公式简单。

2．配送中心经营绩效评价指标体系的内容

（1）反映配送中心经营状况的指标

反映配送中心经营状况的指标如下：

商品配送平均流转次数　商品配送平均流转次数是本期商品配送总额与同期平均商品库存额的比率，反映物流配送中心商品流转的速度。

商品配送市场占有率　市场占有率是本期企业商品流转额与同期一定地区商品流转总额的比率。

资产负债率　资产负债率是负债总额和资产总额的比率。该指标反映了在总资产中有多大比例是通过借债来筹集的，反映了企业长期偿债能力。

配送半径　配送半径是所有客户距配送中心距离之和与客户数的比率，反映配送中心配送商品的平均距离。

（2）反映配送中心获利能力的评价指标

反映配送中心获利能力的评价指标如下：

净资产收益率　净资产收益率是物流配送中心一定时期内的利润额与平均净资产额的比率，是评价物流配送中心资本的获利能力的一个重要指标。

配送成本费用利润率　配送成本费用利润率是本期配送利润总额与同期配送成本费用总额的比率，反映物流配送中心在一定时期内为取得利润而付出的代价，从企业支出方面补充评价其收益能力。

商品配送利润率　商品配送利润率是指物流配送中心一定时期商品配送利润额与商品配送总额的比率，表明每单位商品配送额能带来的利润额，反映了企业主营业务的获利能力。

配送利润增长率　配送利润增长率是本期配送商品利润总额较上年同期增加额与上年同期配送利润额的比率，说明配送中心配送利润额的动态变化。

（3）反映配送中心经营效率的评价指标

反映配送中心经营效率的评价指标如下：

经营者创新能力　经营者创新能力是经营服务创新增加的商品配送额与本期商品配送总额的比率，反映物流配送中心经营者在一定时期改革和创新服务方式方法带来的经济效果对本期企业经营业务量的影响程度。

人均利润水平　人均利润水平是本期实现利润总额与企业总人数的比率，反映物流配送中心参与者一定时期对企业经营效率贡献大小，说明参与者本期为企业实现的有效经营效果。

广告效率。广告效率是本期实现的利润总额与本期广告费用的比率，说明物流配送中心单位广告费用实现的利润额水平。

单位配送成本　单位配送成本是商品配送费用总额与商品配送总额的比率，说明物流配送中心一定时期为取得利润而付出的代价，从企业支出方面补充评价其收益能力。

（4）反映配送中心社会效益的评价指标

反映配送中心社会效益的评价指标如下：

配送客户保留率、新客户获得率　配送客户保留率是本期末原有配送客户拥有数与期初配送客户拥有数的比率，可以从侧面反映客户的满意程度，是企业保持现有市场占有率的关键。新客户获得率是指企业在争取新客户时获得成功部分的比例，它反映了企业挖掘潜在市场，扩大市场占有率的能力，同时也从侧面反映了企业在公众的心目中的声誉。

社会贡献率 社会贡献率是社会贡献与企业总人数的比率。社会贡献包括：上缴国家税费总额、救灾支出、为农服务支出、离退休支出以及地方政府和部门收取的各项费用。

上述各方面的指标构成一个较为完整的物流配送中心经营绩效指标体系。通过该指标体系，不仅可以系统地、全面地分析和评价企业经营效益状况，而且可以进一步观察企业在整个市场竞争中的地位和优势，从而为正确制定物流配送中心发展战略提供科学的依据。

8.2.4 配送中心绩效评价分析

1. 配送中心绩效评价指标的分析

（1）作业绩效评价分析方法

作业绩效评价分析方法如下：

比较分析法 比较分析指对两个或几个有关的可比数据进行对比，揭示差异和矛盾。比较是分析的最基本方法，没有比较，分析就无法开始。

1）按比较对象（和谁比）分类：

绝对数比较分析：将比较的数据并列，直接观察每一项目的增减变化情况。

绝对数增减变动分析：比较对象各项目之间的增减变动差额。

百分比增减变动分析：在计算增减变动额的同时计算百分比，以消除项目绝对规模因素的影响。

2）按比较内容（比什么）分类：

实际指标同计划指标：可以解释计划与实际之间的差异，了解该项指标的计划或定额的完成情况。

本期指标与上期指标比较：可以确定不同时期有关指数的变动情况，了解企业的生产经营活动的发展趋势和管理工作的改进情况。

本企业指标同国外先进企业指标比较：可以找出与先进企业之间的差距，推动本企业改善经营管理。

功效系数方法 功效系数法是指根据多目标规则原理，将所要考核的各项指标分别对照不同分类和分档的标准值，通过功效函数转化为可以度量计分的方法，是配送中心绩效评价的基本方法，主要用于配送中心定量指标的计算分析。

综合分析判断法 综合分析判断法是指综合考虑影响配送中心绩效的各种潜在的或非计量的因素，参照评议参考标准，对评议指标进行印象比较分析判断的方法，主要用于定性分析。

（2）作业绩效评价指标的分析

指标分析的步骤包括：

判断数据的好坏 掌握作用绩效评价指标，分析是否存在问题。

发现问题点 对指标数据进行分析，找到问题出处。

确定问题 根据分析，找出问题，并初步明确问题性质及类型。

查找原因 评价指标数据和配送中心运作情况相结合，查找问题出现的原因。

寻找解决方法 找出问题后，采取小组讨论或者专家意见等方法，找到解决问题的途径。

（3）作业绩效评价问题的改善

作业绩效评价问题的改善措施为：①在所有问题点中决定亟待解决的问题。②收集有关事实，决定改善目标。③分析事实，检讨改善方法。④拟订改善计划。⑤试行改善。⑥评价试行实施结果，并使之标准化。⑦制定管理标准，执行标准。

2. 顾客服务绩效评价分析

（1）配送中心服务的可得性

可得性是指当顾客需要时，能够满足顾客需求的能力。衡量可得性一般采用以下三种指标：

订货完成率 订货完成率是衡量厂商拥有一个顾客所预定的全部存货时间的指标，以某一客户的全部订货作为衡量对象。

缺货频率 缺货频率是指缺货将会发生的概率，用于衡量一种特定的产品需求超过其存货可得性的次数，表示一种产品可否按需要装运交付给顾客能力。

供应比率 供应比率是衡量缺货的程度或影响大小，也是衡量需求满足的程度。

（2）配送中心的作业绩效

作业绩效可通过订发货周期、一致性、灵活性、故障与恢复等指标进行衡量。

订发货周期 订发货周期是指两次订货或发货的时间间隔或合同中规定的两次进、发货之间的时间间隔。

一致性 一致性是衡量配送中心作业操作准确性及有效性的重要方面，进发货一致性越高，绩效就越高

灵活性 灵活性是应对配送中心计划之外事件能力的评价因素之一，也是企业经营能力的标志之一。

故障与恢复 当出现问题影响到配送中心作业时，能在多长时间内把问题解决，恢复正常作业状态的评价内容，直接影响企业业绩。

（3）配送中心顾客服务的可靠性

配送中心顾客服务评价方法如下：

物流绩效倍增系统 是一个对企业现有物流条件进行一系列的改善，达到提升物流绩效的方法体系。其核心点主要有三个：绩效(performance)、分析与检查（analysis）、管理(control)。它们的英文单词第一个字合在一起为PAC，所以该系统又可以被称为PAC系统。

物流绩效倍增系统的运作程序 如下：①收集日常物流配送工作各项数据资料，确定各项作业耗费的生产工时。②分析各物流工作岗位的绩效损失原因。③根据科学方法来确定每个物流配送工作岗位的标准工时。④测算物流绩效的损失状况。⑤消除物流绩效损失。

> **练一练**
>
> 试用上述方法分析课前案例中日本可口可乐公司千叶配送中心的绩效情况。

小结

现代物流配送中心是市场经济条件下，以加速商品流通和创造规模效益为核心，以商品代理和配送为主要功能的现代综合流通企业。为发挥物流配送中心的最大作用，书中给出了一个较为完整的物流配送中心经营绩效指标体系。通过该指标体系，不仅可以系统地、全面地分析和评价企业经营效益状况，而且可以进一步观察企业在整个市场竞争中的地位和优势，从而为正确制定物流配送中心发展战略提供科学的依据。

练习题

一、名词解释

物流绩效　　配送中心绩效　　客户满意度　　呆废货品率

二、填空

1. 现代物流配送中心是市场经济条件下，以加速商品流通和创造规模效益为核心，以商品代理和配送为主要功能，_____、_____、_____于一体的现代综合流通企业。

2. 配送中心绩效评价的内容包括_____、_____、_____三方面。

3. 设计物流配送中心经营绩效评价体系，应遵循以下几个原则：_____、_____、_____。

4. 反映物流配送中心经营状况的指标有_____、_____、_____、_____。

三、问答题

1. 影响配送中心绩效的因素有哪些？

2. 配送中心绩效评价的作用是什么？

3. 物流配送中心经营绩效评价指标体系的内容有哪些？

四、案例分析

烟草商业企业卷烟物流配送中心绩效评价标准

（一）标准项目的来源及说明

本标准制定的项目已列入国家烟草专卖局 2008 年度标准制修订项目计划（国烟科 [2008]320）。

项目名称原为《烟草商业企业卷烟物流配送中心绩效考评标准》，2008 年 12 月 12 日，在浙江绍兴召开的《烟草商业卷烟物流配送中心绩效考评标准》研讨会上一些参会专家提出将"考评标准"改为"评价标准"更为贴切，是对物流中心总体运营评价，为此会议做出决定将项目名称改为《烟草商业企业卷烟物流配送中心绩效评价标准》。

（二）制定标准项目的意义

配送中心绩效评价标准，最重要的是标准指标体系的建立和统一。本标准的制定是提高管理、降低费用成本的一种手段，正如国家烟草专卖局姜成康局长阐述的"在现代物流建设中要突击抓标准的贯彻实施，抓管理水平提升，抓人员素质提高，努力降低成本费用，提高效率效益，增强企业竞争实力"。

本标准能够增强对卷烟配送中心在绩效方面的控制与指导，为烟草行业制定相关政策提供依据，这正是制定本标准的意义所在。

（三）制定评价标准的目的

通过绩效评价进行流程监控，及时发现配送中心存在的问题和不足，提出改进对策，实现事前的控制与指导，降低供应链各环节中的运营成本，提升物流工作的服务质量，从而提高配送中心运营绩效和竞争力。

（四）国内外及卷烟行业物流绩效评价情况

国内外配送中心绩效考评指标主要为功效指标。如 AR（Anthony Ross）公司以一个拥有 102 个配送中心的大型供应链为背景，对四年以来的配送业务数据进行分析，形成事后配送绩效考评体系。国内一些企业中建立了物流中心配送绩效考评体系，有的根据物流中心的功能和特点来分析其总体效益，有的建立了配送中心物流绩效的模糊综合评判模型，构建了配送中心物流绩效的考评体系。从配送中心的效率、成本、可靠性等方面建立绩效考评指标和评价体系。

卷烟作为一种快速消费品，其差异化程度小，要提高烟草企业的整体竞争力和市场控制力是至关重要的。因此，建立与之适应的绩效评价方法，确定相应的绩效评价标准指标体系，从而科学、客观、真实地反映配送中心的整体运营情况。我国烟草行业现有卷烟物流配送中心建设起步晚，新建成本高，存在着功能不明确、工艺流程不统一、客服标准不一致、装备配置不合理等现象，这需要建立一套科学的绩效评价体系来发现问题、度量问题和解决问题。

全国一些地区卷烟物流配送中心已建立了自己的绩效考核办法，在一定程度上对配送中心的自身管理起到了积极作用。但指标以考核配送中心内部为目的，以强调对个人结果的考核，而忽视对管理的制约，人为因素较多，方法简单，对全国评价来说指标设置偏差大，缺乏整体对比性，不利于国家局及省级公司统一监管。

（五）标准编制的思路

本标准是以国家局颁发的《国家烟草专场局关于烟草行业"十一五"期间卷烟物流配送中心建设的意见》国烟计〔2006〕425 号文件精神为指导，以烟草商业企业卷烟物流配送中心为绩效评价对象。评价指标以区域平均水平为依据使其评价更科学合理。

评价指标从管理、成本、效率、服务、安全五个维度进行。考核指标从最初的 152 个，最终确定为 36 个。根据各区域发展的情况由考评单位对考评对象确定具体评价细则。本标准具有可调整性、可操作性和相关公平性。考虑到区域的发展，设备的选型，物流中心的区域环境，投资规模等因素，即可进行横向比较也可进行纵向比较，同时考虑到全国卷烟物流的整体水平的建设，考评单位也可对评价指标分值进行适度修正，使考评结果具有较强的可比性、参照性和统一性。

结合烟草行业的特点分析，物流配送中心的绩效考核应该注意哪些方面，适用何种评价的方法。

参考文献

白世贞，言木．2005．现代配送管理．北京：中国物资出版社．

宾厚，贺嵘．2007．物流配送管理实务．武汉：武汉理工大学出版社．

陈达强．2009．配送与配送中心运作与规划．杭州：浙江大学出版社．

陈平．2007．物流配送管理实务．武汉：武汉理工大学出版社．

陈修齐．2004．物流配送管理．北京：电子工业出版社．

储雪俭．2005．物流配送中心与仓储管理．北京：电子工业出版社．

高本河，缪立新，郑力．2004．仓储与配送管理基础．深圳：海天出版社．

胡彪，高廷勇，孙萍．2008．物流配送中心规划与经营．北京：电子工业出版社．

贾争现，刘康．2008．物流配送中心规划与设计．北京：机械工业出版社．

李永生，郑文岭．2003．仓储与配送管理．北京：机械工业出版社．

李玉民．2007．配送中心运营管理．北京：电子工业出版社．

刘昌祺．2004．物流配送中心设施及设备设计．北京：机械工业出版社．

刘华．2004．现代物流管理与实务．北京：清华大学出版社．

刘云霞．2009．现代物流配送管理．北京：清华大学出版社，北京交通大学出版社．

骆温平．2002．物流与供应链管理．北京：电子工业出版社．

钱之网．2007．配送管理实务．北京：中国时代经济出版社．

汝宜红，宋伯慧．2005．配送管理．北京：中国物资出版社．

覃争现．2009．物流配送中心规划与设计．北京：机械工业出版社．

谭刚，姚振美．2005．仓储与配送管理．北京：中央广播电视大学出版社．

王丰．2008．现代物流配送管理．北京：首都经济贸易大学出版社．

王转，程国全．2003．配送中心系统设计．北京：中国物资出版社．

魏际刚，郑志军．2004．企业物流管理基础．深圳：海天出版社．

徐贤浩．2007．物流配送中心规划与动作管理．武汉：华中科技大学出版社．

许小英．2006．配送实务．北京：中国劳动社会保障出版社．

于宗水，赵继兴．2007．配送管理实务．北京：人民交通出版社．

张铎．2008．物流配送实务．北京：中国铁道出版社．

张东明．2007．地理信息系统．郑州：黄河水利出版社．

http://www.zj56.com.cn.

http://www.glzy8.com.

http://baike.baidu.com.

http://www.exam8.com.

http://www.dglc56.com.